国产大豆

新古典主义实验模型下的产业发展研究

杨皓森 著

图书在版编目 (CIP) 数据

国产大豆：新古典主义实验模型下的产业发展研究 / 杨皓森著. — 北京：研究出版社，2024.3

（农业农村产业振兴发展研究）

ISBN 978-7-5199-1595-7

Ⅰ. ①国… Ⅱ. ①杨… Ⅲ. ①大豆 - 产业发展 - 研究 - 中国 Ⅳ. ①F326.12

中国国家版本馆CIP数据核字(2023)第214903号

出 品 人：陈建军
出版统筹：丁　波
责任编辑：何雨格

国产大豆

GUOCHAN DADOU

新古典主义实验模型下的产业发展研究

杨皓森　著

研究出版社 出版发行

（100006　北京市东城区灯市口大街100号华腾商务楼）

北京建宏印刷有限公司印刷　新华书店经销

2024年3月第1版　2024年3月第1次印刷

开本：710毫米 × 1000毫米　1/16　印张：17.75

字数：213千字

ISBN 978-7-5199-1595-7　定价：79.00元

电话（010）64217619　64217652（发行部）

前言

大豆既是重要的粮食作物，也是重要的食用植物油压榨原料和饲料蛋白加工原料，对国家粮食安全和居民膳食结构改善意义重大。随着我国经济的快速发展、居民生活水平的不断提高，对食用油脂和动物源食品的消费需求持续增长，对大豆的需求量也快速增加。由于我国的大豆生产技术迄今没有突破，产量一直徘徊不前，大豆产需缺口逐年扩大，主要依靠进口弥补，近十年来，我国大豆对外贸易依存度均已超过80%。对此，国家高度重视，并作出相应部署。

转基因大豆具有明显优势，1996年，美国批准转基因大豆的产业化应用，随后转基因大豆在美国、巴西、阿根廷得到快速推广，目前三国转基因大豆技术使用率已接近100%，推动了大豆面积、产量的大幅增加，市场竞争力明显提升。这三个国家目前也是我国大豆进口主要来源国，占我国大豆进口总量的95%。近年来，在外部国际环境复杂变化的背景下，全球贸易面临许多新情况、新问题、新挑战，给我国粮食安全带来更多不确定性，其中大豆产业的安全问题与发展方向值得关注。

我国转基因大豆产业化条件逐渐成熟。2019年12月，我国第一张转基因大豆生产应用安全证书正式颁发，标志着我国转基因大豆走向产业化；2022年2月11日，国务院颁布的《“十四五”推进农业农村现代化规划》明确提出“加快实施农业生物育种重大科技项目，有序推进生物育种产业化应用”；2022年，开展转基因大豆种植试点，取得了增产增收的效果。品种储备、政策环境和试点种植都给转基因大豆产业化提供了有利条件。然而中国转基因大豆产业化是否能够顺利推进，不仅取决于农户的种植意愿，也有赖于消费者的接受程度，同时转基因大豆产业化对中国大豆市场和国际贸易会产生什么影响，这些问题迫切需要研究。为此，本书在借鉴美国、巴西、阿根廷转基因大豆产业化应用经验的基础上，利用农户模型、选择实验、商品垂直差异和局部均衡模型等研究方法，从生产者、消费者和国际贸易三个方面对中国转基因大豆产业化展开研究，以期为中国转基因大豆产业化提供理论依据和决策参考。主要内容如下。

从转基因大豆生产者的视角研究。首先，根据转基因大豆和非转基因大豆特征的差别，在农户模型的基础上，依据除草方式的不同，构建转基因大豆和非转基因大豆种植方式的农户模型。通过对两种农户模型对比分析，发现农户的生产决策过程受除草方式改变带来的影响最大。接下来，使用选择实验方法，对农户受到除草方式改变带来影响的大小进行实证研究，将理论分析中得到的受除草剂方式不同而改变的变量作为转基因与非转基因大豆种子的特征，设计选择实验和农户调查问卷。通过对内蒙古、辽宁、吉林和黑龙江等大豆主产区366户有效农户问卷调查数据的分析，得到农户对使用不同除草剂技术组合的选择情况。再根据多项Logit（MNL）方法测算不同的大豆种子的特征对农户选择的影响，和农户对不同大豆种子特征的支付意愿，进而根据支付意愿计算不同组合的福利。结果显示：①影响农户生产选择的主要因素依次为除草剂次数、是否免耕、产量及大豆种子价格。②转基因大豆能够给农户带来更高的福利。③相比非转基因大豆，农户更倾向于种植转基因大豆。

从转基因大豆消费者的视角研究。消费者对于市场上存在的国内生产的非转基因大豆以及进口转基因大豆的消费存在不同的心理效用，并且消费者的心理效用受到不同种类的大豆价格以及消费者对不同种类大豆的厌恶系数的双重影响。本书借助转基因标签制度，研究了种植转基因大豆后可能给消费者带来的福利变化。首先，设定国内不同种植情况，包括种植和不种植转基因大豆两种；设定不同政策条件，包括有标签且区分国产和进口转基因大豆、有标签但不区分国产和进口转基因大豆、不强制标签三种。不同种植情况和不同政策条件构成四种不同情形：国内不生产转基因大豆，对转基因大豆强制标签；国内生产转基因大豆，有标签且区分国产和进口转基因大豆；国内生产转基因大豆，有标签但不区分国产和进口转基因大豆；国内生产转基因大豆，同时进口转基因大豆，但不进行强制标识。通过对比不同组合方案下的消费者福利变化，对推广转基因大豆之后的市场份额及消费者福利的影响进行分析。结果显示：①对于消费者来说，国产转基因大豆为消费者提供了更多的选择。②在有标签制度情况下，国产转基因大豆能够明确提高消费者的福利。③在无标签规制下，国产转基因大豆给消费者福利带来的变化受消费者对于转基因大豆的厌恶系数以及进口转基因大豆市场份额的影响。

从转基因大豆产业化对中国大豆贸易影响的角度研究。首先，根据Armington理论和CET函数转换关系，构建一个包含“进口—国内生产—出口”三者相互关系的局部均衡模型，用以分析转基因大豆的种植对中国大豆国际贸易的影响。其次，测算在局部均衡中的供给弹性、需求弹性、替代弹性和转换弹性。最后，在对局部均衡进行求解后，利用GAMS软件进行校准，并对四种不同的转基因大豆种植情景进行模拟。主要包括，大豆全要素生产率的提高对中国大豆贸易的影响；不同非转基因大豆种植面积的增长给市场带来的影响；不同转基因大豆种植面积的增长给市场带来的影响；不同进口转基因大豆交易成本对中国大豆贸易市场的影响。结果显示：①当技术进步率增加10%时，国产大豆生产供给量增加8.3%，进口减少2.2%。②当非转基因大豆种植面积增加15%时，国内大豆生产供给量增加12.4%，进口减少3.2%。③当转基因大豆种植面积增加15%时，国产大豆生产供给量增加21%，进口减少5.2%。④当进口转基因大豆的交易成本为其价格的5%时，进口数量减少17%。

本研究的创新点：①构建了包含不同除草方案的农户模型，从理论上探讨了农户种植转基因大豆的影响因素，并据此设计了选择实验，通过样本农户调查数据分析得出了农户的种植意愿，以及种植转基因大豆给农户带来的福利变化。②借助转基因标签规制，探索了国内转基因大豆产业化对消费者福利的潜在影响，在国内转基因大豆尚未产业化的条件下，找到了一个研究消费者福利变化的有效替代方式。③构建了包含国内转基因大豆产业化的局部均衡模型，借助国内现有大豆生产情况估测了各种弹性，使得模型更加贴近现实。

目录

第一章 导论

一、研究目的和意义

（一）研究背景和目的

自1996年以来，中国大豆生产徘徊不前、消费快速增长、贸易格局发生重大变化。大豆既是重要的粮食作物，也是重要的食用植物油压榨原料和饲料蛋白加工原料，对国家粮食安全和居民膳食结构改善意义重大。随着中国经济的快速增长和居民生活水平的不断提高，对动物食品和食用油脂的消费持续增长，直接拉动国内大豆需求快速增长。据美国农业部数据，2018年，中国大豆消费量达到10201.20万吨，是1996年的6.6倍。另据中国国家统计局数据，2018年，中国大豆种植面积为841.277万公顷，产量为1596.71万吨，仅比1996年分别增长了12.5%和20.7%，中国大豆产能不足问题凸显，进出口贸易格局发生重大变化，自1996年，中国由大豆净出口国转为净进口国，并且大豆进口量呈加快增长态势。由于中国大豆存在巨大的产需缺口，进口大豆成为弥补中国大豆市场供不应求的主要途径。

同期，世界大豆生产、贸易格局也发生了深刻的变革。1996年，美国正式批准转基因大豆的商业化应用，并得到迅速推广，由此推动了美国大豆种植面积和产量的双增长。据美国农业部数据，2018年，美国大豆种植面积为35.65724万公顷、产量为12366.42万吨，分别比1996年增长了39%和90%。据国际农业生物技术应用服务组织（ISAAA）数据，继美国之后，巴西、阿根廷两国也相继开展转基因大豆种植，并得到迅速推广。据联合国粮食与农业组织（FAO）数据，2018年，巴西、阿根廷两国转基因大豆的应用率均在90%以上。其中，巴西大豆种植面积为34.77169万公顷、产量为11788.77万吨，分别比1996年增长了2.4倍和4.1倍；阿根廷大豆种植面积为16.38106万公顷、产量为3778.79万吨，分别比1996年增长了1.6倍和2.0倍。至此，美国、巴西和阿根廷大豆产量稳居世界前三位，同时也成为世界排名前三的大豆出口大国。

与中国的非转基因大豆相比，种植转基因大豆在成本收益上具有显著优势。据中国成本收益统计年鉴数据，2016年，中国非转基因大豆的生产成本为每公顷10120.95元，而美国、巴西、阿根廷种植转基因大豆的生产成本每公顷分别为8131.65元、4071.75元、3669.60元。在其成本构成中，中国大豆的可变成本比美国、巴西、阿根廷三个国家都要高，每公顷达到6254.55元，而美国、巴西、阿根廷每公顷分别为3335.10元、3595.20元、3669.60元。可变成本与技术进步密切相关，转基因大豆及其配套技术的应用，改变了生产方式，有效降低了可变成本，进而提升了美国、巴西、阿根廷大豆在国际市场上的竞争力。而中国的非转基因大豆生产成本过高，难以应对转基因大豆的国际竞争。2017年2月，中国进口大豆的到岸价格为3.74元/千克，中国国内大豆批发价格为4.36元/千克，比国际价格高0.74元/千克。进口的转基因大豆运抵中国的到岸税后价，远低于国产大豆产地批发价，中国大豆压榨企业更倾向于购买价格更低的进口转基因大豆，因此造成中国大豆进口量快速增长。据中国海关总署数据，2017年，中国进口大豆达到9553.42万吨的历史最高水平。

大量进口大豆带来的冲击，致使中国大豆产业步履艰难。1996年以后，中国开始跻身世界大豆进口国之列，据联合国粮农组织（FAO）数据，1999年，中国进口大豆431.86万吨，为世界第二大大豆进口国。加入世界贸易组织（WTO）后，中国将进口大豆关税税率降至3%，并且无配额保护，完全市场化，进一步扩大大豆进口数量。2002年，中国进口大豆1131.43万吨，超过欧盟，跃居世界大豆进口国之首。2018年，中国的大豆进口量为8803.36万吨，占世界大豆进口总量的59.7%，中国大豆对外贸易依存度高达83.8%。中国的大豆进口需求推动了美国、巴西、阿根廷转基因大豆的生产，但对中国大豆产业却带来了巨大冲击，成为抑制中国大豆生产长期徘徊不前的重要因素。同时，由于进口大豆来源国集中，中国大豆市场对外依存度过高，贸易风险大增。

提升大豆生产能力，降低大豆对外依存度。一直以来，中国坚持对外开放政策，利用国际、国内两个市场来解决中国粮食的问题，在保证主粮安全的前提下，通过进口更加廉价的转基因大豆来满足国内居民对油和肉的消费需求。但始料未及的是，中国大豆消费需求迅猛增长，而中国大豆生产在进口大豆的打压下发展动力不足，长期徘徊不前，致使中国大豆市场对外贸易依存度不断扩大，已经达80%以上。在这样高的对外贸易依存度下，国际大豆市场的变化随时都可能造成中国大豆市场的剧烈波动。2018年的中美经贸摩擦和2020年突发的新冠疫情，对中国的大豆进口都造成一定的负面影响。在逆全球化挑战以及国际形势不确定性因素增多的情况下，如何保证大豆的正常供给，成为中国大豆产业面临的新问题。降低对外贸易依存度是中国大豆产业转型升级的当务之急，这需要中国的大豆生产能力有新的提升，而找到提升大豆生产能力的方法成为解决中国大豆转型升级的关键。从国际经验看，美国、巴西和阿根廷种植的转基因大豆能够有效地提升大豆生产能力，值得中国借鉴。

耐除草剂转基因作物在农业上得到广泛推广。从世界转基因技术的应用情况来看，现在常用的转基因性状包括抗病虫、耐除草剂、抗旱、耐盐碱等，其中具有耐除草剂性状的转基因作物种植最为广泛。耐除草剂转基因作物不仅能够提高产量，还能简化生产环节，节省大量的劳动力投入，减少除草剂使用量，从而降低农业生产成本，增加农民收入，还能给农业生态环境带来好处。耐除草剂的转基因大豆能够有效地提高大豆的单产水平。

振兴大豆产业的时机到来，政策有保障、技术能支撑。2019年中央1号文件提出实施大豆振兴计划，紧接着农业农村部制定出台了《大豆振兴计划实施方案》，[①]明确要求扩大大豆种植面积，提高单产水

① 《大豆振兴计划实施方案》农办农〔2019〕6号。

平，改善产品质量，努力增加大豆有效供给，提高中国大豆产业质量、效益和竞争力。这些都为大豆产业发展提供了政策保障。此外，中国政府高度重视转基因生物品种培育。早在2009年，中国就正式启动实施了包括转基因大豆在内的“转基因生物新品种培育科技重大专项”，中国科学家不断加大科技创新力度，积极培育转基因大豆新品种。2019年中国颁布第一张转基因大豆生产应用安全证书。这意味着中国转基因大豆向产业化迈出了实质性的一步。尽管转基因大豆新品种的成功培育，为降低大豆生产成本、提高大豆种植效益、促进农民增收，为提升中国大豆产业在国际市场上的竞争力、降低大豆进口依存度过高的风险、确保国家粮食安全等提供了技术可行性，但中国转基因大豆产业化是否能够顺利推进，不仅取决于农户的种植意愿，也依赖于消费者的接受程度。同时转基因大豆产业化对中国大豆市场和国际贸易会产生什么影响，这些问题也迫切需要研究。为此，本研究在借鉴美国、巴西、阿根廷转基因大豆产业化应用经验的基础上，利用农户模型、选择实验、商品垂直差异和局部均衡模型等研究方法，从生产者、消费者和国际贸易三个方面对中国转基因大豆产业化展开研究，以期为推进中国转基因大豆产业化提供理论依据和决策参考。

（二）研究的现实意义

①从生产角度，找到提高中国大豆供给能力的有效路径。中国的大豆单产已经徘徊多年，目前尚无提高大豆单产的新技术出现。由于中国人多、耕地少，并且首先要保证主粮的供给安全，因此扩大大豆的种植规模相对有限，如何提高中国大豆供给能力，需要引入新的思

路。美国、巴西和阿根廷转基因大豆的种植面积均超过90%，大豆单产提高明显，加上面积不断扩大，共同推动了其国家大豆总产的大幅度增加。并且转基因大豆在降低生产成本、减少物质投入和劳动力投入、提高大豆质量方面都具有明显优势，能够带来明显的经济收益，生产者的种植积极性高。从世界大豆主要生产国的经验来看，种植转基因大豆是提高大豆供给水平的有效途径，将成为解决中国现在大豆产业困境的有效办法。然而，中国目前尚未种植转基因大豆，中国生产者是否愿意接受转基因大豆种植是转基因大豆能否产业化发展的重要前提。本研究通过选择实验方法和问卷调查设计相结合，借助相关经济理论，分析农户对转基因大豆特征属性的偏好，进而研究农户对转基因大豆的生产福利和种植意愿，为转基因大豆在中国种植提供可行性和优选方案。

②从消费角度，研究种植转基因大豆能否给消费者带来福利。中国从1996年开始成为大豆净进口国家，进口数量不断增加，目前已成为世界第一大大豆进口国。中国大豆进口主要来自美国、巴西和阿根廷这三个国家，这三个国家不仅是大豆的主产国、出口大国，同时也是转基因大豆种植大国，其转基因大豆生产应用率均超过90%，中国从这三个国家进口的大豆基本都是转基因大豆。由于中国对待转基因大豆的态度特殊，尽管通过榨油和畜禽过腹转化消费了大量的进口转基因大豆，但在生产上却尚未允许种植转基因大豆。作为大豆的原产国，中国一直希望发挥长期积累的种植经验和优势，打造非转基因大豆品牌，从而占领大豆市场。但是从实践结果来看，非转基因大豆

无论在产量、生产成本、商品品质、市场价格等方面都很难战胜转基因大豆，由于缺乏市场竞争力，也未能形成品牌，反而越来越多的进口转基因大豆对中国大豆产业造成严重打击。在美国转基因大豆产业化之前，中国并不在大豆进口国之列，而是世界大豆出口国之一，说明当时中国的大豆生产具有一定实力。美国、巴西、阿根廷种植转基因大豆的实践经验告诉我们，种植转基因大豆是产业振兴的重要选择。

③从国际贸易角度，模拟转基因大豆种植对降低贸易风险的作用。在1995年之前，中国一直是传统的大豆出口国。从1996年开始，中国从国外进口大豆的数量逐年增加。2003年，中国大豆进口量首次超过欧盟，并逐步拉开与其他主要大豆进口国之间的差距，成为世界第一大大豆进口国。如何弥补越来越大的国内需求缺口，成为中国大豆市场的主要问题。同时，由于中国对国际大豆市场的过度依赖，并且进口来源集中在少数几个国家，国际贸易风险较大。一旦国际大豆市场出现波动，影响的并不仅仅是中国的大豆市场，还将影响下游关联产业和经济社会。从2018年的中美经贸摩擦可以看出，大豆贸易很容易受到影响。据统计，2018年，美国向中国出口大豆1664万吨，同比下降49%，中国通过加大对巴西的进口数量来填补国内的需求空缺。同年，巴西向中国出口大豆为6610万吨，同比增长30%。尽管中国整体的大豆进口数量下降幅度明显，但是豆油的进口数量却显著上升。2018年，中国大豆的进口数量为8803.36万吨，同比下降7.9%；中国豆油进口78万吨，同比上升62.5%，中国整体对大豆和豆油的进口数量还是呈现上升趋势。

（三）研究的理论意义

①在农户模型的基础上，引入除草方式改变对大豆种植的影响，用以分析除草方式改变对农户种植决策的影响程度，将影响农户种植决策的因素纳入到农户模型中去。主要包括农户大豆种子投入，土地、农药的投入，农户如何分配自己的务农时间以及外出打工时间，杂草的出现对于产量造成的损失，以及使用除草剂对于减少损失的作用，对比种植转基因大豆和种植非转基因大豆带来除草方式的改变对农户决策的影响。通过农户对于种植过程的决策，包括大豆种子的价格，使用种子的数量，除草剂的使用种类，除草剂的使用次数，除草剂的价格，以及大豆产量的选择来分析哪些大豆属性会对农户的决策起到显著作用。同时评估农户对于大豆属性的支付意愿，进而分析种植转基因大豆，将给农户生产福利带来怎样的变化，以及农户对转基因大豆的种植意愿。

②基于商品的垂直差异假设，分析在不同转基因标识制度下消费者的福利。通过将消费者的心理效用按照不同大豆产品的价格以及消费者对其厌恶程度来刻画，从而分析大豆价格以及厌恶程度对消费者选择的影响。不同的标识制度方案分别为：国内不种植转基因大豆但是消费转基因大豆，并且对转基因大豆实行严格的标识制度；种植国内自主研发的转基因大豆同时进口转基因大豆，但是对两种转基因大豆进行严格区分；种植国内自主研发的转基因大豆同时进口转基因大豆，对两种转基因大豆不进行严格区分；种植自主研发的转基因大豆并且进口转基因大豆，但是对于两种转基因大豆和非转基因大豆都

不进行区分。从理论上分析国产转基因大豆产业化之后，中国消费者的需求和消费者福利的变化。

③本研究构建了中国转基因大豆的局部均衡模型，将大豆贸易从简单的完全替代变成常替代弹性关系，从而增加了对大豆贸易解析的灵活性。根据Armington假设构建了国内销售的大豆与进口转基因大豆的替代关系，以及利用Transformation函数建立国内大豆供给与大豆出口的替代关系，测算了Armington弹性、Transformation弹性、中国大豆的进口供给弹性和出口需求弹性，以及东北春大豆和黄淮海夏大豆的供给弹性。最后分别模拟了不同转基因大豆全要素生产率变化、非转基因大豆种植面积增加、转基因大豆种植面积增加以及进口转基因大豆交易成本变化4种情景对中国大豆市场和国际贸易的影响。

二、研究目标、思路

（一）研究目标

研究目标为：第一，通过对世界大豆历史数据的静态比较和动态分析，论证转基因大豆产业化是中国大豆发展的必要条件。第二，通过对农户模型的推导得到种植转基因大豆能够给农户种植决策带来改变的机制，并通过对大豆主产区农户的问卷调查数据，实证分析农户对转基因大豆的种植意愿以及对农户生产福利的改善。第三，通过理论推导不同转基因规制带来的影响，以及对消费者福利进行比较分析。第四，通过构建宏观模型来模拟中国大豆产量增加对国际贸易以及中国大豆市场的影响，进而分析对中国大豆产业的影响。第五，通过对耐除草剂转基因大豆的种植会出现的经济结果进行分析，从农民、消费者、贸易的角度提出使用耐除草剂转基因大豆的相关政策建议。具体细分目标为：从农户模型出发，分析生产者使用耐除草剂转基因大豆对生产方式改变的影响，并通过对模型求解得到除草方式的改变对农户种植决策的影响。通过对大豆主产区农户调查，利用选择实验的方法将转基因大豆给农户种植改变的属性进行拆分，从而得出每种属性的支付意愿，进一步整合得到农户种植转基因大豆所带来的福利改变。利用商品垂直差异理论分析引入国产转基因大豆后，不同转基因大豆标签规制下的消费者福利，并对比国产转基因大豆产业化前后带来的消费者福利的变化。建立大豆贸易局部均衡模型，模拟分析种植转基因大豆对大豆贸易带来的影响，模拟非转基因大豆种植面积的增加对大豆生产及贸易带来的影响，模拟转基因大豆种植面积的增加对大豆生产及贸易带来的影响，以及提高进口转基因大豆的交易成本对中国大豆贸易带来的影响。

（二）研究思路

为实现研究目标，本研究依次对世界大豆历史数据进行动态分析和静态比较，运用理论模型提出假设，通过实证进行验证。利用理论模型进行分析，建立局部均衡模型进行模拟，有针对性地提出政策建议（见图1-1）。

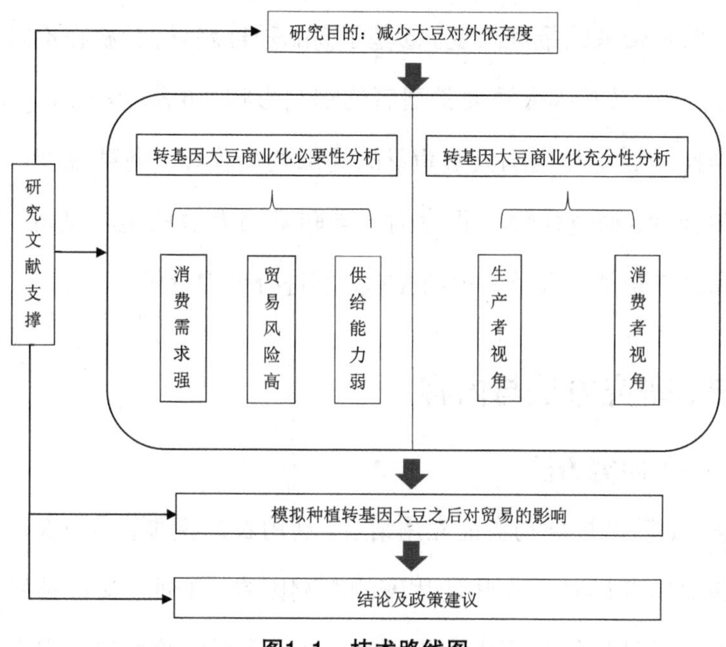

图1-1　技术路线图

研究工作的具体步骤依次为：①梳理国内外已有的文献，构建以生产—消费—贸易为主体，以经济效应、社会效应和环境效应为内容的研究思路。②对世界大豆的历史数据进行整理和统计，并且对数据进行动态描述和静态比较，为分析中国在1996年对转基因大豆种植的决策和近年来对转基因大豆种植决策的趋势提供数据基础。③基于农户模型，通过对比种植转基因大豆前后对除草方式的改变，从理论上分析推导出农户种植决策因素的变化机制。④农户种植意愿是转基因大豆产业化的首要充分条件，而对于种植转基因大豆给农户生产过程中带来的改变，将影响农户在生产中的决策。在实证分析中，运用选择实验法进行设计，并对大豆主产区的农户进行问卷调查，了解农户对于转基因大豆新特征属性的支付意愿，进一步得出种植转基因大豆给农户带来的福利改变。⑤基于商品垂直差异，分析在不同标识制度下，国产转基因大豆对消费者的福利影响。⑥基于Armington理论和转换函数构建中国大豆贸易的局部均衡模型，测算模型中需要的外生弹性，通过GAMS程序对不同转基因大豆的生产情况、种植面积和进口转基因大豆的市场成本分别进行模拟分析。

三、研究方法与内容

（一）研究方法

第一，模型推导与实证应用结合。利用农户模型，得到农户在进行决策时有关转基因作物使用率的影响因素，并通过实证结果来分析农户对于种植转基因作物的倾向。通过选择实验将转基因大豆的属性组合起来，形成虚拟的大豆新品种供农户选择。通过他们的选择进行实证分析，采用MNL模型分析农户的选择结果，并分别将大豆本身的属性和农户的个体特征加入进行分析，从而得到对于转基因大豆的种植意愿的影响因素，包括转基因大豆本身的属性因素及农户个体的特征因素和种植因素。最后，通过计算得到农户对转基因大豆属性的支付意愿，并进一步计算转基因大豆的选择给农户带来的生产者福利。

第二，福利理论分析方法。根据商品的垂直差异假设，对不同的转基因标签政策下的商品进行假设，将消费者对每种大豆商品的效用作为大豆价格以及消费者的厌恶程度的函数。在不同情景下构建由生产者、消费者、种子公司组合成的大豆市场，并且包含了国际大豆市场的影响，最后分析出消费者在不同情景下的福利变化。其中对种植和不种植转基因大豆提供的不同标签规制方案，具体包括：一是国内不种植转基因大豆且对转基因大豆强制标签；二是国内种植转基因大豆且区分国内外转基因大豆；三是国内种植转基因大豆但不区分国内外转基因大豆；四是国内种植转基因大豆且无标签。

第三，局部均衡分析方法。利用局部均衡，在Armington的假设下，将中国自己生产消费的大豆和国际市场进口的大豆之间设定为一个常替代弹性关系。在Transformation假设下，将中国自己生产的大豆与中国出口的大豆设定为一个常替代弹性关系，构建局部均衡模型。通过计量分析得到中国非转基因大豆的供给弹性，通过全球贸易分析模型（GTAP）数据测算中国转基因大豆的进口供给弹性和出口需求弹性，以及利用中国自己的大豆数据和进出口数据测算Armington弹性和Transformation弹性来构建局部均衡模型。最后，分别从中国种植转基因大豆带来的全要素生产率的提高，中国非转基因大豆种植面积的增长、中国转基因大豆种植面积的增长以及进口转基因大豆的交易成本增长4种情景模拟对中国大豆贸易的冲击。

（二）研究内容

本课题研究的重点在于：一是通过实证方法对使用耐除草剂转基因大豆后对农户的种植决策及农户的福利分析；二是通过理论推导对不同转基因规制带来的影响以及对消费者的福利进行分析；三是通过构建宏观模型来模拟中国大豆产量提升对国际贸易以及中国大豆市场的影响，包括对中国大豆产业的影响进行分析；四是通过对耐除草剂转基因大豆种植后可能出现的经济结果进行分析，从生产、消费、贸易的角度提出使用耐除草剂转基因大豆的相关政策建议（见图1-2）。

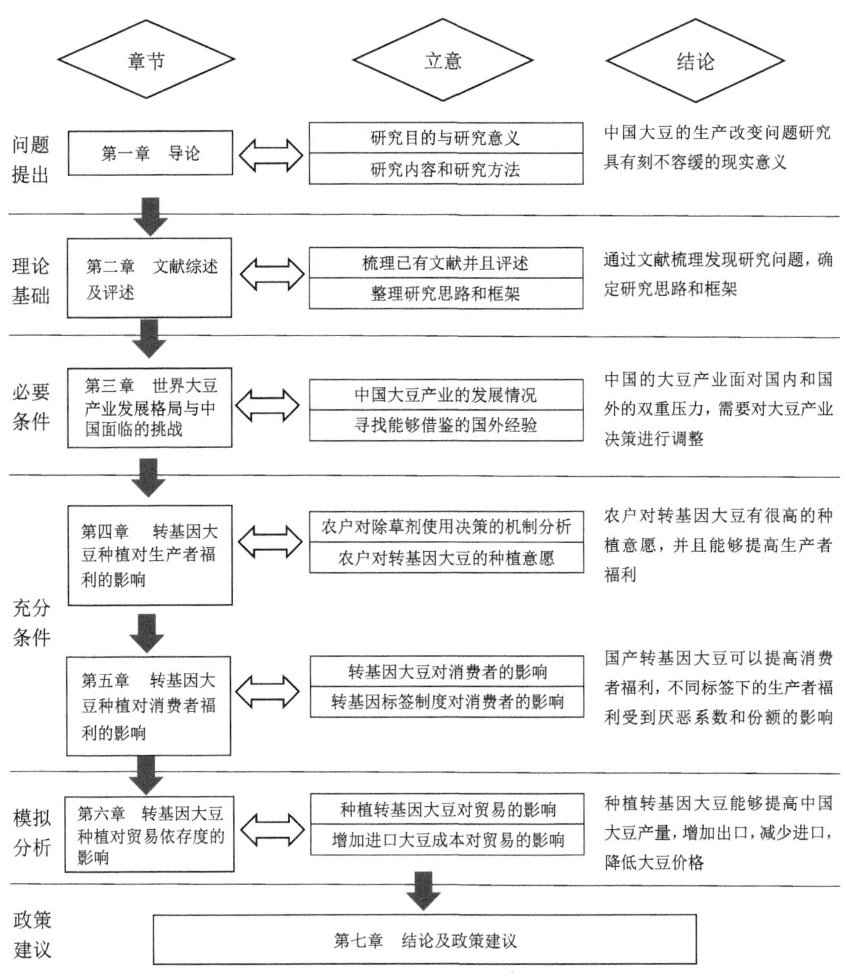

图1-2 主要研究内容

第一章：导论。本章旨在对转基因大豆的背景、研究目的、研究意义、研究内容、研究方法、技术路线、可能的创新点以及不足等进行陈述。从研究的整体构思和框架搭建形成一个合理的安排。首先对目前大豆产业的背景和困境进行说明，在此基础上提出研究的意义，并提出有针对性的研究目标，再根据研究目标寻找合适的研究方法，最后总结本书对于学术研究的贡献以及不足之处。

第二章：文献综述及评述。从转基因大豆对整体经济的影响、对环境的影响、对消费者的影响和对生产者的影响进行了分别阐述，并对相关研究进行评述。

第三章：世界大豆产业发展格局与中国面临的挑战。通过对中国以及世界大豆产业的现状和转基因的发展进行回顾，包括对大豆的产量、种植面积的追溯、对大豆消费和贸易的描述，以及对转基因发展的解释。从历史数据中提炼出中国大豆产业的现状及问题，从而提出有效的解决办法，并将实际问题转换成经济学问题。

第四章：转基因大豆种植对生产者福利的影响。首先，通过建立农户决策模型，将农户对除草方式的选择放入决策中，推导出农户使用耐除草剂转基因大豆前、后影响因素的变化。根据文献综述中的总结可以发现，耐除草剂大豆对农户的影响主要在技术进步、劳动力的节省及农药和机械等投入的减少，因此基于经济模型的框架，分析转基因大豆种植应用率对技术进步、劳动力节省、非农就业、农药和机械等的生产投入、农户收入、生产产量等方面的影响。其次，通过发放问卷的形式对农户进行调查，利用选择实验方法将转基因大豆的特征属性进行抽象拆分，再重新组合成新的虚拟方案提供给农户进行选择。最后，利用MNL模型对农户的选择数据进行分析，进而得到这些拆分的特征是如何影响农户的种植意愿，最终整合成包含这些特征的大豆新品种给农户可能带来的福利。在实证分析过程中对不同种植面积的农户进行分析，将种植面积小于3.33公顷的农户设定为小农户；种植面积大于3.33公顷小于33.33公顷的农户设定为中等规模农户；将种植面积大于33.33公顷的农户设定为大规模农户，并分别分析三种不同规模的农户对转基因大豆的种植意愿，以及影响他们种植意愿的主要因素。

第五章：转基因大豆种植对消费者福利的影响。根据不同的情景，包括已经出现的情景和种植转基因大豆之后可能出现的情景来分析消费者的福利变化。分别讨论是否有强制标志，是否在种植转基因大豆等情况下市场发生变化。根据消费者对转基因大豆不同的接受程度，以及权衡转基因大豆和非转基因大豆之间的价格差异进行选择。分别讨论国内不种植转基因大豆但是消费转基因大豆的情况、国内种植转基因大豆并且对进口和国内种植的转基因大豆进行严格区分的情况、国内种植转基因大豆但不对进口和国内种植的转基因大豆进行区分的情况、国内种植转基因大豆但是完全不区分转基因大豆和非转基因大豆的情况，并研究转基因大豆的标签规制对消费者的福利影响。

第六章：转基因大豆种植对贸易依存度的影响。这一部分承接上一章对转基因大豆标签规制的假设，进一步分析在无标签的情况下，种植转基因大豆对中国大豆贸易的影响。将进口、国内生产和出口之间简单的线性替代关系变为更加灵活的有偿系数的替代关系，形成一个新的“进口—国内生产—出口”的贸易模型。通过对农户成本收益的分析，得到中国大豆的供给弹性，并分别对两个大豆主产地区进行估计，从而得到东北地区、黄淮海地区的供给弹性。通过中国大豆的进出口数据分析对替代弹性进行估计，并通过宏观模型测算中国进口大豆的供给弹性以及出口的需求弹性。最后利用Armington假设构建进口与国内生产之间的常替代弹性，以及建立在Transformation函数下的出口与国内生产之间常替代弹性函数的局部均衡模型。分别模拟了种植转基因大豆后带来全要素生产率的增长、非转基因大豆种植面积的增长、转基因大豆种植面积的逐步增长，以及进口转基因大豆交易成本的增长，这四种情况对中国大豆贸易的影响。

第七章：结论及政策建议。这一部分对研究结论进行了整体的梳理，并在此基础上进一步提炼，将种植转基因的充分条件和必要条件以及模拟分析进行整合，进而从战略角度和发展眼光来提出政策建议。

四、创新点与不足

（一）研究的创新点

本研究的创新性主要体现在以下三个方面：

第一，分析了使用耐除草剂转基因大豆对农户生产决策的影响。以往的研究对于转基因大豆种植意愿的分析很少，大部分研究是通过直接询问农户是否愿意种植转基因作物进行影响因素的分析。但是，这种方法的弊端在于会产生很大的偏差，尤其是像转基因大豆这种目前在中国尚未种植的作物，农户对转基因大豆的认知很少，表达种植意愿者也很少，所以单纯通过询问种植意愿很难达到了解农户对转基因大豆种植意愿的目的。本书将转基因作物相对于非转基因作物的不同特征分离出来，将农户种植大豆的整个种植过程的影响因素剥离出来，并分析种植转基因大豆后将对这些种植特性的改变情况，从而导致农户在选择种植大豆时的决策改变。利用离散选择实验方法让农户对不同虚拟的种子方案进行选择。农户会根据不同的方案进行对比选择，因为所有方案都是虚拟的，旨在了解转基因大豆在种植上的特性，因此农户无法掩饰自己心中对大豆种植特征属性的真实选择。最后通过整合所有农户对这些特征属性的偏好，可以得到一般农户对转基因大豆的种植意愿，此结果能够比较真实地反映出农户根据自己之前的种植经验选择出他们心目中最适合他们种植的品种，而并非局限于转基因大豆的概念。

第二，讨论了在不同环境下，使用自主研发的耐除草剂转基因大豆对市场供求关系的影响以及对国际贸易的影响，并比较了不同情景下的生产者、消费者以及种子供应商的福利变化。以往的研究主要是针对同一种植特性的转基因大豆来进行讨论，而并没有区分本国生产的转基因大豆与进口转基因大豆的区别。本书建立在中国种植自主研发的耐除草剂大豆基础上，因此种子研发与供应商均不受外国种子供应的限制。而且中国是主要的大豆消费国，也是最大的大豆进口国，因此种植自主研发转基因大豆主要是满足国内需求。这样本书就可将种子研发、种子供应、消费者、生产者和大豆贸易都纳入到理论分析中，以期解决中国自己在放开转基因大豆种植后对转基因大豆商品规制问题的经济影响。而且在加入了国内转基因大豆产品后，对传统非转基因大豆以及进口的转基因大豆之间的替代关系也进行了分类讨论，从而得出不同情况下国内转基因大豆对大豆市场的影响分析。

第三，利用局部均衡模型来模拟分析耐除草剂大豆的使用对福利和收入的影响。在大豆市场讨论中，本课题研究将国际进口大豆与国内生产大豆的替代关系利用函数描述出来，并且服从CES函数。同时，将大豆的国内消费与出口放入到局部均衡中来，假设国内消费与出口之间存在转换关系，并且服从CET函数。利用构建的局部均衡模型分析在中国大豆产量上升情况下，如何影响国内的大豆市场以及国际贸易。因为无论种植转基因大豆后的影响因素有多少，最终都会使得中国的大豆产量增加，从而减少进口量，通过中国大豆产量的增加促进中国大豆产业的发展。同时，也讨论不同的进口和出口政策对中国大豆贸易的影响。

（二）研究的不足

本研究可能存在的不足：

一是由于耐除草剂转基因大豆只是通过安全评价并获得了生产应用安全证书，还未能进入生产让广大农民进行种植。因此，所有的研究都是基于对未来可能发生的情况进行预测性的经济分析，而并非建立在已经种植后对已有的数据进行分析。在对宏观经济的模拟上也是通过模拟产量的增加来进行分析，而不是利用农户是否已经种植了转基因大豆之后的真实经济影响，即对转基因大豆供给弹性、出口弹性以及Armington弹性的估算。在实证方面无法通过对比使用除草剂前、后产生的差异来测算使用除草剂的真实作用。也无法对耐除草剂转基因大豆的全要素生产率进行实测。由于中国不允许种植转基因大豆，因此无法测算市场对于转基因大豆的反应，包括转基因大豆对于价格的生产弹性，国内种植转基因大豆、非转基因大豆以及进口转基因大豆之间的替代弹性。因此只能针对市场上不区分国内种植转基因大豆、非转基因大豆以及进口转基因大豆的方案进行分析，由于消费者无法区分这些大豆，从而假设它们的价格是相同的。对于生产者方面，本书假设种植转基因大豆后使得技术进步，从而增加产量，分别设定不同的技术进步方案来模拟分析种植转基因大豆对市场的影响。

二是中国获得安全证书的转基因大豆品种尚需完成品种审定程序，实际上转基因大豆在中国并没有大规模地开始种植，所有决策都是通过农户自身经验的判断，因此，无法了解真正开始种植转基因大豆后到底对农户起到哪些方面影响。结合美国对转基因大豆的分析，他们的数据都是建立在已经种植转基因大豆后，通过DID方法来判断种植转基因大豆给农户带来的真正的作用。而本书则是建立在种植转基因大豆可能给农户带来某些种植方面的改变，从而让农户自己判断是否选择种植转基因大豆。这种分析方法是事前分析各种转基因大豆种植能够带来的影响，从而选择是否种植转基因大豆。

第二章

文献综述及评述

一、文献综述

（一）种植转基因大豆对生产者的影响

目前对于转基因作物的研究主要集中于有关消费者意愿的研究，但生产者的接受程度也是影响市场的重要因素，是转基因大豆产业化的根本。美国、巴西以及阿根廷等已经在国内开始进行大规模种植转基因作物，并且转基因产品已经进入国内市场和国际市场。对于一些国家来说，对转基因作物的种植分析更多的是建立在实际数据基础之上。通过分析种植转基因大豆和未种植转基因大豆的农户的表现，或者通过种植转基因大豆前后的对比分析，可以看到允许种植转基因大豆对农户带来的影响，以及对比分析种植转基因大豆和种植非转基因大豆对农户的影响。此外，通过实际数据，可以计算转基因大豆的全要素生产力，以及转基因大豆对于市场价格的生产弹性。但上述这些研究都是基于已经种植转基因大豆并且将转基因大豆投放市场的基础上，而中国尚未允许转基因大豆的种植，因此要研究转基因大豆在市场化中的作用难度较大。本研究从农户种植大豆的经验出发，配合转基因大豆生产中展现的特性，利用问卷调查设计出针对性方案供农户选择，解决了不用种植转基因大豆也可得出农户对转基因大豆种植意愿。

首先，耐除草剂大豆的主要优势在于节约生产成本。耐除草剂大豆的种植收益依靠多种因素，最主要的优势在于成本的节省（Fernandez-Cornejo等，2002）。生产者期待着更高的产出和更低的化学品消费和机械成本，降低人工成本，减少使用无效率的、更贵的、毒性高的除草剂（Cattaneo等，2006）。免耕也能减少农户的生产成本，并且对于耐除草剂转基因大豆来说，免耕带来的成本差异非常重要。因为使用转基因作物能够增加保护性耕作的概率，而保护性耕作概率的增加也会提高耐除草剂转基因大豆的使用率。由于使用草甘膦可替代耕作从而减少机械、燃料以及劳动力的需求（Harman等，1985；Chase和Duffy，1991；Baker等，1996；Downs和Hansen，1998；Boyle，2006；Baker等，2007），Sanders（2000）得出的结论是保护性耕作减少的燃料的成本是劳动力成本的一半。反过来，生产者需要花费更多的费用来购买转基因种子。对于生产成本，主要有种子费用和作物保护费用，以及其他费用（包括能源以及劳动力费用等）对收益的影响，其他的影响包括作物质量对生产的影响。使用耐除草剂大豆的最主要影响是降低了生产成本。早期每公顷能够节省25~34美元，但是随着草甘膦国际价格相对于其他除草剂价格的显著上升，生产成本有所提高。此外，耐除草剂大豆面临的另一个主要问题是杂草对草甘膦的抵抗能力逐渐增强。总之，由于利用了相对较低成本的除草剂，耐除草剂大豆的主要优势在于生产成本的节省，再加上机械以及劳动力的节省，每公顷能够节约6～10美元。耐除草剂大豆的产出相对非耐除草剂大豆的产出无明显变化。使用耐除草剂大豆之后，总的农户年收益从1996年的500万美元增加到2007年的14亿美元（Brookes G.和Barfoot P., 2016）。

其次，使用耐除草剂大豆能够对产量有间接的影响。与农药、劳动力、资本对于产量的直接影响不同，耐除草剂大豆通过减少杂草危害，降低了产量的损失，从而起到增加大豆产量的间接作用。这种对产量间接作用的分析框架主要是利用破坏控制框架（damage-control framework）（Lichtenberg和Zilberman, 1986）。框架假设潜在产量被定义为未受到杂草损害后的产量，框架中的生产投入包括化肥、种子，而有效单产等于潜在产量减去被杂草破坏的产量。对于杂草的损害程度，要根据杂草的种类、是否使用耐除草剂转基因大豆种子以及其他控制措施的影响，通过这个框架综合分析转基因大豆对产量的影响。耐除草剂转基因作物对产量的间接影响一般不会随着空间和时间而变化，因为杂草在大部分地区对产量的影响都是相同的。研究表明，使用耐除草剂转基因大豆以及使用草甘膦作为除草剂相对于没有使用除草剂能更多地提升单产水平（Tharp和Kells, 1999; Corrigan和Harvey, 2000; Mulugeta和Boerboom, 2000; Wieshrook等, 2001; Dalley等, 2004; Scursoni等, 2006; Bradley等, 2007; Bradley和Sweet, 2008）。Bernard等（2004）利用2001年的数据发现，使用耐除草剂转基因大豆有13千克/亩的单产优势。

除此之外，其他的经济效益包括使用草甘膦作为除草剂的替代品，从而降低了大豆对其他除草剂的需求（Fernandez–Cornejo等，2002），降低了其他除草剂的价格，从而也减少了没有种植转基因大豆的农户成本。利用耐除草剂大豆，种植者可以利用一种除草剂来控制大范围的杂草而无需使用多种除草剂达到除草的效果。草甘膦相比于其他除草剂更加有效且价格低廉，同时，草甘膦更加容易使用，使得除草更简单和灵活，从而减少了种植过程中的很多管理时间。因为使用其他除草剂需要农户随时观察耕地中的杂草类型，从而选择适合的除草剂，这些节省出来的时间可以让农户能够从事其他更有价值的活动（Fernandez– Cornejo等，2002）。

经过实证研究表明，Bernard等（2004）发现在农场进行的耐除草剂大豆的实验中增加了农民的收入。但是，Fernandez–Cornejo等（2002）和McBride and El–Osta（2002）发现使用耐除草剂大豆与非耐除草剂大豆并没有显著的收入差别。而Bullock and Nitsi（2001）发现耐除草剂大豆的使用者比传统大豆的使用者的收益更低。总的来说，从实证角度研究无法总结出是否耐除草剂大豆能有助于提高生产收益（Plencovich M.C.，2012）。

事实上，使用耐除草剂大豆并不能提供直接收益。但是将除草工作简单化可以降低管理成本，使得有更多的空闲时间去从事非农的活动，从而间接增加农户的收入。传统的农户收益测量标准只能提供一个不完全的经济收益结果，因为这种测量没有包括时间管理的价值（Smith，2002）。Binswanger（1974，1978）指出，技术的进步及其应用能够改变家庭农场对于职业的选择。节省劳动力的技术能够让家庭农场的成员通过非农就业达到收入增加的目的（Mishra等，2002）。从时间管理的角度来看，耐除草剂大豆的使用是一个很明显的例子。这种转基因大豆的广泛使用并不是因为它们在经济收益上比传统大豆有显著的优势。根据Gardner和Nelson（2007）的研究发现，使用耐除草剂转基因大豆减少了农户劳动的23%。美国农业部经济研究局（Economic Research Service，ERS）的研究表明，耐除草剂大豆的使用与高额的非农就业收入相关。大豆种植者能够有更多的时间从事非农活动，从而获得更多的收入（Fernandez-Cornejo等，2005）。非农就业收入对使用耐除草剂大豆的弹性为1.59。ERS的研究表明，增加10%的耐除草剂使用概率能够间接增加16%的非农家庭收入。家庭总收入与使用耐除草剂大豆的可能性显著相关，每增加10%的耐除草剂转基因大豆的使用概率就可增加9.7%的整体家庭收入。但是，家庭的农业收入与使用耐除草剂大豆没有显著的相关性。由此可见，是否采用耐除草剂转基因大豆，是无法依靠测量的优势来决定的。例如简单性与灵活性，即减少管理的强度，将这些省下的时间用于非农就业。

由于中国并未允许种植耐除草剂转基因大豆，中国关于转基因大豆对生产者的影响主要集中于对转基因作物的种植意愿调查以及影响因素的分析上。陆倩等（2014）利用湖北地区的农户调查数据分析了农户对转基因作物的认知及种植意愿的影响。薛燕等（2014）利用五省的农户调查数据分析了农户的主观意愿对转基因抗虫的水稻和玉米的接受程度以及种植意愿。朱月季（2018）从认知心理学角度出发，将规范信念、感知风险纳入到农户技术选择意愿模型中并分析了农户对转基因水稻的种植意愿。还有学者通过Logistics模型分析了对于转基因水稻种植意愿的影响因素（朱诗音，2011；陈梦伊等，2013）。个人的特征也会对农户的意愿造成影响（Ervin等，1982），这些特征包括性别、年龄和受教育程度，其中受教育程度提高会促进农民接受新的农业技术（Schultz，1975）。徐慎娴（2007）对转基因大豆的种植意愿进行了问卷调查，该调查也是基于假设耐除草剂大豆已获得种植许可的情况下进行的。但是农户对转基因还不了解，政府也没有给出积极的信号，因此可能存在很大的主观偏差。

（二）转基因标识制度对社会福利的影响

转基因标识的内涵：标识是指用于识别产品及其特征、特性、成分、含量和使用方法等所做的各种表示的统称。可以用文字、图案、数字、符号以及其他说明物等表示，是传递产品信息的基本载体。随着科学技术的不断进步，使得产品呈现出功能特性的多样化和复杂化，普通消费者难以凭借自身能力判断产品属性。生产者通过标识，向消费者传递产品信息、作出质量承诺，让消费者的知情权与选择权得以保证。如今标识已经成为消费者购买产品的重要判断依据。

转基因标识是标识中的一种，旨在表明产品中含有转基因成分或者由转基因生物生产、加工而成。由于进入市场的含有转基因成分的产品均通过严格的安全评价，不存在安全问题，因此，转基因标识同无糖饮料、清真食品等标识一样，都是为了帮助消费者了解产品的属性，与安全性并无对应关系。转基因标识旨在保障消费者的知情权和选择权，并不属于安全指示。

目前世界上流行的转基因标识制度有两种：自愿标识制度和强制标识制度。其中，实行自愿标识制度的国家包括美国、加拿大、巴西、阿根廷。自愿标识制度指的是食品加工厂商可以根据自身的产品情况，申请检验。如果检验未发现产品中含有转基因成分，则可以在产品上注明本产品不含转基因成分。实行强制标识制度的国家/地区包括欧盟、澳大利亚、日本、俄罗斯、瑞士、中国等。强制性标识制度是指政府要求对任何一种可能存在转基因成分的产品必须进行检测，只要产品中的转基因成分超过某一指标，就应当加贴标签。为此，生产企业需要支付进行检测的费用。可以看出主要转基因种植大国/地区、大豆出口大国/地区均为自愿标识制度。而非转基因大豆种植大国/地区、大豆进口大国/地区均为强制标识制度。伴随着世界转基因大豆种植的快速发展，各个国家/地区对于转基因大豆的标识制度的差异更加明显。

自1996年美国批准首例转基因作物品种产业化应用以来，转基因技术的研究与转基因作物的应用迅猛发展。截至2018年，世界转基因作物种植面积达1.917亿公顷。转基因作物种植面积比1996年增长了约113倍，成为世界应用最快、最广泛的新技术之一。与此同时，转基因作物产品以不同形式进入人们的生活。23年来，人们对转基因技术和转基因产品的争议不断，其中转基因产品是否应该标识，成为政府管理部门和消费者共同关注的话题。不同国家/地区从各自的利益和本国/本地消费者的利益出发，各自持不同的观点。有的国家/地区认为应该强制标识，有的则提出自愿标识，因此不同国家/地区出台的转基因产品标识管理政策差异很大。

转基因标识的形成：转基因标识问题在转基因作物批准产业化应用之前就引起关注。早在1990年，欧盟就在《转基因生物管理法规》（220/90号指令）中确立了转基因食品标识管理的框架。1996年，美国首例转基因农作物批准产业化应用，紧接着欧盟就颁布了《新食品管理条例》（258/97），对所有转基因产品实施强制性标识，并且定量监管，设定了最低含量阈值。美国1999年提出上市前自愿标识，他们认为转基因技术和传统育种技术相比并不存在更大的安全风险，按照“实质等同”原则开展监管：只有转基因食品和传统食品存在结构或功能性改变时，才会对其单独审批；只有在其含有某些过敏性成分的时候才会对其实施标识。欧美所使用的强制标识和自愿标识形成了鲜明对比，影响着不同国家/地区转基因标识制度的制定。

随着转基因技术的不断发展和转基因作物种植面积的迅速扩大，转基因产品的国际贸易不断增多，出于对国家利益的考量和消费者的高度关注，越来越多的国家开始对转基因产品实施标识管理。2001年，日本颁布《转基因食品标识法》，2002年，中国制定并颁发了《农业转基因生物标识管理办法》。目前，已有包括美国、加拿大、巴西、阿根廷、欧盟各国、俄罗斯、日本、韩国、印度、澳大利亚、新西兰等在内的70个国家和地区各自分别制定出台了转基因产品标识管理制度。

中国的转基因产品标识制度更为严格：中国是转基因作物应用

最早的国家之一，同时在中国国内对种植转基因作物和使用转基因产品存在着非常大的争议。为了保证消费者的权益、引导转基因作物健康发展，依据《农业转基因生物安全管理条例》第四章第二十八条规定，原农业部于2002年1月5日颁布实施了《农业转基因生物标识管理办法》（以下简称《办法》）。《办法》规定对农业转基因生物实行定性、强制性目录标识制度。凡是列入标识管理目录并用于销售的农业转基因生物，应当进行标识。目录包括大豆、玉米、油菜、棉花、番茄等5大类作物17个产品（大豆种子、大豆、大豆粉、大豆油、豆粕、玉米种子、玉米、玉米油、玉米粉、油菜种子、油菜籽、油菜籽油、油菜籽粕、棉花种子、番茄种子、鲜番茄、番茄酱）。2007年，国家标准《农业转基因生物标签的标识》（农业部869号公告—1—2007）发布，进一步规范了标识的位置、规格和颜色等。2015年10月，新修订的《中华人民共和国食品安全法》施行，要求生产经营转基因食品应当按照规定显著标识。

实行自愿标识的主要有美国、加拿大、巴西、阿根廷等，这些国家都是转基因作物种植大国和转基因产品出口大国。美国是按照生产者和销售者的意愿，对产品中的转基因成分进行标注。根据《联邦食品、药品和化妆品法》规定，美国市场上销售的转基因食品如果和传统食品实质等同，则不作强制性标识要求。但当转基因食品的营养成分和同类非转基因食品有差别，或者会引入过敏原、用途改变时，则需要标明其变化情况。

加拿大转基因食品实行自愿标识，在传统标识管理法规基础上，对转基因食品标识做了补充规定。2004年，加拿大标准委员会将《转基因和非转基因食品自愿标识和广告标准》作为加拿大的国家标准。该标准中给出了六个具体规定：①准许食品标签和广告词涉及使用或未使用转基因的信息，但前提是声称必须真实、无误导性、无欺骗性，不会给食品的品质、价值、成分、优点或安全性造成错误印象，并且符合《消费者包装和标签法》《食品和药品法》《消费者包装和标签法规》《食品和药品法规》《竞争法》和任何其他相关法律法规以及《食品标签与广告指南》中规定的所有其他监管要求。②并非意味着其涵盖的产品存在健康或安全隐患。③一旦在标签上声称非转基因，就代表着转基因生物无意混杂水平在5%以下。④适用于食品的自愿标识和广告，目的是明确这类食品是否转基因产品、含或不含转基因成分，食品或成分是否含DNA或蛋白质。⑤适用于包装或散装形式销售的食品以及食品的标识和广告。⑥不适用于加工辅料、使用量小的酶制剂、微生物基质、兽用生物制品及动物饲料。

巴西司法部于2003年发布了第2658/03号指令，规定转基因成分含量超过1%的供人类食用或动物饲用的转基因产品，必须在商标上注明相关信息，并附上“转基因”标志（黄色三角形中含黑色“T”符号），适用于所有包装的、散装的和冷冻的食品。但2015年，巴西众议院批准了关于转基因食品标签无须带有警示标识的法案。

阿根廷转基因标识管理：阿根廷实施自愿标识制度，在转基因产品标识方面没有具体的法规。阿根廷关于国际市场中标识的态度是：标识应该以具体的转基因食品特性为依据。同时考虑以下因素：与常规食品实质等同的转基因食品不应受到强制标识的约束；如果转基因食品在某些特性上与常规食品不具有实质等同性，可以按照其食品特征加贴标识，而不是根据生产过程。采取区分性的标识是不合理的，因为没有证据表明通过转基因技术生产的食品可能给消费者的健康带来任何危害。因为大多数农产品都是商品，所以区分流程会比较复杂而且成本较高，而生产成本增加最终可能会转嫁给消费者，但是标识却不能保证或意味着更高的食品安全水平。

以欧盟为代表的农产品进口国家/地区对转基因产品基本上都是采用强制标识。他们不关注最终产品中是否有转基因成分，而是关注产品在加工、生产过程中是否采用转基因原材料。1990年，欧盟就在《转基因生物管理法规》（220/90号指令）中确立了转基因食品标识管理的框架。1997年，《新食品管理条例》以及之后颁布的《转基因生物制成的特定食品的强制性标签标识条例》《含有由转基因生物或经基因改变制成的添加剂和调味素的食品和食品成分的标签条例》等，都规定欧盟成员国对上市的转基因食品必须标识转基因，标签的内容包括转基因生物的来源、过敏性、伦理学考虑、不同于传统食品的特性等。2003年，欧盟又公布了《转基因生物追溯性及标识办法以及含转基因生物物质的食品及饲料产品的追溯性条例》《转基因食品及饲料条例》。规定一旦进入市场，各个阶段的含有转基因生物或由转基因生物组成的转基因产品，以及由转基因生物制成的转基因食品和转基因饲料均需要进行标识。如果食品中混入转基因成分的情况是偶然的或者技术上不可避免的，且转基因成分的含量低于0.9%时，可以不进行标识。

日本是农产品进口国家，对转基因产品也是采用强制标识制度。2001年，日本农林水产省颁布《转基因食品标识法》，日本的标识方式与中国相似，按照目录进行强制标识，标识包括对已经通过安全性评价的大豆、油菜籽、玉米、马铃薯、棉籽等5种转基因作物以及上述作物经过加工后重组DNA或蛋白质仍然存在的24种产品，如豆腐、玉米食品、纳豆等。此后，日本农林水产省对目录进行修改，增加了马铃薯及其加工品、三叶草及其加工品、糖用甜菜及其加工品等，目前共有33种产品进行标注。日本规定当产品中主要原料的转基因生物含量超过5%时，需要进行标注。

国际组织转基因标识管理：在各国构建转基因标识制度的同时，国际组织也开始建立转基因标识的协调机制。WTO要求转基因产品标识管理制度符合《技术性贸易壁垒协议》（TBT）精神，并将标识作为技术贸易措施纳入谈判和规则制定的讨论范围。《卡塔赫纳生物安全议定书》于2000年1月通过，首次在国际法层面专门对转基因标识进行阐述。此议定书规定含有活性转基因生物的产品必须进行标识，各国有权禁止进口其认为可能对人类及环境构成威胁的转基因产品。总的看来，转基因产品标识是为了保护消费者权益，但转基因作物种植大国、出口国家与主要进口国家之间出于各自的利益，所持态度是不一样的，标识方式也不一样。

市场上传统大豆和转基因大豆共存，对于相关规制的分析有很多。从经济的角度来说，消费者对于第一代转基因产品是有抵制态度的，而生产者则能够从种植转基因作物得到更多的收益。因此第一代转基因产品更多的是生产者导向的技术进步，如耐除草剂转基因大豆。由于消费者对于第一代转基因大豆的抵制，转基因种子研发公司开始投入开发消费者导向的第二代转基因产品，如高油酸转基因大豆。通过一些特性能够使得消费者获得更多的好处，从而减少消费者对于转基因产品的抵制态度。

对于非转基因大豆和转基因大豆之间进行区分的政策规定，在不同国家是不同的。在主要的转基因作物生产国，如美国、巴西、阿根廷并没有实施强制的转基因标识，也没有实施特别的法规来解决转基因与非转基因共存的问题。与此相反的，欧盟、日本、中国这些大豆进口大国/地区则实施了严格的强制转基因标签，并且制定法规来规范转基因与非转基因共存的问题。一般的转基因政策包括限定阈值来规定是否将商品标识为转基因产品，而不同的国家对阈值的设定也有差异。Giannakas和Yiannaka（2004）通过分析高油大豆的新品种产业化所带来的市场福利变化。二人（2008）对第二代消费者导向的转基因产品进行了福利分析。Fulton和Giannakas（2004）构建了一个包括异质性消费者和异质性生产者以及垄断的种子企业的模型，来分析一个封闭的经济体在不同标识政策下，使用生产者导向的转基因大豆对经济的影响。Plastina和Giannakas（2005）分析了对于小型开放经济体引入转基因大豆后不同市场主体的福利，他们通过对没有引入转基因大豆之前的大豆净出口国和引入转基因大豆后的大豆净进口国等不同情景下，消费者决策和生产者决策达到均衡状态，可以计算出生产者福利和消费者福利以及市场上各种产品的市场份额。为了能够将不同消费者对转基因的态度都纳入模型中，假设消费者是异质性的，消费者对于转基因大豆的不同的支付意愿，在有无标识的情况下对转基因大豆和非转基因大豆的需求起到关键作用。从生产角度来看，假设农户在生产转基因与非转基因作物时受到大豆价格、生产成本以及对农户本身的促进作用的差异造成的收益是不同的，农户通过选择其收益最大化的大豆品种进行生产。生产的异质性来自地理环境、农户的教育水平、农场的管理、耕种技术等，农户在种植上的异质性对于转基因与非转基因大豆的供给起到关键的作用。

（三）转基因大豆对消费者支付意愿的影响

理解消费者对转基因的态度是政府建立合适的法律与贸易政策的关键，但是不同的国家对转基因食品的接受程度是不一样的（Bongoni，2016）。以两类典型的国家为代表，一类是美国、巴西和阿根廷等种植大量的转基因食品，消费者默认接受转基因食品。从美国农业部数据可以看出，2018年美国生产大豆1.21亿吨，国内消费6000万吨，也就是说将近一半的大豆产量为本国消费，另有4700万吨出口到其他国家。另一类是欧洲和日本等对转基因食品非常抵触的国家/地区。但有趣的是，欧洲和日本都是大豆进口大国/地区，2018年，欧盟进口大豆为1500万吨，日本进口大豆约为500万吨，并且从数据中可以看出，消费的基本上都是进口的转基因大豆。

从消费者角度，消费者对转基因食物的接受程度与产品特征、地理环境以及信息的不同而不同。大多数调查结果表明，消费者愿意为不含转基因的食品而支付额外费用。大量的研究表明，消费者愿意支付大量的溢价来获得非转基因食品（Lusk等，2005）。美国消费者比欧洲消费者更容易接受转基因食品（Hoban，1997；Gaskell等，1999）。大多数调查结果表明，在欧洲大多数人愿意去支付更高的价格来获得非转基因食品，高收入国家的消费者更愿意支付溢价购买非转基因食品。最近的研究表明，一些发展中国家，关注包含高级营养特性的转基因食品，该类国家更愿意考虑转基因食品。信息以及转基因类型同样会影响消费者对转基因食品的态度。Huffman和Tegene（2002）指出可证实的信息对消费者作决策方面起到重要作用。

2015年一份包含976个个体的调查问卷，分析了英国和波兰这两种文化背景下人们对于转基因食物的态度，发现几乎一半的回答者熟悉转基因食品的概念。这些人认为，转基因食品带来的最大的收益是增强了作物对极端气候的抵抗能力，而最不利的地方则是对基因修改产生的后果。超过三分之二的受访者支持必须对转基因产品标识。一半的受访者表示会购买转基因食品，而另一半则表示不会购买转基因食品。而英国和波兰两国受访者的回答则没有显著的差别。

对欧洲国家的调查表明，大部分欧洲国家保持着对转基因食品的抵制态度（Boccia，2016）。大约有53%的受访者反对转基因食品。欧洲反对者比例最少的国家为葡萄牙、爱尔兰、西班牙和芬兰。抵制最多的则来自法国和丹麦（65%），挪威和匈牙利（70%）以及意大利（77%）和希腊（81%）（Vlontzos&Duquenne，2016）。根据Gaskell等（2010）的研究表明，61%的欧洲人不支持转基因食品，在问卷中声称不愿意购买，但是他们每天在做消费决策时还是会倾向于购买转基因食品。价格是最重要的一个因素（Twardowski和Malyska，2015），Siegrist（2003）证明英国消费者在特定的价格下会购买转基因食品。

研究者利用不同的方法来测算消费者对转基因食品的支付意愿，以及他们愿意支付多少金额来避免使用转基因产品。一些研究利用问卷调查法，通过直接询问消费者对非转基因食品的支付意愿。消费者对于问卷的回应与他们的真实支付意愿有所差距（Lusk，2003）。另外一些研究者利用拍卖实验，通过设计真实的拍卖实验来测算消费者对转基因食品的支付意愿。

很多研究利用拍卖实验分析消费者对于转基因食品的偏好。从估计消费者对于转基因食品的支付意愿的角度看，Huffman（2003）利用随机*n*阶价格拍卖来得出消费者对有标识的转基因食品的支付意愿，他们发现消费者愿意支付14%的溢价来购买非转基因食品。Noussair等（2001）利用拍卖实验来得出包含转基因的食品，结果表明消费者不愿意购买转基因食品。Noussair等（2004）以及Lusk等（2006）指出，欧洲不考虑转基因食品，相反美国对待转基因食品却有着显著的差别。从消费者对转基因食品的接受意愿的角度分析，Huffman（2010）利用随机*n*阶价格拍卖，证明了先验信念以及新的信息会影响消费者对转基因食品的支付意愿。

转基因食品的信息在消费者决策中起到重要的作用。Huffman等（2002）发现，第三方信息能够增加消费者的收益。Rousu等（2002）检验了信息对消费者关于转基因食品收益的影响，他们发现被验证的信息能够增加消费者的收益。Rousu等（2006）估计了可验证的第三方信息的价值。Huffman（2010）、Huffman等（2007），Hu等（2006）和Tegene等（2003）发现，对于转基因的正向信息会促进消费者对转基因食品的支付意愿，而负向信息则会降低支付意愿。Onyango等（2004）发现基于正向和负向信息的消费者比只基于正向信息的消费者更加不愿意购买转基因食品。Martinez-Poveda等（2009）发现消费者对于转基因食品的先前认识会降低负面信息对转基因食品消费的影响。Boccaletti和Moro（2001）发现先期信息会增加消费者对正向转基因特性的支付意愿，Lusk（2003）还发现缺乏先期信息会增加消费者的支付意愿。

其他研究发现，消费者会给予特定的信息价值。Hu等（2009）指出选择获得转基因食品的信息渠道与无法得到转基因食品信息的人是不同的。能够得到转基因食品信息的消费者更愿意购买，但是能够获得转基因食品相关环境信息的消费者则不是很愿意购买。Rousu和Lusk（2009）发现基于消费者关于环境的信息更有可能改变消费者购买转基因食品的信心。

一些研究者研究了高收入国家如美国、英国以及加拿大对转基因食品的接受程度，发现消费者愿意支付溢价来选择非转基因食品。最近的研究更加关注发展中国家对转基因食品的支付意愿。许多研究者发现，在印度（Krishna，2008；Anand等，2007）、肯尼亚（Kimenju等，2008）以及中国（Li等，2002），消费者愿意支付少量的溢价获得非转基因食品。一些研究也发现，对于具有改善影响特性的第二代转基因食品，在巴西和印度有溢价支付意愿（Anand等，2007）。但是，这些研究并非发展中国家的普遍现象。Hu等（2006）发现，中国南京市的消费者在提供正面信息以及价格降低14%的时候会愿意购买转基因植物油，而提供负面信息的时候则需要降低66%的价格才会愿意购买。Lin等（2007）同样发现，中国消费者愿意支付52%的溢价来获得非转基因食品。

（四）种植转基因大豆对环境的影响

转基因大豆的使用除了对经济有影响，其种植也对环境的改善起到一定作用。主要影响有三个方面：第一是草甘膦对其他除草剂的替代，以及耐除草剂作物的推广应用导致的耕种活动的减少；第二是对土壤质量、水质量、生物多样性起到保护作用；第三是使用了耐除草剂作物对杂草管理的影响。使用草甘膦作为除草剂可以减少除草剂的使用量、土壤的翻耕、土地侵蚀并且对于根部的保水状况有所改善，还可以减少机械作业进而减少能源的消耗。不仅如此，还有研究认为，转基因作物能够提高产量从而减少土地的使用（Nelson和Pinto，2001）。

从除草剂种类看，草甘膦是一种对环境友好的除草剂。常使用的除草剂包括百草枯、乙草胺、精喹禾灵、高效氟吡甲禾灵、24-D丁等。研究表明24-D丁会引起人类软组织中的肉瘤，并且对空气、土壤和水产生毒性作用（Erkan Kalpici，2011）。甲草胺也是一种常用的除草剂，但它对环境是有危害的，从许多河流中都检测到了甲草胺的存在（Okamura等，2002）。甲草胺的半衰期为46～174天（Zhang等，

2011），对虾和藻类有危害（Okamura等，2002）。相比于这些除草剂来说，草甘膦的价格更低，对环境更友好。根据ISAAA的数据显示，目前转基因作物中有90%包含耐除草剂特性，草甘膦是除草剂中对动物毒性最小的除草剂之一（Duke S.等，2003；Cerderia AL等，2006），并且可以在不同的土地上使用。经过长期的研究，Williams等（2000）认为，草甘膦对人的身体健康没有伤害。草甘膦也是对环境友好的一种除草剂，草甘膦有相对短的半衰期（Kjaer GA等，2005），并且不易挥发，从而不会对空气造成污染。

从除草剂替代品的角度看，种植耐除草剂大豆使得农民可以利用毒性更小的草甘膦来替代毒性大的其他除草剂。相比于其他除草剂，草甘膦本身的有害性更低。根据Malik等（1989）的研究，草甘膦可以起到稳固土壤的作用，避免渗透，而且能够被土壤中的细菌降解。另外，根据EPA的检验，其他除草剂中的有害物质是草甘膦中的3.4～16.8倍。因此，种植耐除草剂大豆使得农户可以使用对环境影响更小的草甘膦作为除草剂。一般研究中利用EIO（Environmental Impact Quotient）来测算除草剂对环境的影响，草甘膦的EIO值为15.33，通过EIO数值与每公顷草甘膦使用量的数值，可计算出其对环境的影响。2006年前，每公顷除草剂的平均使用量都是很稳定的，转基因大豆与传统大豆的除草剂有效成分是相似的。从2006年以后，大部分除草剂的有效成分开始增加，使用毒性更低的草甘膦更有利于对环境的保护。

从转基因品种看，使用转基因大豆种子对土地的保护也起到有利的作用，它能够更加广泛地实施免耕作业（Carpenter和Gianessi，1999），有利于环境保护。应用耐除草剂作物可以实现免耕。从农民的决策角度来说，实施耐除草剂转基因技术能够影响保护性耕种的使用概率，并且保护性耕种的实施也能影响农民对耐除草剂转基因大豆的接受概率。已有文献对这二者之间的决策关系进行了研究。Fernandez-Cornejo等（2003）通过计量模型来研究两种决策关系对农户生产行为的影响，发现农户实施免耕对耐除草剂大豆的使用概率要高于农户使用传统耕作方式。Mensah（2007）利用双向因果关系来研究免耕与耐除草剂大豆使用的关系，发现农户实施免耕更容易接受耐除草剂转基因大豆，并且使用耐除草剂转基因大豆种子的农户也更容易实施免耕作业。实施免耕能够有效地减少耕作对土地及水源带来的不利影响。传统的农业利用耕作来除草，然而这种除草方式降低了土壤质量，增强了对土壤的侵蚀。土壤翻耕容易破坏土壤结构，造成板结，使得水无法渗透到土壤中去，从而导致水土流失并且污染地表水。免耕可以将上一季种植的作物的残留保存30%，从而起到改善土壤质量和水的渗透并且减少风对土壤的侵蚀（Uri等，1999；Blanco-Canqui和Lal，2009）。保护性耕种能有效控制土壤侵蚀以及恶化，促进水的渗透以及土壤保湿，减少表层沉积以及水土流失，减少化学物质扩散（Edwards，1995）。因此，种植转基因大豆可以促进保护性耕种，从而起到减少水土流失的作用。据美国农业部数据显示，使用保护性耕种的大豆种植面积从1990年的25%增长到1995年的48%。除此之外，保护性耕种减少了机械以及人工的使用量。同时，使用转基因大豆种子也可以减少土地的使用量，减少温室气体的排放，改善土地质量，从而起到改善气候的作用。将不耕种的土地还原回生态系统中，也可以帮助减少生物多样性的损失。

（五）种植转基因大豆对整体经济及贸易的影响

自1996年开始，美国首先允许转基因大豆产业化。经过23年的发展，转基因大豆的种植面积快速增长，从1996年的75万公顷扩大到2018年的3408万公顷。根据ISAAA2018年的数据显示，转基因大豆的种植面积占世界转基因作物种植面积的50%，占大豆种植面积的78%。其中，美国的转基因大豆种植面积占大豆总种植面积的93.3%，是世界转基因大豆种植面积最多的国家；巴西的转基因大豆种植面积占全国大豆总种植面积的93.0%，在世界转基因大豆种植中面积排名第二。

从经济影响角度看，转基因作物产业化以来，转基因作物的快速使用说明相比于传统作物，农民从种植转基因作物中能够得到更多的利润。全世界范围内转基因大豆的种植面积已经非常可观。通过分析这些微观数据，Sexton和Zilberman（2011）发现在种植转基因大豆的国家中，大豆的产量相对增加了13%。Barrow（2014）则指出，如果不使用转基因大豆和玉米，全世界需要再增加2000万公顷土地才能达到相同的产量。根据ISAAA的数据，1996—2016年全世界种植转基因作物的国家获得的经济增益达到1861亿美元。获得收益从最高排序依次为美国（803亿美元）、阿根廷（237亿美元）、印度（211亿美元）、巴西（198亿美元）、中国（196亿美元）。

根据阿根廷的调查数据发现，使用耐除草剂转基因大豆种子能够使得全要素生产率平均增长10%，并且相对于大农场来说，小农场的成本节省得更多。根据1996—2001年的数据计算对整体福利的影响得出，2001年，耐除草剂转基因大豆为世界的经济提供了12亿美元的福利。其中很大一部分是消费者得到（53%），其次是生物科技企业（34%）以及大豆生产者（13%）（Qaim和Traxler，2015）。

要估计转基因食品对整个世界经济的影响，可以利用一般均衡理论来研究（Alston等，1995；Moshini和Lapan，1997）。使用新技术会增加消费者和生产者的福利，通过对局部均衡的分析来研究转基因大豆对经济的影响。Alsten等（2015）计算出1997—2010年耐除草剂大豆对世界经济福利的贡献为470亿美元。Chatterjee等（2016）利用可计算一般均衡模型对印度种植转基因棉花、大豆、玉米和小麦的影响分析，结果表明由于使用转基因技术带来的技术进步，对印度的生产、贸易以及福利有显著的正向影响。Anderson K.和Jackson L.A.（2005）利用GTAP模型分析了使用转基因技术后对澳大利亚以及新西兰可能带来的经济影响，结果显示即使是对转基因进口有限制的国家，在使用转基因作物后得到的收益也是正向的。Anderson K.和Nielsen C.（2004）分析了农业政策的差异对转基因市场的影响，特别是欧洲严禁进口转基因的政策。其结果为进口限制会给国家福利造成严重的负向作用，但是从使用转基因给世界带来的福利来看并未严重受到欧洲的进口政策的影响。Sobolevsky A.等（2005）利用局部均衡模型分析第一代转基因大豆对世界大豆市场的影响，他们发现使用了第一代转基因大豆之后全世界都得到了收益。

二、文献评价

总的来说，国外对转基因大豆的研究很充分，从转基因大豆的种植对整体经济的影响、对种植成本收益的影响，以及农户在选择种植转基因大豆后对其生产结构的影响、对农业就业和非农就业的选择的改变等都有深入的研究。国外学者还分析研究了种植转基因大豆对于环境的改善作用，以及从消费者角度分析对转基因大豆种植的支付意愿等问题，还探讨了不同转基因标签的规制对于大豆市场的影响等。一些文献还分析了对于种植转基因大豆后大豆国际贸易的变化。而国内关于转基因大豆的文章主要针对中国消费者对于转基因产品接受程度的研究，农户的认知水平和转基因大豆的种植意愿研究，以及政府关于转基因政策的分析。虽然以往的研究非常多，但是针对中国种植转基因大豆对产业影响的研究还需要更进一步的补充和加强。

第一，国外对于转基因大豆的分析虽然非常有借鉴意义，但是针对中国的实际情况，不能完全照搬国际的经验。国外的研究都是基于已经种植转基因大豆后的数据进行的，因此其分析的角度是从事后出发进行的。而中国的问题在于还未实施转基因大豆种植，无法从事后数据进行市场和种植福利评估。因此，从研究方法上需要提出新的思路。

第二，中国对于转基因大豆的研究也有些滞后。中国对转基因产品的市场研究很多，但是关注于转基因大豆生产意愿的研究很少。中国针对转基因的研究大多集中于棉花、玉米和水稻，而且研究内容主要集中在消费者偏好方面。对于转基因大豆种植倾向分析的文献较少，并且年代较远，基于当时的数据和研究方法已经无法适用于现在的情况。2019年中央1号文件明确提出大豆振兴计划，因此本书结合当前的新形势、新特点、新变化，利用无偏中立的分析方法进行分析，提出振兴大豆产业的中国解决方案。

第三，对于中国大豆贸易的研究主要是从一般均衡和生产的局部均衡模型来研究。国内对于转基因作物的局部均衡分析较少，大多是利用国际间的一般均衡模型进行分析。因为对于生产而言，中国的转基因大豆种植还未实现，市场上对于中国转基因大豆的反应还不明确，因此无法对于转基因大豆种植生产进行弹性测算，从而无法将国内种植的转基因大豆从非转基因大豆的市场中剥离开来，只能基于无标签的情况进行相关分析。而一般用来做国际贸易的可计算一般均衡模型，如全球贸易分析模型数据库（GTAP）对于转基因大豆的研究只针对国际贸易来研究，而对于中国自身的大豆种植的特点并不包含在内。

综上所述，本研究基于以往的研究，拟从研究思路和方法上进行改进和创新，进一步完善对中国农户转基因大豆种植意愿的分析。同时对生产者和消费者的福利进行分析，并结合宏观数据、利用局部均衡模型对中国大豆贸易进行模拟分析。

第三章

世界大豆产业发展格局与中国面临的挑战

本章从中国大豆的生产、消费和贸易以及与国际主要大豆进口国和出口国的历史数据比较中，总结中国大豆在国际上的定位以及发展中出现的问题，从而找到一条适合于中国大豆产业发展的道路。中国一向秉持对外开放政策，利用国际市场来满足中国的大豆需求。但是，在统筹国内、国外两个市场的时候应该保证一定范围的独立性，既通过利用国际市场来达到满足中国大豆需求的目标，又要避免过度依赖导致的贸易风险。在提高自身生产力的方法上借鉴国际主要经验，利用转基因大豆来达到提高生产能力的效果，进而保证中国大豆产业的安全性。

一、中外大豆生产发展情况

从历史数据中可以发现，中国的大豆生产一直保持着稳定的产量。截至2018年，我国大豆种植面积在700万公顷的水平上徘徊，单产已经到达了顶峰。与此同时，世界大豆主产国美国、巴西和阿根廷自种植转基因大豆后，大豆种植面积都在快速增长，单产也在逐年增加。

转基因大豆种植极大提高了美国、巴西、阿根廷大豆的生产能力。

（一）中国大豆生产发展情况

大豆富含植物蛋白和植物油脂，是食用植物油和饲料蛋白的主要原料，在中国种植历史悠久。作为世界大豆的原产国，中国大豆种植区域分布广泛，绝大部分省（区、市）都有种植，传统上分为三大种植区：北方春季大豆区，包括内蒙古、辽宁、吉林、黑龙江和新疆；黄淮海夏季大豆区，包括北京、天津、河北、山西、上海、江苏、安徽、山东、河南、陕西、甘肃、宁夏；南方多作大豆区，包括浙江、福建、江西、湖北、湖南、广东、广西、海南、重庆、四川、贵州、西藏、云南。其中，东北春季大豆区和黄淮海夏季大豆区是中国主要大豆产区，大豆种植面积和产量占全国的比例均在80%左右。此外，大豆本身具有很好的固氮作用，可以提高土壤肥力，因此一直以来备受农户的欢迎。但是由于大豆的单产水平不高，生产用工较多，如果不考虑每年的大豆生产者补贴，那么大豆种植的比较效益远低于玉米。种豆不赚钱甚至赔钱，极大影响了农民的种豆积极性，因此从生产的源头制约了中国大豆产业的发展。

在种植面积方面，同为粮食类作物，大豆单产水平与水稻、小麦、玉米相比提高缓慢，长期缺乏增产的优势，很难调动农民的种植积极性，导致大豆种植面积长期徘徊不前。1996年，国外转基因大豆广泛应用后，中国大豆种植面积比上年减少了8.1%。在过去的25年间，大豆的单产水平平稳波动，其中13年同比下降，8年同比提高。由于单产得不到突破，大豆产量增长小于种植面积增长。2018年，中国大豆种植面积和产量分别为797.39万公顷、1419.36万吨，分别比1996年增长6.7%和0.5%。随着市场化进程的深入推进，持续的大豆生产者补贴政策调动了农民种植大豆的积极性。自2016年始，中国大豆种植面积连续4年增加，但受土地资源限制增幅有限。截至2018年，中国大豆种植面积最大的年份是2004年，达到958.89万公顷，多数年份均在900万公顷以下。这说明大幅度增加大豆种植面积可能性不大，尤其是在确保口粮绝对安全的前提下，要扩大大豆种植面积更是不现实，增加总产量只有通过品种改良，提高单产来实现。

中国大豆品种缺乏突破性技术，靠天吃饭，单产波动大，且没有明显提升。如图3-1所示，1996年以来，中国大豆单产增长幅度很小，1995年为每公顷1787.25千克，2018年为每公顷1898.25千克，提高了

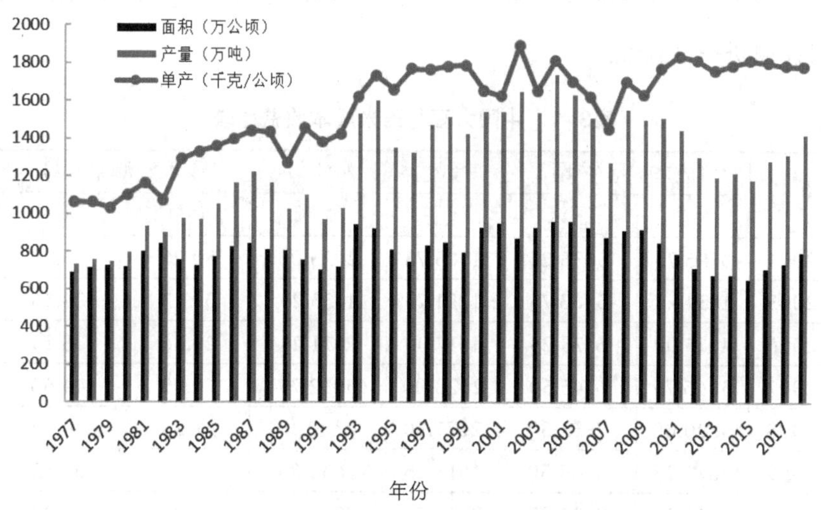

图3-1　1977—2018年中国大豆种植面积、单产及产量

数据来源：美国农业部WASDE数据库

111.00千克，23年来增幅仅为5.8%。

大豆总产量在波动中缓慢上升，1996年中国大豆产量为1323.37万吨，2018年增加到1419.36万吨，25年间增产不到100万吨，并且增产的动因基本是种植面积的增加所致，而非品种的改良。但受到粮豆争地的制约，未来大豆种植面积的增幅有限，从中国大豆主产区的种植结构来看，大豆与玉米在种植面积上是互斥的关系，农户根据两种主要作物的成本收益来决定种植哪种作物。如表3-1所示，从2009年开始，玉米的成本收益率要高于大豆的成本收益率，因此大豆的种植面积一直低于玉米的种植面积。同时，玉米是中国保障粮食安全的重要作物，所以依靠提高大豆种植面积来提高产量很难实现。此外，按照WTO谈判规则，大豆不属于粮食品种，没有进口配额的限制，是完全开放的市场，我国市场面临国际大豆市场的挤压，使得我国种植大豆的收益进一步降低。

表3-1　中国大豆与玉米成本收益比较

年份	总成本（元/公顷）		净收益（元/公顷）		成本利润率（%）	
	大豆	玉米	大豆	玉米	大豆	玉米
2004	3795.75	5636.25	1905.75	2025.00	50.21	35.92
2005	11344.5	5883.75	1221.75	1433.25	30.12	24.36
2006	4014.00	6176.25	1017.00	2171.25	25.36	35.16
2007	3066.75	6745.50	2628.00	3012.75	60.05	44.66
2008	5220.00	7852.50	2677.50	2387.25	51.28	30.42
2009	5672.25	8266.50	1613.25	2630.25	28.43	31.82
2010	6468.75	9425.25	2326.50	3795.75	35.98	40.27
2011	7330.50	11463.75	1829.25	3946.50	24.95	34.43
2012	8673.75	13862.25	1930.50	2965.50	22.25	21.39

续表

年份	总成本（元/公顷）		净收益（元/公顷）		成本利润率（%）	
	大豆	玉米	大豆	玉米	大豆	玉米
2013	9389.25	15180.75	506.25	1163.25	5.38	7.66
2014	10010.25	15959.25	−387.00	1226.25	−3.86	7.69
2015	10120.50	16256.25	−1725.75	−2013.75	−17.06	−12.38
2016	10176.75	15984.00	−3147.75	−4495.50	−30.93	−28.13
2017	10032.75	15396.75	−1964.25	−2637.00	−19.57	−17.13
2018	9994.50	15671.25	−2880.00	−2450.25	−28.82	−15.63

数据来源：全国成本收益统计年鉴（2004—2018）

（二）世界大豆生产发展情况

1996年开始，转基因大豆的成功推广和应用，使得美国、巴西和阿根廷的大豆产业飞速发展。具体表现为，大豆种植面积在成倍扩大，单产水平也在不断提高，并将中国这个曾经的世界第二大豆生产国远远甩在身后。

1. 美国大豆生产情况

美国自1996年批准了耐除草剂转基因大豆产业化生产应用，与此同时与转基因大豆相配套的耕作栽培制度发生了相应变化，推动单产明显提高，转基因大豆应用前的1995年单产为每公顷2370.00公斤，到2018年单产每公顷增加了1098.08公斤，提高了31.6%。美国的大豆科技创新导致生产不断上新台阶。按照每增加1000万吨为一个台阶，自1996年转基因大豆产业化以来的22年间就上了6个台阶，比前48年间的6个台阶用时明显缩短。前6个台阶，种植面积发挥了主要作用，从1949年的424.19万公顷，增加到1995年的2490.62万公顷，种植面积增加了2066.67万公顷。与此同时，单产从1949年的1496.18千克/公顷，增加到1995年的2375.85千克/公顷，提高了897.68千克/公顷。但后6个台阶，美国大豆的种植面积只增加了1066.67万公顷，而单产提高了1092.23千克/公顷，由此可见，单产对上台阶的作用大于种植面积的扩大。单产的增加主要得益于技术进步，尤其是1996年转基因大豆的产业化应用，使得美国大豆种植面积稳居世界第一位，虽然在2016年、2019年、2020年巴西大豆种植面积超过美国，跃居世界首位，但美国大豆的单产水平一直高于世界平均水平。

2. 巴西大豆生产情况

巴西种植大豆的历史不长，1961年巴西的大豆总产量仅有27.15万吨，仅占世界大豆总产量的1.0%。受市场需求的拉动和新技术运用的推动，巴西大豆生产快速发展。2018年，巴西大豆总产量达到11788.80万吨，按每增加1000万吨为一个台阶，60年来大豆生产上了11个台阶，其中1996年以来，总产增加超过了9000万吨，在这个阶段，巴西大豆总产上了9个台阶。巴西大豆生产具有得天独厚的自然条件，种植面积的扩大，特别是巴西出口政策的调整，极大地调动了农民种植大豆的积极性。1996年9月在巴西生效的国家87号法律，对未加工和半加工产品出口可以豁免“增值税ICMS”，更加刺激了大豆的生产。1997年之后，大豆种植面积快速扩大，2000年超过1333万公顷（2亿亩），2004年超过2000万公顷（3亿亩），2013年超过2666万公顷（4亿亩），2017年超过33333千公顷（5亿亩），种植面积的大幅度增加推动了大豆总产的增加。除了自然条件、出口政策、市场需求等因素之外，科技进步尤其是转基因大豆的产业化利用，加快了大豆单产水平的提高。1961年，巴西大豆单产仅为1127.25千克/公顷，到2018年提高到3390千克/公顷，57年来单产提高了2265千克/公顷。其中，前38年年均单产增幅为3.9%，1996年之后单产增加了839.25千克/公顷，年均增幅为6.9%。

3. 阿根廷大豆生产情况

阿根廷种植大豆较晚，1961年种植面积仅为0.98千公顷，总产0.10万吨，1977年开始有较大提升，总产达140.00万吨。之后缓慢上升，1990年超过1000万吨，1998年出现大幅提升，总产达到1873.22万吨，同比增长70.2%。之后阿根廷大豆总产就一直在2000万吨以上波动攀升，先后跃上3000万吨、4000万吨、5000万吨、6000万吨5个台阶。在这个过程中，种植面积的扩大一直是稳定助推力，1977年接近66万公顷（1000万亩），1998年达到695.412万公顷（超过1亿亩），2004年为1430.454万公顷（超过2亿亩），2016年1950.465万公顷（超过3亿亩），之后有所回落。单产的提升也是大豆产量快速增长的主要助力之一，1961年，阿根廷单产为每公顷975千克，2017年，阿根廷提升到每公顷3171千克，每公顷增加了2196千克，尤其是1996年转基因大豆及配套技术推广应用之后，效果更为明显，1998年单产跃上了2694千克每公顷，之后基本上都在2250千克以上波动上升，为总产的增加提供了新动力。2020年，阿根廷已经成为世界第三大的大豆生产国。

（三）大豆主产国的大豆生产情况比较

世界大豆生产主要分布在美国、巴西、阿根廷、中国、乌拉圭、巴拉圭、墨西哥、玻利维亚、罗马尼亚、南非、加拿大等国家。其中，前四大主产国美国、巴西、阿根廷和中国的大豆总产量占世界大豆总产量的86%左右。以2019—2020年为例，四国的产量在世界总产量的占比分别为36.8%、28.6%、15.4%和5.4%。其中美国、巴西、阿根廷既是生产大国，又是出口大国。

从种植面积看，如图3-2所示，1960年以来，世界大豆的种植面积发生了巨大的变化。从20世纪60年代开始，中国的种植面积一直稳定在1000万公顷以内，美国的大豆种植面积则一直高于中国，1980年接近3000万公顷，并在接下来的时间里均保持着较高的大豆种植面积水平。而巴西和阿根廷的大豆种植面积都是从几乎没有，到超过中国，

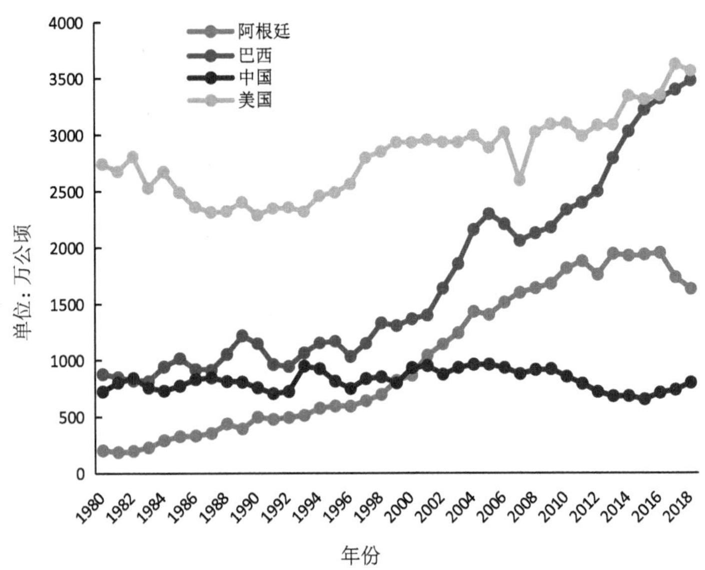

图3-2　1980—2018年世界大豆主产国大豆种植面积

数据来源：联合国粮食与农业组织FAOSTAT数据库

再到追赶美国的种植面积。其中巴西的种植面积于1976年超过中国，但与中国一直保持着小范围的差额，直到1996年，巴西的大豆种植面积开始飞速增长，2018年基本上与美国的种植面积相当。1980年以前，阿根廷几乎不种植大豆，但到2018年，阿根廷的大豆种植面积已经远超中国水平，排在全球第三位。虽然前期的发展过程比较缓慢，直到1998年阿根廷超过中国大豆的种植面积后，快速拉开与中国的距离。从时间节点来看，除了美国是传统的大豆种植大国以外，目前的大豆主产国的形成均受到1996年开始种植转基因大豆的影响。截至2018年，美国、巴西和阿根廷的转基因大豆种植面积占世界大豆总种植面积的比例更是在90%以上。

从单产水平看，美国、巴西和阿根廷的大豆单产都保持着快速增

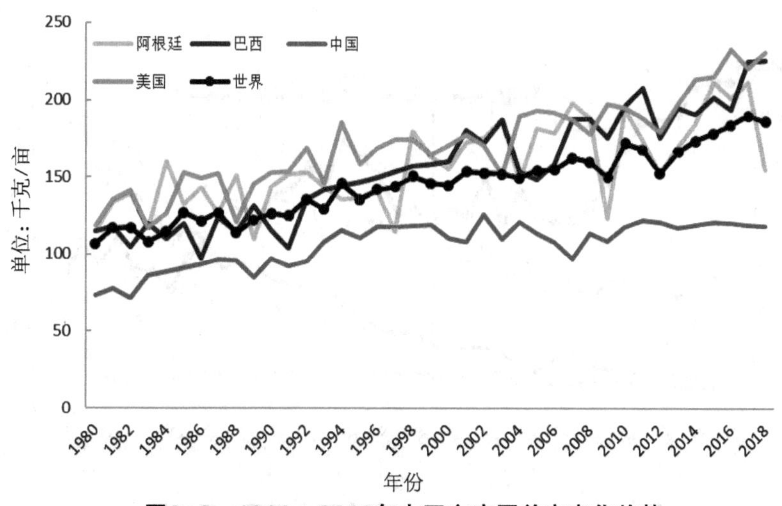

图3-3　1980—2018年大豆主产国单产变化趋势

数据来源：联合国粮食与农业组织FAOSTAT数据库

长趋势，与之相比，中国大豆的单产水平有较大差距且出现下降的趋势。如图3-3所示，从世界大豆主产国的单产比较来看，四个大豆主产国的大豆单产均呈现增长趋势。其中，中国的大豆单产低于其他三个大豆主产国的单产水平，美国始终保持较高的单产水平，巴西的单产一直处于增长态势，而阿根廷的大豆单产水平波动很大。与世界平均大豆单产水平相比，中国一直处在世界平均水平之下，美国一直处在平均水平之上，巴西在1992年之前大多数都保持在平均线以下，而1992年之后都保持在平均线以上，阿根廷则在平均线左右反复波动上行。

从产量看，美国、巴西和阿根廷的大豆产量都在飞速增长，中国的大豆产量则保持平稳增长趋势。如图3-4所示，从大豆主产国产量的变化情况来看，美国一直处于增长态势，中国基本保持稳定的产量，而巴西和阿根廷的大豆产量均快速增加。巴西的大豆产量自1973年开

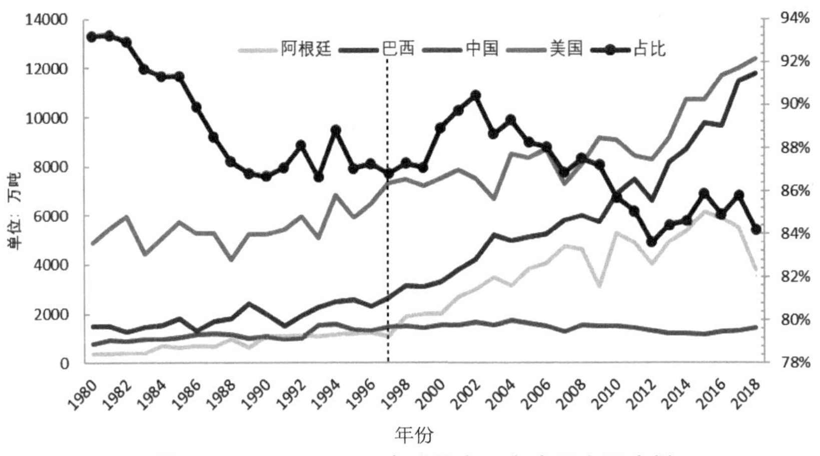

图3-4　1980—2018年世界大豆主产国大豆产量

数据来源：联合国粮食与农业组织FAOSTAT数据库

始超过中国，从此保持了与中国少量的差距。但从1997年开始，巴西的大豆产量与中国大豆产量的差距开始呈现逐年增加的态势。阿根廷的大豆产量从1997年开始超过中国，并且保持了高速增长态势，与中国的差距越来越大。可以看出自从种植转基因大豆后，巴西、阿根廷和美国的大豆产量均出现了一个较快的增长过程，而不种植转基因大豆的中国大豆的产量却没有明显增加，反而后期有所下降。

从成本收益看，美国、巴西和中国的大豆种植成本主要包括运营成本和间接费用。运营成本包括种子、作业费、肥料、燃料动力费、农药费、灌溉机械等费用，还有修理费和利息等。间接费用包括雇工费用、土地资产成本、家庭劳动机会成本、税金和保险费、固定资产折旧、管理费等成本。为了提高各主产国大豆成本的可比性，将各国大豆生产成本的构成要素进行整合，统一划分为可变成本和不可变成本两大类。可变成本包括种子费、农药费、化肥费、燃料动力费、农膜费、作业费、修理维护费、畜力费、排灌费、生产费用的贷款利息、人工成本等；不可变成本包括固定资产折旧、税金与保险费、土地成本、期间费用、农场管理费、成本外支出等。

按照以上分类，对三国2014—2015年度和2016—2017年度大豆生产成本的数据进行整理，得到如下数据。从表3-2的数据可知，一方面，中国大豆单位面积成本中的可变成本均高于其他两国，而不可变成本低于美国。据分析，随着种植面积的增加，中国需追加的可变成本上升较快，从而导致单位面积的成本较高；另一方面，不可变成本随着种植面积的增加而逐渐被分摊，从而其单位面积成本显示出明显优势。从2016—2017年数据来看，美国的平均单位面积可变成本为每公顷3335.10元，比中国的6254.55元低了近一半，巴西的可变成本同样远低于中国。在这种情况下，美国、巴西可以在更低的市场价格下生产大豆，其抵抗大豆市场价格波动的能力要比中国农户强得多。

表3-2 世界大豆成本结构

（单位：元/公顷）

美国			
年份	2014—2015	2015—2016	2016—2017
单位面积成本	8179.35	8128.20	8131.65
其中：可变成本	3461.25	3307.35	3335.10
其中：不可变成本	4718.10	4820.85	4796.55
巴西			
年份	2014—2015	2015—2016	2016—2017
单位面积成本	3655.80	3241.05	4071.75
其中：可变成本	3197.85	2588.25	3595.20
其中：不可变成本	457.65	652.80	476.70
中国			
年份	2014—2015	2015—2016	2016—2017
单位面积成本	10010.10	9388.65	10120.65
其中：可变成本	3715.65	3310.20	6254.55
其中：不可变成本	6294.60	6078.30	3866.10

数据来源：成本收益统计年鉴，美国农业部经济研究局网站数据：http://ers.usda.gov

成本构成比例上的优势、收益上的规模优势以及单位面积产量优势等，共同构成了美国大豆强劲的市场竞争力，而中国大豆相比于其他两国却面临着需求不断增长、供给徘徊不前、进口压力继续加大的困境。中国作为大豆原产国、生产大国和消费大国，必须对此予以重视，并采取相应措施促进大豆产业发展，提高中国大豆的市场竞争力。

从中美大豆的成本细分表中可以发现，中美大豆成本结构存在显著差异。如表3-3所示，其中人工成本差异最大，其次是机械费，再次是种子费。2017年，中美大豆的人工雇佣成本分别是2899.35元/公顷和56.40元/公顷，分别占总成本的28.9%和0.7%，相差约28.2个百分点；机械费分别为1231.05元/公顷和178.50元/公顷，占比分别为12.3%和2.3%。此外，中国大豆单位产量的种子费占比低于美国约7.6个百分点。分析固定资产折旧费可以发现，中国大豆生产的自有机械投入明显低于美国。总体来看，中国大豆生产的人工投入仍然很高，机械化水平较低，此外，种子费用占比较低也折射出中国大豆种业科技研发投入较低的现实。

表3-3 大豆生产中的成本比较

（单位：元/公顷）

成本	美国					中国			
	2018年	2017年	2016年	2015年	2014年	2017年	2016年	2015年	2014年
种子	992.85	1004.55	1017.00	1024.20	1016.85	553.05	551.40	559.35	578.70
肥料	416.25	433.50	486.75	578.55	621.30	679.35	664.80	685.35	699.90
农药	453.00	464.10	478.05	466.35	484.35	254.40	243.30	242.25	238.50
机械作业费	181.95	178.50	183.30	181.05	173.55	1231.05	1231.05	1198.05	1149.15
燃料动力	251.55	234.75	205.65	238.20	365.40	3.30	2.40	2.10	2.70
维修	416.70	403.80	394.80	396.30	394.95	6.90	6.30	7.65	7.35
排灌费	1.05	1.05	1.05	1.05	1.05	30.75	44.55	42.00	94.35
总运营	2741.70	2734.50	2773.05	2888.25	3058.20	3024.90	3019.95	3027.15	3043.65

续表

成本	美国					中国			
	2018年	2017年	2016年	2015年	2014年	2017年	2016年	2015年	2014年
雇佣劳动费	59.85	56.40	55.20	55.05	52.35	2899.35	2916.90	2937.90	2955.15
固定资产折旧	1602.75	1573.95	1536.75	1528.35	1492.80	19.20	18.45	16.95	16.05
土地成本	2515.05	2471.25	2486.10	2731.50	2681.85	3769.35	3885.00	3866.10	3715.50
税收	185.85	184.35	181.95	182.85	172.05	98.55	104.85	104.55	111.90
管理费	326.70	315.75	310.95	310.50	310.20	33.75	37.95	55.65	58.35
总成本	7787.70	7671.75	7671.00	8014.20	8073.45	10032.00	10176.60	10120.65	10010.10

数据来源：全国成本收益统计年鉴（2014—2017）；美国农业部经济研究局网站数据，http://ers.usda.gov

二、中外大豆消费变化情况

从消费的角度看，随着中国居民生活水平的提高，膳食结构的升级改善，居民对于油、肉、蛋、奶的消费持续扩大，而作为豆油和饲料的原料，大豆的消费不断攀升。世界主要大豆生产国/地区和消费国/地区中，美国、巴西和阿根廷的大豆消费增长是由于生产增长导致的，欧盟和日本的消费都没有太大变化，只有中国的消费增长剧烈，造成生产跟不上消费的情况。

（一）中国大豆消费变化情况

大豆是重要的食用植物油、植物蛋白食品和饲料蛋白的原料，在国家粮食安全中占有重要地位。大豆消费结构分为压榨消费、食用消费、种子消费及损耗等。其中，压榨消费占据主要比重，其压榨产品主要包括豆油和豆粕，豆粕是饲料配方蛋白添加的主要原料，因此豆粕需求主要在生猪、蛋鸡、肉鸡养殖上。其食用消费的内容则丰富许多，主要有豆腐、豆浆、豆芽等产品的消费。由于中国大豆蛋白质含量较高，且为非转基因产品，一般食用大豆需求大部分是靠国产大豆来满足。目前，中国大豆消费需求居世界首位，是世界最大的大豆消费国。

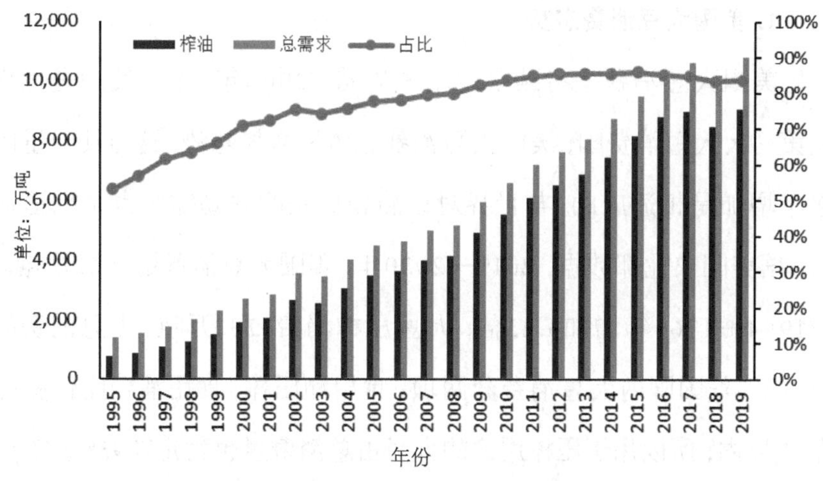

图3-5　1995—2019年中国大豆消费量变化

数据来源：美国农业部WASDE数据库

如图3-5所示，2004—2017年，中国大豆消费增速明显，据美国农业部数据，中国大豆消费量由2004年的3438万吨增加至2017年的10650万吨，增长2.09倍，年均增长5.4%。但受非洲猪瘟疫情的影响，中国在2018年饲料需求减少，大豆消费量下降至10200万吨，2019年又回升至10820万吨。在大豆消费中，主要以压榨为主，大豆的压榨占比基本维持在83%～86%，食用消费占比在10%～13%。2019年，中国大豆压榨消费9050万吨，占比83.6%；大豆食用消费1317万吨，占比12.5%。由于中国禁止生产转基因大豆，所以中国大豆压榨主要来源于进口大豆，一般进口1吨的大豆可生产0.19吨豆油和0.79吨豆粕。据此测算，2019年中国豆油、豆粕产量分别为1719.5万吨、7150万吨，分别比1995年没有转基因大豆进口的时期增长11倍和15倍。

（二）世界大豆消费变化情况

1. 美国大豆消费态势

美国大豆消费呈持续平稳增长态势。2008年之前，美国是世界上第一大大豆消费国，美国大豆消费总体呈增加态势，这与其产量的逐年增加是相适应的，与世界对豆油和豆粕的强劲需求也是相适应的。据美国农业部数据，2019—2020年，美国大豆消费量6061万吨，较1964—1965年增加3.23倍，大豆压榨消费5783万吨，占总消费的95.4%。美国国内大豆消费分两项：食用和压榨，食用消费比例稳定在5%以内，所以用于压榨用途的大豆占总消费量也稳定在95%左右。如表3-3所示，美国国内总消费量占世界总消费量的比重是逐年递减的，这与其在世界大豆主产国中的地位下降是相对应的，同样美国的压榨量占世界压榨量的百分比也呈现逐年递减的态势。美国2001年的国内总消费量占世界比重为27.7%，2019年下降到17.4%。

2. 阿根廷大豆消费趋势

阿根廷国内大豆总销量呈增加趋势，这与它的产量逐年增加是相适应的。2019年，阿根廷大豆消费4870万吨，较上年增长2.6%。其中，大豆压榨消费4160万吨，压榨消费占比由2005年的95.5%下降至85.4%；食用消费711.02万吨，占总消费的14.6%。阿根廷大豆消费主要为压榨和食用，近10年来压榨消费比例逐渐下降，食用消费比例有所上升。

3. 巴西大豆消费情况

巴西大豆国内总消费逐渐增加，这和它的产量逐年增加是一致的。2019年，巴西大豆消费4690万吨，较上年增长4.7%。巴西大豆国内消费主要分为压榨和食用消费。其中，食用消费逐年增加，但是占总消费的比重很小，而且很稳定，一般占国内总消费的5%以内；大豆压榨消费占总消费量的比例稳定在95%左右，随着巴西总消费量的逐年增加，其每年的压榨量也是逐年增加的。2019年，巴西大豆压榨消费4425万吨，占国内总消费的94.3%，食用消费265万吨，占国内总消费的5.7%。

4. 欧盟大豆消费变化情况

欧盟的大豆消费量相对稳定。作为主要大豆进口地区，欧盟在大豆消费上一直保持着平稳状态，没有出现较大的变化。1995年，欧盟的大豆消费量超过中国和阿根廷，仅次于美国和巴西的大豆消费量。到1998年，欧盟的大豆消费量已经低于美国、巴西、阿根廷和中国的大豆消费量，中国和阿根廷的大豆消费量分别在1997年和2000年反超欧盟。因此消费需求对于欧盟在大豆产业的政策上并没有非常大的影响。

（三）主要消费国大豆消费量对比

全球大豆主要消费国包括中国、美国、阿根廷和巴西。其中，中国大豆消费占世界的比例快速上升。从表3-4可以看出世界主要国家/地区的大豆消费量在整个消费量中的占比。2019年度，中国、美国、阿根廷和巴西四国消费分别占世界大豆总消费的30.7%、17.2%、13.2%和13.2%，四国总消费占比合计达到74.2%。从各国/地区消费的变化来看，美国的大豆消费占比是逐渐递减的，并且减少的幅度很大；同样的，欧盟的消费占比也出现大幅度的下降；巴西和日本的大豆消费占比虽然也呈现递减趋势，但是减少的幅度很小；阿根廷和中国的大豆消费的占比都是逐渐增大的，但是阿根廷的扩大程度不高，而中国的大豆消费占比的扩大幅度从1995年到2018年增长了2倍。1995年中国的大豆消费量是位于美国、欧盟和巴西之后的第四位，到1997年中国的大豆消费量超过欧盟，2000年中国大豆消费量超过巴西，2008年中国大豆消费量超过美国，到2019年中国的大豆消费数量已经超过第二位美国和第三位阿根廷大豆消费量之和，稳居世界首位。可以看出转基因大豆的主产国美国、巴西大豆消费都在递减，而阿根廷的消费占比小幅上升。转基因大豆的进口大国/地区中，日本和欧盟都在下降，只有中国的消费占比在快速上升。

表3-4　世界各国/地区大豆消费占比变化情况

（单位：%）

年份	世界（万吨）	美国	阿根廷	巴西	中国	欧盟	日本
1995	13159.00	30.64	8.21	17.58	10.69	11.41	3.78
1996	13582.00	31.29	8.51	15.96	11.26	11.85	3.76
1997	14840.00	32.14	9.23	14.93	11.79	11.48	3.38
1998	16018.00	30.43	11.41	14.46	12.44	11.09	3.11
1999	16053.00	29.55	11.23	14.45	14.27	9.76	3.16
2000	17206.00	28.59	10.69	14.35	15.52	10.72	2.95

续表

年份	世界（万吨）	美国	阿根廷	巴西	中国	欧盟	日本
2001	18402.00	27.64	11.99	14.62	15.38	10.45	2.83
2002	19059.00	24.93	13.04	15.61	18.52	9.36	2.79
2003	18997.00	23.48	14.01	16.93	18.10	8.14	2.60
2004	20539.00	25.03	14.00	15.63	19.58	7.51	2.19
2005	21519.00	24.45	15.49	14.48	20.70	6.96	1.95
2006	22528.00	23.63	15.58	15.10	20.47	7.14	1.91
2007	22975.00	22.47	15.74	15.26	21.68	7.01	1.84
2008	22113.00	21.76	14.84	15.70	23.26	6.37	1.70
2009	23824.00	21.27	14.99	15.45	24.95	5.62	1.50
2010	25196.00	19.21	15.56	15.61	26.17	5.34	1.27
2011	25696.00	18.96	14.59	15.97	28.05	5.15	1.17
2012	26053.00	18.74	13.84	14.66	29.24	5.24	1.16
2013	27572.00	18.17	14.71	14.46	29.23	5.16	1.11
2014	30121.00	18.25	14.67	14.41	28.95	5.17	1.08
2015	31435.00	17.33	15.13	13.76	30.22	5.27	1.08
2016	32968.00	16.90	14.51	13.24	31.39	4.87	1.05
2017	33833.00	17.40	12.90	13.75	31.42	4.91	—
2018	34336.00	17.59	13.82	13.16	29.71	5.19	—
2019	35199.00	17.19	13.23	13.21	30.74	5.00	—

数据来源：美国农业部WASDE数据库

三、中外大豆贸易变化趋势

自1996年开始，世界大豆的贸易格局发生了翻天覆地的改变。1996年世界大豆主要出口国为美国和巴西，主要进口国/地区为欧盟和日本。到2018年，世界大豆的主要出口国变为美国、巴西和阿根廷，而主要进口国/地区分别为中国、欧盟和日本。在这个变化过程中，中国的大豆贸易变化是最剧烈的，成为本研究的关注重点。

（一）中国大豆进口变化趋势

中国的大豆贸易自1996年开始发生了剧烈的变化。如表3-5所示，1996年之前，中国是大豆的净出口国，1995年的进口数量为29.39万吨。到1996年中国大豆的进口数量飙升到110.75万吨，同时中国开始由大豆净出口国转为净进口国，进口量逐年递增。到2018年，中国大豆的进口数量已经增长到8803.36万吨，是1995年的303.6倍。

表3-5 中国大豆贸易情况

（单位：万吨，亿美元）

年份	进口数量	出口数量	净进口数量	进口额	出口额	净进口额
1995	29.39	37.51	−8.11	0.75	1.00	−0.24
1996	110.75	19.17	91.58	3.20	0.66	2.54
1997	287.59	18.57	269.02	8.43	0.73	7.70
1998	319.25	16.99	302.26	8.05	0.63	7.41
1999	431.86	20.44	411.43	8.90	0.62	8.29
2000	1041.91	21.08	1020.82	22.70	0.64	22.06
2001	1393.95	24.84	1369.11	28.10	0.77	27.32
2002	1131.44	27.59	1103.85	24.83	0.77	24.06
2003	2074.10	26.75	2047.35	54.17	0.87	53.30
2004	2023.00	33.46	1989.54	69.79	1.45	68.34
2005	2659.00	39.65	2619.35	77.78	1.70	76.09
2006	2823.69	37.90	2785.79	74.89	1.46	73.43
2007	3081.66	45.65	3036.01	114.73	1.96	112.77
2008	3743.63	46.51	3697.11	218.15	3.51	214.64
2009	4255.16	34.66	4220.51	187.87	2.37	185.50
2010	5479.77	16.36	5463.42	250.93	1.18	249.75
2011	5245.28	20.83	5224.46	297.26	1.62	295.65
2012	5838.26	32.01	5806.25	349.77	2.79	346.98
2013	6337.79	20.90	6316.89	380.09	2.02	378.07

续表

年份	进口数量	出口数量	净进口数量	进口额	出口额	净进口额
2014	7140.31	20.71	7119.60	402.62	1.99	400.63
2015	8168.97	13.36	8155.61	347.90	1.26	346.65
2016	8391.33	12.72	8378.61	339.81	1.08	338.73
2017	9553.42	11.22	9542.20	396.38	0.91	395.47
2018	8803.36	13.39	8789.97	380.78	1.00	379.78

数据来源：联合国商品贸易数据库

此外，中国大豆的进口在国际总体大豆进口中的占比快速上升。如图3-6所示，到2018年中国进口的大豆占世界大豆进口量的60%。同时，国内市场对进口大豆的依存度也逐年上升，从1995年的5.6%上升到2018年的85%。可以看出，中国的大豆进口不仅在国际市场上占很大份额，同时在国内市场上也占很大份额。

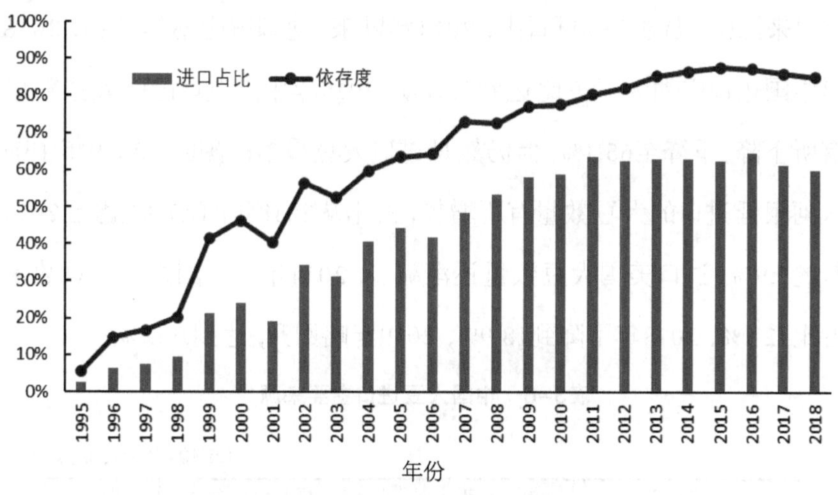

图3-6　中国大豆进口占比及依存度

数据来源：联合国商品贸易数据库

目前，中国大豆进口依赖度较高。2017年以前，中国从美国进口的大豆数量一直在快速增长。受中美贸易摩擦影响，2017年以来中国从美国进口大豆占中国大豆进口总量的比例出现较明显下滑，但仍处于较高的进口水平。2019年，随着中美经贸磋商出现积极进展，中国对美国大豆的采购量开始增加，全年中国大豆进口数量达8858.58万吨，同比增长0.6%；大豆进口金额为354.19亿美元，同比下降7%。目前，中国最主要的大豆进口来源国是巴西，并且随着中美贸易的摩擦，中国将从美国进口的一部分大豆需求转移到巴西，从巴西进口大豆的数量剧增。

总体来看，中国大豆进口来源相对比较集中，主要来自巴西、美国和阿根廷。如图3-7所示，2018年，其分别占中国进口总量的75.1%、18.9%和1.7%，三国总占比高达95.6%。其中，巴西是中国最大的大豆进口来源国，从表3-6可看出，2014年以来，进口占比逐年增加，2018年中国进口巴西大豆占比达到75.1%。2019年中国进口巴西大豆数量有所下降，下降至65.1%，但仍然是进口大豆最多的国家。2019年中国从阿根廷进口的大豆数量有所增加，占比从2018年的1.7%上涨至2019年的9.9%。进口美国大豆数量逐渐减少，2014年从美国进口大豆数量占比42.1%，2018年下降到18.9%，2019年略回升，达到19.2%。

表3-6 中国大豆进口主要来源

（单位：万吨，亿美元）

年份	阿根廷		巴西		美国		世界	
	进口数量	进口金额	进口数量	进口金额	进口数量	进口金额	进口数量	进口金额
2007	827.75	3.18	1058.21	3.89	1156.79	4.24	3081.66	11.50
2008	984.81	5.79	1165.31	7.28	1543.22	8.44	3743.63	21.80

续表

年份	阿根廷		巴西		美国		世界	
	进口数量	进口金额	进口数量	进口金额	进口数量	进口金额	进口数量	进口金额
2009	374.51	1.65	1599.38	7.35	2180.92	9.33	4255.16	18.80
2010	1119.05	4.98	1858.72	8.15	2359.73	11.30	5479.77	25.10
2011	778.14	4.33	2062.19	11.80	2222.68	12.60	5245.28	29.70
2012	589.62	3.69	2389.13	14.30	2596.92	15.40	5838.26	35.00
2013	612.40	3.66	3180.91	19.10	2223.78	13.30	6337.79	38.00
2014	600.38	3.36	3200.55	18.70	3002.93	16.30	7140.31	40.30
2015	943.66	3.92	4007.67	16.90	2841.31	12.40	8168.97	34.80
2016	801.39	3.23	3820.53	15.60	3417.16	13.80	8391.33	34.00
2017	658.10	2.68	5092.74	20.90	3285.30	13.90	9553.42	39.60
2018	146.40	0.62	6608.43	28.80	1664.01	7.06	8803.36	38.10

数据来源：联合国商品贸易数据库

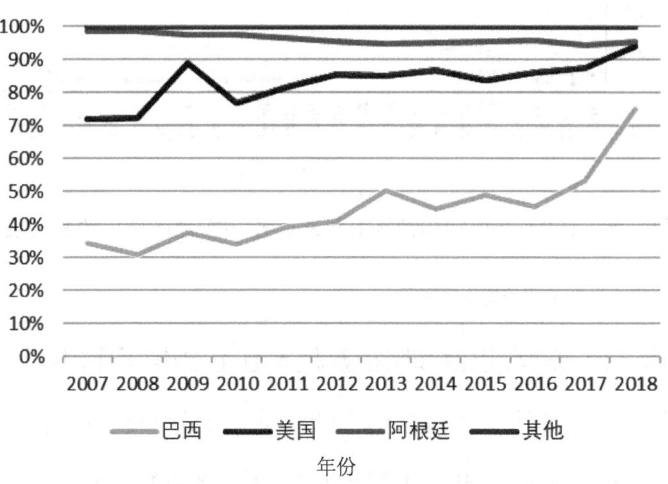

图3-7　中国大豆进口主要来源国占比变化

数据来源：联合国商品贸易数据库

（二）世界大豆贸易变化趋势

如图3-8所示，1996年以前，国际上主要的大豆进口国家/地区为欧盟和日本。从1996年开始，中国由大豆出口国转变为大豆进口国，并于1999年超过日本成为世界第二大大豆进口国家。2002年中国超过欧盟成为世界第一大大豆进口国，到2008年中国大豆进口量首次超过世界大豆进口量的一半以上，成为全球最大的大豆进口国家。

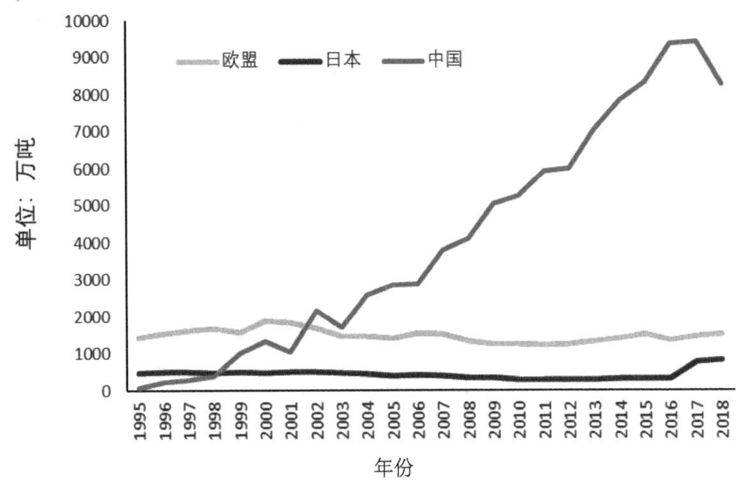

图3-8　1995—2018年世界主要大豆进口国/地区进口数量比较

数据来源：联合国商品贸易数据库

在国际上，美国、巴西和阿根廷是大豆主要出口国；中国、欧盟和日本是大豆的主要进口国/地区。因此，从这个分类出发，本研究将对比中国与主要大豆进口国和主要大豆出口国之间的差异，找准中国大豆产业在国际上的定位，作为改善中国大豆产业发展的突破口。

与中国同是大豆进口大国/地区的欧盟，有着与中国相同的转基因政策规制。因此欧盟是中国在进出口变化上很好的参照系。如图3-9所示，欧盟对于大豆的进口变化是很平稳的，并且呈现少许下降的趋势，而中国的大豆进口则呈现突飞猛进的趋势。欧盟的大豆出口在1996年以后有一个飞跃并达到一个稳定的状态，从2008年至今，欧盟的大豆出口量又迎来新的一波快速发展。相对而言，中国的大豆出口则在1986年达到一个高峰，1996年又回落到1980年的水平，并保持这一稳定的水平，到2008年有小幅度的缓慢提升，接下来又进一步下降，到2020年几乎看不到有大豆出口的迹象。

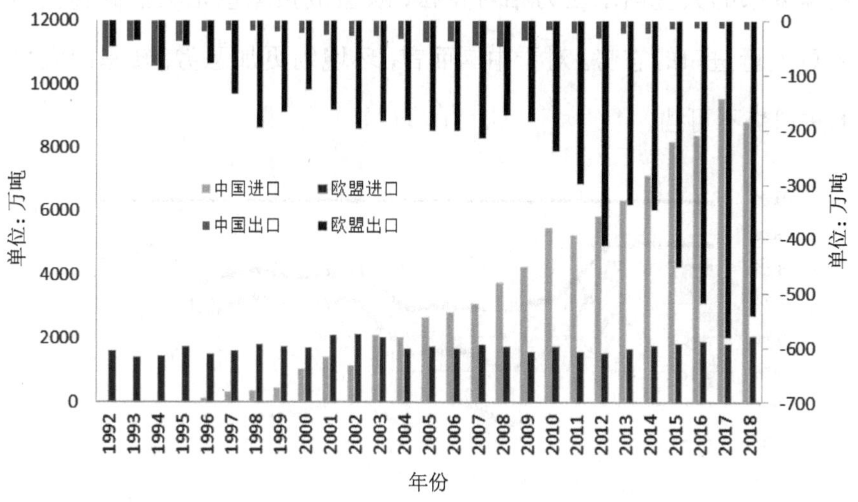

图3-9　1992—2018年中国与欧盟大豆进出口对比

数据来源：联合国商品贸易数据库

欧盟的主要大豆进口来源国均为转基因大豆生产大国。如图3-10所示，从欧盟的主要大豆进口来源国分布可以发现，巴西、美国和巴拉圭是其主要的进口来源国，这三个国家均为转基因大豆的主要生产国。欧盟从中国进口的转基因大豆非常少，主要进口的都是非转基因大豆。从变化趋势来看，欧盟从巴西和巴拉圭进口转基因大豆的份额在下降，而从美国进口大豆的份额快速上升。尽管从政策上欧盟与中国同样实行的是严格的转基因标识制度，并且对于转基因产品与中国有着相同的态度，但是从进口转基因大豆的实际情况可以发现，欧盟与中国都无法抵抗转基因大豆带来的冲击。中国与欧盟的差异在于，中国的需求在不断扩大，大豆进口量也在飞速增长，而欧盟的需求并没有明显的上升，大豆的进口数量也保持相对稳定。总之，尽管欧盟内部的大豆需求压力相对宽松，欧盟成员国也无法抵御转基因大豆大量进口的态势。对于中国而言，环境则更加恶劣，转基因大豆的进口势不可挡。

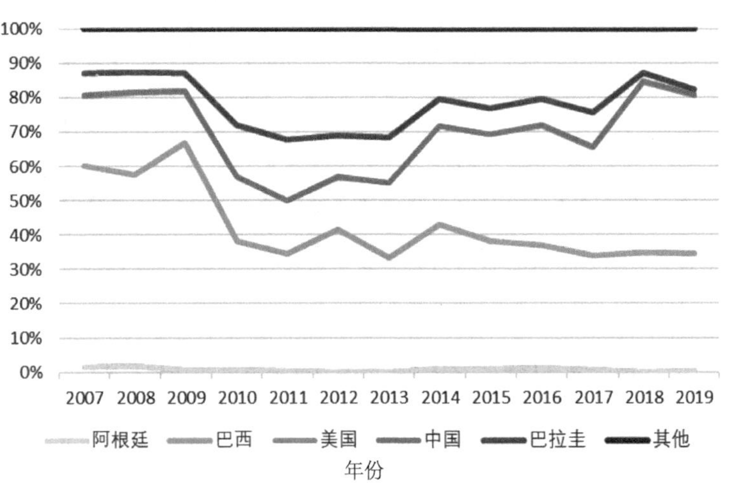

图3–10　欧盟大豆进口主要来源国占比

数据来源：联合国商品贸易数据库

四、中国大豆产业存在的问题和可能的解决办法

（一）中国大豆产业存在的问题

从面积看，大豆主要出口国的种植面积相对于大豆主要进口国的种植面积有一个显著的提升。如图3-11所示，作为大豆主要出口国的美国的大豆种植面积一直处在世界首位，并且保持了较快的增速。而作为后起之秀的巴西和阿根廷，在1967年和1977年之前几乎不种植大豆，但此后大豆种植面积都呈现了快速增长趋势。而欧盟和日本作为大豆进口大国/地区，他们的大豆种植面积几乎可以忽略，但近些年欧盟的大豆种植面积开始飞速上升。中国的大豆种植面积一直处于高位并保持平稳状态，1976年以前，中国一直是大豆种植面积第二大国，1976年之后分别被发展迅速的巴西和阿根廷超越，近些年，欧盟的种植面积也开始逼近中国。中国大豆的种植面积从之前的优势地位逐渐开始落后，虽然仍然保持着第四大大豆生产国的地位，但是与前三个大豆主产国的差距越来越大。巴西和阿根廷从几乎不生产大豆的国家快速超过当时第二大大豆生产国的中国，并逐渐拉大与中国的差距。而与中国同样处在进口大国/地区地位的欧盟也在快速加大大豆种植面积，并且快速缩小与中国的差距。而中国仍在保持着稳定的大豆生产面积一直没有变化，中国在种植大豆上的优势逐渐被原先不种植大豆的国家/地区超越。中国之所以一直保持着不变的种植面积与大豆本身生产的收益有关。所以本研究需要讨论大豆的生产因素在哪些方面阻碍了中国大豆的发展。

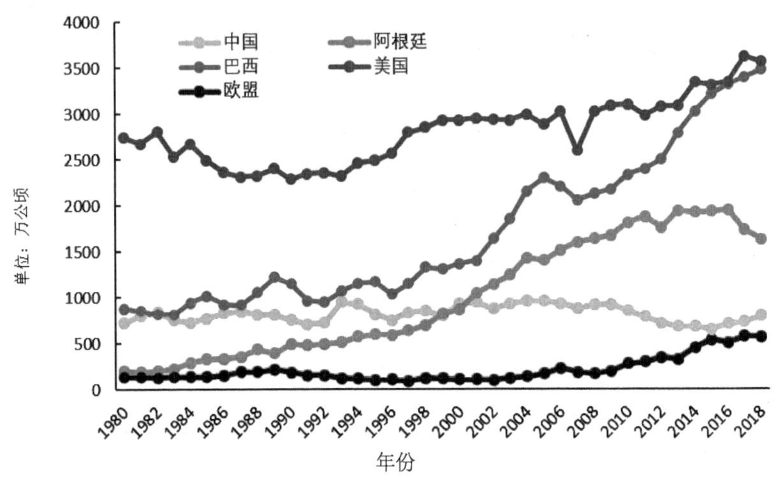

图3-11　世界大豆主要贸易国/地区大豆种植面积的比较

数据来源：联合国粮食与农业组织FAOSTAT数据库

从单产看，大豆主要出口国的单产与主要进口国的单产在1996年之后发生了显著的变化。如图3-12所示，从大豆主要进口国和主要出口国的单产比较可以明显看出，主要进口国的大豆单产均比主要出口国的单产水平要低。在1997年之前，虽然主要进口国的大豆单产低于主要出口国，但是趋势基本是相同的。但是从1997年开始，可以看出主要进口国的单产与主要出口国/地区的单产出现了分化的趋势。美国、巴西和阿根廷还保持着相同的增长趋势，而中国、欧盟和日本的单产则稳定在一个最高值附近来回波动。可以明显看出只生产非转基因大豆的中国、欧盟和日本在单产方面已经达到了最大值，而对于美国、巴西和阿根廷这种大面积种植转基因大豆的国家，其单产还未达到峰值，并且保持着持续的增长率水平。

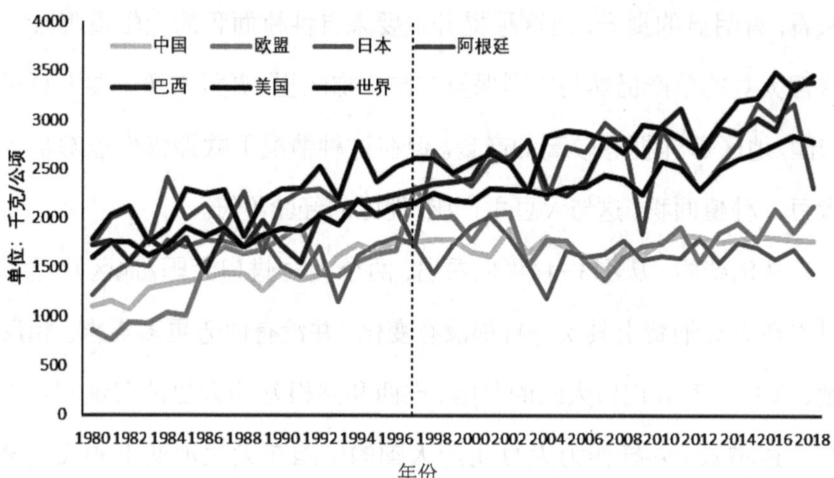

图3-12　1980—2018年世界大豆主要贸易国/地区大豆单产的比较

数据来源：联合国粮食与农业组织FAOSTAT数据库

从产量看，大豆主要出口国/地区的大豆产量明显高于主要进口国/地区，并且增速也相对更高。如图3-13所示，从欧盟的产量变化上

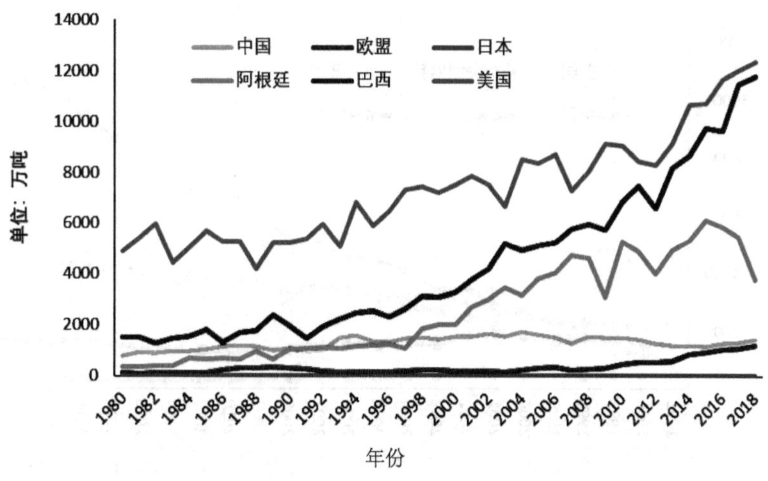

图3-13　1961—2018年世界大豆主要贸易国/地区大豆产量的比较

数据来源：联合国粮食与农业组织FAOSTAT数据库

来看，有明显的提升，而这种提升主要来自种植面积的大幅度增加，欧盟大豆的单产仍然与中国保持在同一梯队里，并没有像主要大豆出口国/地区那样拥有较高的产量。但在这种情况下欧盟仍然能够扩大大豆的种植面积，这与大豆主产国/地区的经验不符。

从消费看，从图3-14可以看出，两个大豆进口大国/地区欧盟和日本在大豆消费上其实一直都没有变化，并没有创造更多需求。相反地，大豆生产和出口大国的美国、巴西和阿根廷的大豆消费量则一直在快速增长。同样作为大豆生产大国的中国在大豆消费上的飞速增长，导致生产跟不上消费，需要依靠进口弥补，从而使中国成为大豆进口大国。中国虽然是进口大国，但与同是进口大国/地区的欧盟和日本的大豆消费却不相同。虽然中国在大豆消费趋势上与美国、巴西和阿根廷同样是增加的，但是却并不是出口大国。造成中国这样独特国

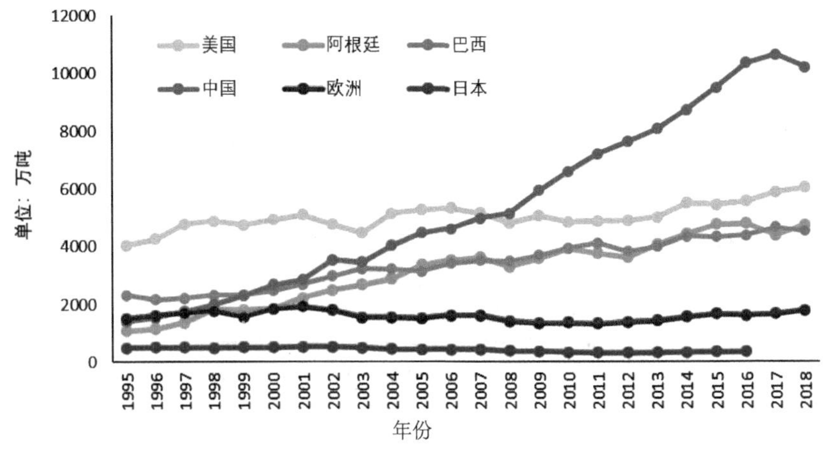

图3-14　1995—2018年世界主要国家/地区的大豆消费量

数据来源：为联合国商品贸易数据库

际地位的原因在于中国的生产跟不上本国的消费。本来作为消费大国的中国应该成为大豆生产大国进而成为出口大国，而中国的生产跟不上中国快速增长的消费需求，从而使得中国成为大豆进口大国。但中国又不能被归为和传统的大豆进口大国/地区欧盟和日本一样。欧盟和日本一直是供给达不到需求，虽然需求不多但是供给更少，因此国际大豆市场的波动对其大豆和下游产业的冲击风险较小。而中国本身是第四大大豆生产国，说明中国有很强的生产能力，但是中国对大豆的需求已经超出了正常的范围，导致中国的生产力满足不了需求，供需之间产生了巨大的差异，需要从国际市场大量地进口来弥补。这就增加了中国大豆高度的对外依存度，以及低风险规避能力。

从转基因和非转基因大豆种植看，从主要大豆生产国的大豆产量比较可以看出，从1996年开始，种植转基因大豆的国家有了一个明显的增速趋势，而非转基因大豆的种植国家则保持着稳定的产量。从单产角度看可以发现，种植非转基因大豆的国家的单产已经达到峰值，而转基因大豆则带来了单产的进一步提升，并且还未到达峰值。从种植面积可以看出，1996年前后，种植转基因大豆的国家有了一个飞速扩张的过程，并保持着很大的种植面积，而非转基因大豆种植国家的大豆种植面积则一直保持稳定不变的状态。可以看出种植转基因大豆能够有效地提高成本收益率，从而刺激这些大豆生产国进一步扩大种植面积。

从中国的现状看，中国是大豆进口大国，并且不能进行转基因大豆的种植。与其他大豆进口大国比较可以发现，中国是从1996年之前的净出口国变为净进口国的，而其他进口大国则一直是大豆进口大国。中国有很高的大豆需求，而其他进口大国的大豆需求基本没有变化。其他进口大国的生产能力有限，而中国在1996年之前是世界第二大大豆生产国，在大豆生产面积上有很强的优势。因此在对是否种植转基因大豆的决策上，中国与其他大豆进口大国的立场应该是截然不同的。中国应该站在大豆主产国的角度来考虑大豆产业的发展，紧跟大豆科技发展的主流趋势，而不应该跟随其他大豆主要进口国家的大豆产业策略，因为中国与其有本质的不同。目前，中国能够从国际市场上以更低的价格进口足够多的大豆满足中国的大豆需求。一旦发生争端出现贸易风险，将加剧中国大豆严重产不足需的风险。但中国大豆产业面临的严峻挑战，同时也是发展的机遇。

（二）解决中国大豆产量问题的可能途径

转基因作为一项新技术，展示出了广阔的发展前景。许多国家都通过政策调整、制定战略规划等来抢占制高点。据国际农业生物技术应用服务组织（ISAAA）发布的报告显示，2018年，世界转基因大豆种植面积到达9590万公顷，转基因大豆种植面积占到世界转基因作物种植面积的50%，成为第一大转基因作物。美国、巴西、阿根廷三个大豆种植大国、大豆出口大国的转基因大豆得到了快速推广应用，转基因大豆应用率占到美国大豆种植面积的94%，巴西的应用率为96%，阿根廷接近100%。转基因大豆种植面积在世界大豆种植面积的比例高达78%。从上述数据可以看出，转基因大豆无论在发展速度还是应用率上都效果显著。转基因大豆之所以能够深度融入大豆生产，主要是在简化农事操作、减少用工、节约生产成本、提高大豆产量和品质方面具有明显优势。中国作为农业大国，要提高生产力和竞争力，重视新技术的应用是产业振兴的机遇。

加入WTO之后，中国能够更加开放地购买国际上廉价的大豆来弥补自身大豆市场供不应求的局面。中国也充分地利用了国际资源，对外依存度高达85%。随着国际逆全球化以及全球性新冠疫情的发生，中国对国际市场的高度依赖也给中国带来了新的问题。面对大豆进口"卡脖子"问题，需要中国提高自身的生产能力，将对外依存度降低到一个低风险的范围内。而对于目前的大豆生产能力来说，种植面积的扩大程度有限，单产已经达到峰值。总的生产能力的提高需要依靠新技术来达成，从国际先进经验来看，美国、巴西和阿根廷在种植转基因大豆后，其生产能力都有了显著的提升。中国作为大豆生产大国，应该借鉴转基因大豆的成功经验，实现中国大豆产业的再出发。

中国一贯高度重视发展农业转基因技术，先后将转基因育种技术列入"863""973"等国家科技计划，给予了重点支持。为了获得一批具有重要应用价值和自主知识产权的基因，培育一批抗病虫、优质、高产的优良转基因新品种，提高农业转基因生物研究和产业化水平，国家于2008年启动实施了农业领域唯一的国家重大科技专项——"转基因生物新品种培育重大专项"。转基因大豆品种培育就是其中重要研发任务之一。在研发人员的共同努力下，研究取得了一系列重大进展，2019年底政府颁发第一张耐除草剂转基因大豆生产应用安全证书，为转基因大豆产业化应用提供了充分条件。

五、本章小结

近20年来，转基因技术的应用，推动了世界大豆产业迅速发展，大豆生产、消费、贸易都发生了巨大变化。中国的大豆消费突飞猛进，年消费量超过了1亿吨，国内大豆生产无法满足巨大的需求。2001年，中国成功加入WTO，为充分利用两个市场、两种资源提供了条件，从国际市场上进口大豆超过8000万吨，有效地解决了中国大豆产不足需的突出问题。与此同时，美国、巴西、阿根廷大豆生产和出口得到了快速增长。尤其是巴西、阿根廷发展更快，与美国一并成为排名前三的生产大国、出口大国，为国际市场提供了大量的大豆，满足了国际市场不断增长的需求。大豆生产和进出口贸易的巨大变化，除了WTO为之提供了一个贸易平台和环境之外，转基因大豆的快速应用为大豆生产提供了有力的技术支撑，推动了大豆产业的高速发展。但值得关注的是，在转基因大豆快速发展和深度融入大豆生产的形势下，中国选择了打造非转基因大豆品牌策略。由于转基因大豆和非转基因大豆无论是在技术含量上，还是相关产品凸显的市场竞争优势和成本效益都存在较大差异，使得中国的大豆产业在国内巨大的需求拉动下，不但没有发展，还有走弱趋势。

为此，2019年中央1号文件明确提出实施大豆振兴计划，紧接着农业农村部组织制定了《大豆振兴计划实施方案》，并对提高供应能力和竞争力方面提出了具体要求。落实这些要求，实现大豆振兴目标，满足国内需求，降低贸易风险，需要政策和技术两个轮子一起驱动。2019年底，政府颁发第一张耐除草剂转基因大豆生产应用安全证书，为转基因大豆产业化应用提供了充分条件。

第四章

转基因大豆种植对生产者福利的影响

由于转基因大豆在中国尚未允许产业化种植。因此，转基因大豆的种植会给生产者带来哪些影响尚不清楚。本章通过生产者对转基因大豆不同特征和属性的偏好，分析得出种植转基因大豆对生产者的福利影响。由于生产者在大豆种植过程中对生产要素的不同选择带来生产者福利的变化，因此，本章先采用选择实验方法研究生产者对于大豆特性的偏好程度，进而计算生产者种植转基因大豆获得的福利与种植非转基因大豆获得福利的差异。

一、农户对除草剂使用行为的理论分析

（一）基本假设

由于种植转基因大豆能够提高生产效率、减少生产成本、节省劳动力，因此本研究引入农户模型（Agricultural Household Models，AHM）来描述农户在生产决策时考虑的因素，并将生产成本、生产效率以及农业劳动力作为技术使用的函数。农户模型最早来自苏联经济学家Chayanov（1926），是分析苏联农民将劳动力分配给农业劳动还

是休闲的决策时常用的分析模型。在Chayanov模型的基础上，Backer G.（1965）创建了新的农户模型，他将农户的生产决策和消费决策合并起来，在生产函数和时间禀赋的约束下，最大化农户的效用。

对于农户的讨论来说，最大的一个特点就是：农户既是农产品的生产者，又是农产品的消费者。在生产侧，农户需要对劳动力和生产资料的投入进行决策。而在消费侧，农户需要决定如何将其劳动收入进行商品消费。此时农户自己生产的农产品与市场上购买的农产品就存在替代关系，这也导致了农户最终的利润不仅包括农业生产的利润，还包括农户消费自己生产的农产品的价值。在劳动力市场、商品市场都完备的情况下，农户消费自己生产的农产品和从市场上购买的农产品是可以等同的，家庭在市场上购买农产品就意味着他们在购买自己的劳动投入。此时，农户的生产决策和消费决策便可以独立考虑，即农户可以先从利润最大化的角度考虑自己的生产决策，然后在收入固定的条件下，最大化自己的效用，从而得出消费决策，这种农户模型被称为可分性农户模型。相反地，如果劳动力市场和商品市场并不完备时，农户的生产行为和消费行为无法独立进行，也就是说农户的生产决策既取决于生产端也取决于消费端的家庭偏好，这类农户模型被称为不可分性农户模型（Carter和Yao，2002）。

农户模型在对农民的生产和消费决策上有很多应用的场景，包括非农劳动力供给、劳动力供给、迁移、收入分配、储蓄等问题。Huffman W.E.（1980，1991，2001）利用农户模型对非农劳动力供给、生产以及消费决策进行了检验。Nakajima（1969）从农户模型的均衡条件和稳定条件的角度系统分析了农户模型，Yutoupoulos和Lau（1978）将农户模型和宏观经济的其他部门联系进行分析。Yotopoulos和Kuroda（1978）利用农户模型解释了农产品价格上升，但农户生产剩余并没有显著增加的特别现象。Barnum和Squire（1979）在农户模型中加入了农户生产的消费品，并将劳动力市场缺失的假定放宽，来估计农户迁移的机会成本。Singh、Squire和Strauss（1986）进一步推广了农户模型。Pitt和Rosenzweig（1985）将农户模型与健康结合在一起形成了健康生产函数，并分析了农户家庭中男性和女性的劳动决策对于身体健康的影响。不仅如此，他们还对该函数的可分性进行了检验，他们发现生病对农户的劳动力供给有影响，但是对农业收益并没有什么影响，并且验证了可分性假设是有效的。

本章建立在Huffman（1991）对农户生产决策行为分析的框架基础上并进行了针对性的调整，更好地体现使用耐除草剂转基因大豆和非耐除草剂转基因大豆的种植给农户生产决策带来的影响。

（二）模型构建

本研究是在Huffman农户模型的基础上（Huffman，1991）构建的农户除草方式模型。由于Huffman农户模型将农户的生产决策和消费决策看作一个整体，更适合于劳动力市场不完备地区的农户决策分析，而中国的农村劳动力市场正好符合该模型的设定，因此，将此模型作为本章研究的基础。接下来，以Huffman的农户模型为框架，将农户的除草方式纳入到生产模型中去，分别建立非转基因农户模型和转基因大豆农户模型。通过比较转基因农户和非转基因农户在进行生产决策时的最优解，从而得到影响二者生产决策的主要因素，为实证模型的变量选择提供理论依据。

农户模型的目标函数是最大化农户的家庭效用，将农户家庭效用函数U定义为一个二阶可微、拟凹的函数U（c, l），影响农户效用的因素包括农户的消费量c以及农户拥有的空闲时间l。此外，农户模型的限制条件包括家庭收入、生产产量以及时间禀赋等。

其中，农户的生产产量以生产函数进行描述。在大豆种植过程中，农户对除草剂种类的选择受到成本收益以及种植环节的影响。其中，成本收益因素包括大豆的种子价格、大豆价格、除草剂使用种类、除草剂价格等；种植环节的影响因素包括单产、面积、大豆播种量、除草剂使用次数等。农户的目标是收益最大化，但同时，他们也要在保证产量与减少成本投入之间进行权衡。首先，假设无杂草危害的大豆产量与每亩种子的投入量呈边际递减的特点；其次，大豆生长过程中的杂草会造成大豆的减产，而使用除草剂会降低减产程度，因此大豆的最终产量应该在无杂草危害的大豆产量的基础上，加入杂草危害和经过除草过程对产量的影响；最后，考虑整个生产的成本，包括种子的成本、除草剂成本以及除草导致的劳动力成本等。

农户的家庭收入包括农业收入和非农收入两部分。其中，农业收入来自大豆种植的成本和收益，而非农收入来自外出务工等非农劳动的收入所得。

农户有初始的劳动时间禀赋T。农户将劳动时间分为农业劳动时间、非农劳动时间以及空闲时间三部分。农业劳动时间包括播种和除草两个方面，其中播种的时间与播种数量成正比，而除草时间与是否使用除草剂有关。整个模型通过选取农业劳动时间、非农劳动时间、除草剂使用概率、农业生产投入以及消费数量来优化农户效用。由此，农户决策方程为：

$$Maxmize \ln(c) + a_n \ln(l)$$

$$S.t. p_g c = p_q q_e^{\alpha} \prod_{i=1}^{n} \beta_i \left[\gamma_i (1-\theta_i D_i) + (1-\gamma_i)(1-D_i)\right] - \sum_{i=1}^{n} W_i \gamma_i - p_e q_e + W_m M$$

$$T = q_e + l + M + \sum_{i=1}^{n} \gamma_i$$

其中：c为农户的消费量，l为空闲时间，p_g为购买商品的价格，p_q为大豆价格，q_e为大豆种子的使用量，β_i为第i种杂草出现的概率，D_i为出现第i种杂草会导致大豆的减产程度，θ_i为使用除草剂后对减产的缓解程度，γ_i为出现杂草i后农户使用除草剂的概率，W_i为第i种除草剂的成本，p_e为大豆种子价格，W_m为非农工资，M为非农投入时间，T为农户的时间禀赋。通过拉格朗日表达式可以得到一阶条件：

$$L = \ln(c) + a_n \ln(l)$$
$$+\lambda \left\{ p_q q_e^{\alpha} \prod_{i=1}^{n} \beta_i \left[\gamma_i (1-\theta_i D_i) + (1-\gamma_i)(1-D_i)\right] - \sum_{i=1}^{n} W_i \gamma_i - p_e q_e + W_m W - p_g c \right\}$$
$$+\mu \left(T - q_e - l - M - \sum_{i=1}^{n} \gamma_i \right)$$

农户的种植决定能通过以下的Kuhn–Tucker条件实现：

$$\frac{\partial L}{\partial \gamma_i} = \lambda \left\{ p_q q_e^{\alpha} \prod_{i \neq j} \beta_i \left[\gamma_i (1-\theta_i D_i) + (1-\gamma_i)(1-D_i)\right] D_j (1-\theta_j) - W_j \right\} - \mu = 0$$

$$\frac{\partial L}{\partial q_e} = \lambda \left\{ p_q q_e^{\alpha-1} \prod_{i=1}^{n} \beta_i \left[(1-D_i) + y_i D_i (1-\theta_i)\right] - p_e \right\} - \mu = 0$$

$$\frac{\partial L}{\partial M} = \lambda W - \mu \leqslant 0,\ M \geqslant 0,\ M(\lambda W - \mu) = 0$$

$$\frac{\partial L}{\partial c}=\frac{1}{c}-\lambda=0$$

$$\frac{\partial L}{\partial l}=\frac{a_n}{l}-\mu=0$$

$$p_g c=p_q q_e^{\alpha}\prod_{i=1}^{n}\beta_i\left[\gamma_i\left(1-\theta_i D_i\right)+\left(1-\gamma_i\right)\left(1-D_i\right)\right]-\sum_{i=1}^{n}W_i\gamma_i-p_e q_e+W_m M$$

$$T=q_e+l+M+\sum_{i=1}^{n}\gamma_i$$

假设农户的劳动力时间、休闲时间均为非负数。农户的非农就业的参与决策来自$W<\frac{\mu}{\lambda}$，此处的比值等于空闲时间和消费的边际替代率。考察此公式，本文可以首先假设取严格小于，这代表着农户的最优时间分配决策是将时间禀赋分配给了农业生产和休闲，而非农工作的时间为零（角点解）。另一方面，如果$W=\frac{\mu}{\lambda}$，此时非农就业的时间分配为正（内点解）。在此方案下，农户边际产量值等于非农就业的工资水平。

当有内点解的时候，通过Kuhn-Tucker条件可以解出农业劳动的需求方程求解技术进步对收入、生产、非农就业、农业生产时间、要素投入的边际效应。通过进一步求解可以得到播种数量的需求函数：

$$q_e^*=\left[\prod_i D_i\left(1-\theta_i\right)\right]^{\frac{1}{1-n-\alpha}}\left[\frac{p_q^n}{\prod_j\left(w+w_j\right)}\right]^{\frac{1}{1-n-\alpha}}\left(\frac{w+p_e}{p_q}\right)^{\frac{n-1}{1-n-\alpha}}$$

使用特定除草剂的概率：

$$\gamma_j^*=\left[\prod_i D_i\left(1-\theta_i\right)\right]^{\frac{1}{1-n-\alpha}}\left[\frac{p_q^n}{\prod_j\left(w+w_j\right)}\right]^{\frac{1}{1-n-\alpha}}\left(\frac{w+p_e}{p_q}\right)^{\frac{n-1}{1-n-\alpha}}\frac{W+p_e}{\alpha\left(w+w_j\right)}$$

$$-\frac{1}{1-\theta_j}+\frac{1}{D_j\left(1-\theta_j\right)}$$

将上式中农业投入要素的最优解代入需求函数得到最优需求量，并将其带入生产方程中，就可以获得农业产出的供给函数：

$$Q^* = \left[\prod_i D_i\left(1-\theta_i\right)\right]^{\frac{\alpha}{1-n-\alpha}} \left[\frac{p_q^n}{\prod_j\left(w+w_j\right)}\right]^{\frac{\alpha}{1-n-\alpha}} \left(\frac{w+p_e}{p_q}\right)^{\frac{(n-1)\alpha}{1-n-\alpha}} \prod_i \beta_i\left(1-D_i\right)$$

$$+\left[\prod_i D_i\left(1-\theta_i\right)\right]^{\frac{1}{1-n-\alpha}} \left[\frac{p_q^n}{\prod_j\left(w+w_j\right)}\right]^{\frac{1}{1-n-\alpha}} \left(\frac{w+p_e}{p_q}\right)^{\frac{n-1}{1-n-\alpha}} \frac{W+p_e}{\alpha\left(w+w_j\right)}-\frac{1}{1-\theta_j}$$

$$+\frac{1}{D_j\left(1-\theta_j\right)} D_i\left(1-\theta_i\right)$$

此外，空闲时间的需求方程可以通过农业劳动力时间以及非农劳动时间来求解：

$$l^* = T - q_e^* - M^* - \sum \gamma_i^*$$

同时，非农劳动的供给方程为：

$$M^* = \frac{a_n}{w_m\left(a_n+p_q\right)}\left[\frac{w_m p_q^*}{a_n}\left(T-q_e^*-\sum\gamma_i^*\right)-p_q Q^*+\sum w_i w_i^*+p_e q_e^*\right]$$

将已求得的农业生产资料供给、非农劳动时间供给、农业劳动时间供给的最优值代入收入方程，就可以得到最大化的家庭净收入。可以表示为：

$$Income = p_q Q^* - \sum w_i \gamma_i^* - p_e q_e^* + w_m M^*$$

通过上述对非转基因大豆生产投入变量的求解，可以了解农户对于生产决策是如何作出的，以及受到生产决策影响的变量。接下来，本研究将改变农户的生产方式，通过引入转基因大豆，从而改变生产方程以及约束条件。与上面的设定类似，同样建立在农户模型的基础上。农户效用的最大化问题变为：

$$Maximize \ln(c)+a_n\ln(l)$$

$$S.t.p_g c=p_q q_e^{\alpha}\left[\gamma\prod_i\beta_i(1-\theta_i D_i)+(1-\gamma)\prod_i(1-D_i)\right]-W\gamma-p_e q_e+W_m M$$

$$T=q_e+l+M+\gamma$$

此时，本文可以看到生产方程的结构发生了改变。由于使用了具有广谱除草效应的草甘膦除草剂，杂草可以一次性清除，这样可以减少劳动成本以及除草剂使用的成本和除草的劳动时间。在新的生产方式中，拉格朗日表达式可以表示为：

$$\begin{aligned}L=&\ln(c)+a_n\ln(l)\\&+\lambda\left\{p_q q_e^{\alpha}\left[\gamma\prod_i\beta_i(1-\theta_i D_i)+(1-\gamma)\prod_i\beta_i(1-D_i)\right]-W\gamma-p_e q_e+W_m M-p_g c\right\}\\&+\mu(T-q_e-l-M-\gamma)\end{aligned}$$

此时，农户的种植决定能通过以下的Kuhn−Tucker条件实现：

$$\frac{\partial L}{\partial\gamma}=\lambda\left\{p_q q_e^{\alpha}\left[\prod_i\beta_i(1-\theta_i D_i)-\prod_i\beta_i(1-D_i)\right]-W\right\}-\mu=0$$

$$\frac{\partial L}{\partial q_e}=\lambda\left\{p_q q_e^{\alpha-1}\left[\gamma\prod_i\beta_i(1-\theta_i D_i)+(1-\gamma)\prod_i\beta_i(1-D_i)\right]-p_e\right\}-\mu=0$$

$$\frac{\partial L}{\partial M}=\lambda W-\mu\leqslant 0,\ M\geqslant 0,\ M(\lambda W-\mu)=0$$

$$\frac{\partial L}{\partial c}=\frac{1}{c}-\lambda=0$$

$$\frac{\partial L}{\partial l}=\frac{a_n}{l}-\mu=0$$

$$p_g c=p_q q_e^{\alpha}\left[\gamma\prod_i\beta_i(1-\theta_i D_i)+(1-\gamma)\prod_i(1-D_i)\right]-W\gamma-p_e q_e+W_m M$$

$$T=q_e+l+M+\gamma$$

通过与上述模型求解相同的方法可以得到：

$$q_e^{\mathrm{NEW}*}=\left[\prod_i\beta_i(1-\theta_i D_i)-\prod_i\beta_i(1-D_i)\right]^{-\frac{1}{\alpha}}p_q^{-\frac{1}{\alpha}}(w+w_i)^{\frac{1}{\alpha}}$$

$$\gamma^{\text{NEW}*}=\left[\prod_i\beta_i\left(1-\theta_iD_i\right)-\prod_i\beta_i\left(1-D_i\right)\right]^{-\frac{1}{\alpha}}p_q^{-\frac{1}{\alpha}}\alpha^{-1}\left(w+p_e\right)\left(w+w_i\right)^{\frac{1-\alpha}{\alpha}}-\prod_i\beta_i\left(1-D_i\right)$$

$$Q^{\text{NEW}*}=\left[\prod_i\beta_i\left(1-\theta_iD_i\right)\right]^{-\frac{1}{\alpha}}p_q^{-\frac{1}{\alpha}}\alpha^{-1}\left(w+p_e\right)\left(w+w_i\right)^{\frac{1}{\alpha}}+\prod_i\beta_i\left(1-D_i\right)\left(w+w_i\right)\left[\Pi\beta_i\left(1-\theta_iD_i\right)-\prod_i\beta_i\left(1-D_i\right)^{-1}-1\right]$$

同时，通过比较两个模型的播种数量的公式可以看到其中差异，从而可以设计一个检验来验证使用转基因是否能改变农户的种植方式：

$$q_e^*=\left[\prod_iD_i\left(1-\theta_i\right)\right]^{\frac{1}{1-n-\alpha}}\left[\frac{p_q^n}{\prod_j\left(w+w_j\right)}\right]^{\frac{1}{1-n-\alpha}}\left(\frac{w+p_e}{p_q}\right)^{\frac{n-1}{1-n-\alpha}}$$

$$q_e^{\text{NEW}*}=\left[\prod_i\beta_i\left(1-\theta_iD_i\right)-\prod_i\beta_i\left(1-D_i\right)\right]^{-\frac{1}{\alpha}}p_q^{-\frac{1}{\alpha}}\left(w+w_i\right)^{\frac{1}{\alpha}}$$

通过对两个模型的求解，本研究可以看到在不同的种植方式下农户的决策方式也发生了相应的变化。因此，当农户在选择种植非转基因大豆或者耐除草剂转基因大豆时，他们对这些变量的考虑方式会发生变化。这些变化来自种植方式的改变而并非来自外生变量的改变，从而在接下来的实证分析中，本研究需要考虑这些变量的结构性改变会对农户的决策行为起到什么样的影响。

二、实验设计及调查问卷

（一）数据来源

本研究的调查地区主要以内蒙古、辽宁、吉林、黑龙江等北方春季大豆产区为主，辅以江苏、安徽、山东、河南、陕西等黄淮海夏季大豆产区，涉及57个县366个农户样本，其中覆盖内蒙古9个县、辽宁9个县、吉林10个县、黑龙江22个县。

根据调查的农户信息描述性统计可以得知，此次调查的农户平均年龄在45.31岁，最大年龄为77岁，最小年龄为26岁。平均受教育程度为初中毕业。平均家庭人数为3～4人，最多家庭人数为9人，最少家庭人数为1人；平均劳动力人数为2人，最大劳动力人数为5人，最少劳动力人数为1人；平均农业收入为8万元，最高农业收入为70万元。平均非农收入为1.7万元，最高非农收入为45万元。从农户的基本信息可以看出，数据中的农户的差异性非常大。

（二）选择实验设计

实验目的：模拟大豆种子和除草方式的改变所带来的农户对不同特征属性大豆品种的选择偏好。设计思路：将转基因大豆的特征属性拆开，进而组合成不同的方案。通过农户对不同方案的选择结果，获得其对转基因大豆种植的偏好程度。

为设计调查问卷和识别选择实验中所涉及的关键特征属性，本文基于前期实地调研的信息，结合文献查阅和专家咨询，识别出农户种植耐除草剂转基因大豆的5个关键特征属性（即种子成本、使用除草剂次数、使用除草剂种类、是否免耕、大豆产量）及各个属性相应的水平，如表4-1所示。其中产量的增加水平是根据Brookes和Barfoot（2018）的结果，使用耐除草剂大豆平均能够提高单产5%，并且能够达到9%～11%，因此我们将增产的水平设定为增加5%、10%和15%三个水平。除草剂使用次数按照目前种植过程中最通常的使用次数，分别设计为1次、2次和3次；除草剂的种类按照目前常用的除草剂种类分别设立只需要使用1种（草甘膦），在常用的除草剂（百草枯、乙草胺、精喹禾灵、高效氟吡甲禾灵）中选择2种、3种的情况；对于是否能够免耕设定为可以免耕和不免耕两种情况；根据转基因大豆早期种子成本为75元/公顷，随后增加到135元/公顷，近几年种子成本为255元/公顷（Brookes和Barfoot，2018），因此本研究将种子成本的3个水平分别设定为提高75元/公顷、150元/公顷和225元/公顷。根据上述5个特征属性及其设定水平，按照全因子属性排列，可以得到162个（3×3×3×2×3）选择方案，如果将这些方案两两组合，可得到 C_{126}^{2} 个选择集合。如果全部让受访者选择是不实际的，因此利用SPSS软件的部分因子实验设计，剔除无效方案，最终获得16个选择方案。为了进一步减轻受访者的选择负担以及减少选择偏差，每个问卷包含8个不同的选择集合，每个选择集合包含2个选择方案以及二者均不选。表4-2展示了问卷中的一个选择集合示例。

表4-1　转基因大豆属性及其水平

属性	选择方案	说明
种子价格	高	种子价格按照原有的种子价格提高15元/亩
	中	种子价格按照原有的种子价格提高10元/亩
	低	种子价格按照原有的种子价格提高5元/亩
使用除草剂次数	1	能够有效封地，并且时间固定
	2	需要针对不同的杂草使用不同的除草剂，且时间不固定
	3	需要针对不同的杂草使用不同的除草剂，且时间不固定

续表

属性	选择方案	说明
使用除草剂种类	1	草甘膦
	2	在已有的除草剂中选2种使用（百草枯、乙草胺、精喹禾灵、高效氟吡甲禾灵）
	3	在已有的除草剂中选3种使用（百草枯、乙草胺、精喹禾灵、高效氟吡甲禾灵）
是否免耕	是	耕种之前需要翻耕土地
	否	耕种之前不需要翻耕土地
产量	低产	增产5%
	中产	增产10%
	高产	增产15%

表4-2　选择实验方案

属性	种子1	种子2	其他
种子价格	上升15元/亩	上升10元/亩	二者均不选
除草剂使用次数	3次	2次	
除草剂使用种类	草甘膦	草甘膦	
是否免耕	是	否	
产量	增产15%	增产10%	

（三）调查问卷

农户基本情况，农户大豆种植情况，大豆新品种选择方案，对转基因大豆的认知情况与种植意向。

①农户基本情况。家庭的人口结构特征，包括受访者的年龄、文化程度、家庭成员人数；农户家庭经济情况包括劳动力人数、农业收入和非农收入。

②农户的大豆种植情况。种植成本包括每亩用种数量，种子成

本，使用除草剂次数，除草剂种类以及除草剂费用、人工成本和土地租金。种植收益包括2018年和2019年大豆的种植面积、产量和销售价格。

③大豆新品种选择方案。一共有16个具有不同特征属性新品选择方案。

④农户对转基因大豆的认知情况与种植意向。询问受访者对转基因大豆是否了解，并且在国家允许的情况下是否会种植。同时调查了农户获得种子的渠道，其中包括从种子供应商处购买种子，从农技推广员处获得种子以及从其他农户处获得种子3个选项。

三、样本农户描述性统计分析

本节根据调查的结果进行描述性统计，包括农户的个体特征、种植的特征、生产投入特征，除草剂和种子使用数量特征。

（一）样本结构描述性统计

1. 农户个体情况

如表4-3和表4-4所示，受访者平均年龄在45岁，最大年龄和最小年龄分别为77岁和26岁。样本农户最低受教育程度是小学毕业，占比为7.18%，初中毕业占比为56.61%，高中毕业占比为32.18%，最高的教育程度为大专毕业，其占比为4.03%。家庭人数最少的家庭为1人，占比为1.92%，2人家庭的农户占13.74%，3人家庭的农户占35.78%，4人家庭的农户占32.59%，5人家庭的农户占10.22%，6人家庭的农户占5.11%，7人以上家庭的农户占0.64%。家庭劳动力人数最少的为1人，占比为22.9%，家庭劳动力人数为2人的占比为66.10%，家庭劳动力人数为3人的占比为6.1%，家庭劳动力人数为4人的占比为4.6%，家庭劳动力人数为5人的占比为0.87%。农业收入均值为78232.58元，最大值和最小值分别为700000元和574元。其中农业收入在0～2000元的占比为1.13%，2000～10000元的占比为7.63%，10000～50000元占比为33.33%，50000～100000元的占比为27.40%，100000元以上的占比为30.51%。非农收入均值为17367.49元，最大值和最小值分别为450000元和0元。无非农收入的人数为87人，占比为24.58%；非农收入在2000～10000元的占比为4.8%；10000～50000元的占比为16.95%；50000～100000元的占比为5.37%；100000元以上的占比在48.31%。可以看出非农收入与农业收入相比是两边大中间小，无非农收入的和非农收入超过100000元的人数占比都要比相对应农业收入的人数占比高。

表4-3　农户基本信息描述性统计

统计量	年龄（岁）	受教育程度	家庭人数（人）	劳动力人数（人）	农业收入（元）	非农收入（元）
均值	45.31	2.33	3.54	1.94	78232.58	17367.49
p25	40	2	3	2	25000	0
p50	45	2	3	2	50000	5000
p75	51	3	4	2	90000	20000
最小值	26	1	1	1	574	0
最大值	77	4	9	5	700000	450000

数据来源：根据作者整理

表4-4 农户基本信息描述性统计2

基本信息	变量值	人数(人)	占比(%)
受教育程度	小学毕业	25	7.18
	初中毕业	197	56.61
	高中毕业	112	32.18
	大专毕业	14	4.03
年龄	19~28岁	1	0.30
	29~38岁	71	21.26
	39~48岁	151	45.21
	49~58岁	89	26.65
	59~68岁	19	5.69
	69~78岁	3	0.90
家庭人数	1	6	1.92
	2	43	13.74
	3	112	35.78
	4	102	32.59
	5	32	10.22
	6	16	5.11
	8	1	0.32
	9	1	0.32
劳动力人数	1	79	22.9
	2	228	66.09
	3	21	6.09
	4	14	4.60
	5	3	0.87
农业收入	0~2000元	4	1.13
	2000~10000元	27	7.63
	10000~50000元	118	33.33
	50000~100000元	97	27.40
	>100000元	108	30.51

续表

基本信息	变量值	人数(人)	占比(%)
非农收入	0元	87	24.58
	2000~10000元	23	4.80
	10000~50000元	60	16.95
	50000~100000元	19	5.37
	>100000元	171	48.31

数据来源：根据作者整理

如表4-5所示，从数据在各地区的分布可以发现，各地区调查的农户的年龄基本稳定在43~47岁。其中平均年龄最大的地区为吉林和黑龙江，均为46岁，接下来依次是内蒙古和辽宁均为44岁，黄淮海地区为43岁。各地区的平均受教育程度均稳定在初中到高中的程度。家庭人数的分布从3个人到5个人，其中平均家庭成员人数最多的地区为黄淮海地区，4.75人，接下来依次为辽宁、内蒙古、吉林和黑龙江，分别为4.08人、3.92人、3.6人和3.35人。而各地区的平均劳动力人数基本在2人以上，其中平均劳动力人数最多的地区为黄淮海地区的2.3人，接下来依次为辽宁、吉林、黑龙江和内蒙古，分别为2.25人、2.09人、2.04人、1.74人。各地区的平均农业收入中最高的地区为黑龙江，达到15万元，接下来是吉林8万元，内蒙古6.8万元，黄淮海地区6.1万元，辽宁2.9万元。这说明黑龙江农户的主要收入来源于农业收入，而作为农业大省的东三省地区的农业收入也普遍较高。在各地区的非农业收入中最高的为辽宁，达到4.5万元，接下来依次为黑龙江4.1万元，吉林2.8万元，内蒙古2.7万元，黄淮海地区2万元。可以看出虽然辽宁的平均农业收入在这几个地区中最低，但是其平均非农收入却是这几个地区中最高的，黑龙江在平均农业收入和非农收入上都是在这些地区中排名前两位的，吉林的平均农业收入和非农收入则排在前三的位置上。

表4-5　各地区农户基本信息

地区	统计量	年龄（岁）	教育水平	家庭人数（人）	劳动力人数（人）	农业收入（元）	非农收入（元）
黑龙江	均值	46	2.30	3.34	1.74	68412.6	27234
	方差	8.24	0.66	1.08	0.64	88844	64583.5
	最小值	29	1	1	1	572	2000
	最大值	69	4	9	5	550000	450000
黄淮海	均值	43.06	2.62	4.75	2.25	29487.5	45428.6
	方差	12.59	0.61	1.12	0.68	45051.6	20006.6
	最小值	30	1	3	2	1000	20000
	最大值	77	3	6	4	150000	86000
吉林	均值	46.08	2.24	3.6	2.08	84041.4	28375
	方差	7.56	0.57	1.07	0.73	71814	21620.6
	最小值	32	1	1	1	5000	2000
	最大值	71	3	6	5	300000	70000
辽宁	均值	44.2	2.28	4.08	2.31	61657.1	20333.3
	方差	6.13	0.66	0.78	0.83	97492	14074.6
	最小值	31	1	3	1	3500	5000
	最大值	57	4	6	4	500000	60000
内蒙古	均值	44.14	2.51	3.92	2.04	150134	41500
	方差	8.51	0.86	1.23	0.58	184554	29269.8
	最小值	26	1	2	1	30000	5000
	最大值	63	4	6	4	700000	100000

数据来源：根据作者整理

2. 农户大豆生产统计描述

从表4-6和表4-8可以得出2018年和2019年农户的种植情况。2018年，农户的平均种植面积为21.70公顷，方差为1024.25，最大种植面积为1000公顷，最小种植面积为0.07公顷。2018年，单产的均值为2077.31千克/公顷，方差为51.64，最小单产为90千克/公顷，最大单产为4500千克/公顷。大豆的价格均值在3.32元/千克，方差为0.52，最低价格为2.4元/千克，最高价格为10元/千克。2019年农户的平均种植面积为21.35公顷，方差为665.306，最大种植面积为400公顷，最小种植面积为0.07公顷。2019年，单产的均值为2011.51千克/公顷，方差为59.39，最小单产为90.00千克/公顷，最大单产为4500.00千克/公顷。大豆的价格均值在3.46元/千克，方差为0.64，最低价格为2.00元/千克，最高价格为11.00元/千克。

通过表4-7和表4-9可以比较2018年和2019年各地区的农户种植信息。从种植面积看，2018年，平均种植面积最大的是辽宁为53.43公顷，其次是内蒙古和黑龙江分别为25.47公顷和23.00公顷，最少的是吉林和黄淮海地区分别为3.60公顷和2.87公顷。2018年，各地区的平均单产中最高的为辽宁是2805.00千克/公顷，其次为黄淮海地区为2578.13千克/公顷，黑龙江、吉林和内蒙古的平均单产都在2250.00千克/公顷以内，分别为1910.70千克/公顷，2195.63千克/公顷，2017.50千克/公顷。可以看出种植面积大的地区内蒙古、黑龙江、吉林的单产都在2250.00千克/公顷之内，而平均种植面积小的辽宁和黄淮海地区的平均亩产都要高过种植面积大的地区。2018年，平均价格在各个地区之间的相对变化不大，其中最高的在黄淮海地区为3.88元/千克，最低的在黑龙江为3.20元/千克。2019年，平均种植面积最大的地区为内蒙古，面积为31.34公顷，其次是黑龙江为25.74公顷，最少的是黄淮海地区为5.40公顷。2019年，平均单产最高的为辽宁，其单产达到2851.17千克/公顷，其次为黄淮海地区和吉林，分别为2592.83千克/公顷和2288.63千克/公顷。最少的为内蒙古和黑龙江，分别为1925.25千克/公顷和1756.41千克/公顷。可以看出，种植大豆种植面积最大的仍然是内蒙古以及东北地区，但是单产最高的却是在种植面积最少的吉林以及黄淮海地区。2019年，各地区大豆平均价格的变化相对不大，最高的在黄淮海地区为4.22元/千克，最低的在黑龙江地区为3.28元/千克。

表4-6　2018年农户种植信息描述性统计

统计量	种植面积（公顷）	单产（斤/公顷）	价格（元/千克）
均值	21.70	2077.31	3.32
方差	1024.25	103.284	0.52
最小值	0.07	90	2.40
最大值	1000.00	4500.00	10.00

数据来源：根据作者整理

表4-7　2018年各地区农户种植信息描述统计

地区	统计量	种植面积（公顷）	单产（千克/公顷）	价格（元/千克）
黑龙江	均值	23.00	1910.70	3.20
	标准差	581.09	50.80	0.30
	最小值	0.40	89.95	2.40
	最大值	292.81	4497.75	4.00
黄淮海	均值	2.87	2578.13	3.88
	标准差	69.82	40.57	0.32
	最小值	0.06	1724.13	3.60
	最大值	13.34	3748.12	4.80

续表

地区	统计量	种植面积（公顷）	单产（千克/公顷）	价格（元/千克）
吉林	均值	3.60	2195.63	3.48
	标准差	58.55	52.40	0.98
	最小值	0.20	749.62	3.00
	最大值	16.00	4122.93	10.00
辽宁	均值	53.43	2805.00	3.72
	标准差	3131.84	38.51	0.54
	最小值	0.06	1604.19	2.70
	最大值	1604.19	3748.12	5.60
内蒙古	均值	25.47	2017.50	3.28
	标准差	699.47	42.76	0.24
	最小值	0.66	4.00	2.60
	最大值	266.8	17.00	4.00

数据来源：根据作者整理

表4-8　2019年农户种植信息统计描述

统计量	种植面积（公顷）	单产（千克/公顷）	价格（元/千克）
均值	21.35	2011.51	3.46
方差	663.70	59.39	0.64
最小值	0.07	899.55	2.00
最大值	400	3823.08	11.00

数据来源：根据作者整理

表4-9　2019年各地区农户种植信息描述统计

地区	统计量	种植面积（公顷）	单产（千克/公顷）	价格（元/千克）
黑龙江	均值	25.74	1755.47	3.28
	标准差	678.15	59.97	0.32
	最小值	0.33	89.95	2.00
	最大值	286.81	6746.62	4.40

续表

地区	统计量	种植面积（公顷）	单产（千克/公顷）	价格（元/千克）
黄淮海	均值	2.44	2591.60	4.22
	标准差	63.51	33.61	0.28
	最小值	0.06	1874.06	3.80
	最大值	14.67	3748.12	4.80
吉林	均值	5.39	2287.40	3.62
	标准差	178.93	47.92	1.16
	最小值	0.13	899.55	3.00
	最大值	80.04	3748.12	11.00
辽宁	均值	11.15	2849.77	3.86
	标准差	576.98	50.34	0.48
	最小值	0.06	974.51	3.20
	最大值	200.1	4497.75	5.60
内蒙古	均值	31.35	1991.90	3.54
	标准差	941.52	43.69	0.70
	最小值	0.66	749.62	2.60
	最大值	400.2	3710.64	5.80

数据来源：根据作者整理

3. 大豆生产投入描述性统计

表4-11和表4-13显示2018年和2019年农户种植大豆的生产性投入统计量。2018年，生产成本的均值为478.6元/公顷，最小值为35元/公顷，最大值为10000元/公顷。劳动力平均成本为1600.71元/公顷，方差为2146.95，最小值为60元/公顷，最大值为18000元/公顷。平均租金为6227.55元/公顷，方差为904.28，最大租金为13500.00元/公顷，最小租金为120元/公顷。2019年，生产成本的均值为6219.30元/公顷，最小值为31.05元/公顷，最大值为148500元/公顷。劳动力平均成

本为1540.32元/公顷，方差为2090.18，最小值为60元/公顷，最大值为18000元/公顷。平均租金为7720.68元/公顷，方差为17060.70，最大租金为135000.00元/公顷，最小租金为120元/公顷。可以看出2018年和2019年的土地租金变化不大，劳动力成本略有降低。

表4-10和表4-12分别显示2018年和2019年各省与黄淮海地区大豆生产投入的统计量。从中可以看到，2018年生产成本均值最高的地区为吉林省，达到8919.30元/公顷，其次为黑龙江7712.40元/公顷，最低的为内蒙古4736.70元/公顷。平均劳动力成本最高的地区为吉林，达到2012.85元/公顷，其次为辽宁达到1945.95元/公顷，最低的地区为内蒙古和黄淮海地区分别为811.80元/公顷和1087.50元/公顷。平均土地租金最高的地区为黑龙江，达到8222.85元/公顷，最低的省份为吉林，仅为2907.90元/公顷。从各地区数据中可以看出吉林的生产成本和劳动力成本都是最高的，但是租金却是最低的。2019年，生产成本均值最高的地区为吉林达到6625.70元/公顷，其次为黑龙江6519.90元/公顷，最低的为内蒙古4954.74元/公顷。平均劳动力成本最高的地区为黄淮海夏季大豆区种植带，达到2650.01元/公顷；其次为辽宁和吉林，分别达到2171.60元/公顷和1970.75元/公顷；最低的地区为内蒙古仅为705.30元/公顷。平均土地租金最高的地区为黑龙江，达到10550.45元/公顷；其次为黄淮海地区和辽宁，分别为5133.33元/公顷和5050.01元/公顷；最低的地区为吉林，仅为3132.38元/公顷。

表4-10　2018年各地区生产投入描述性统计

地区	统计量	生产成本（元/公顷）	劳动力成本（元/公顷）	租金（元/公顷）
黑龙江	均值	7712.40	1630.80	8222.85
	方差	14537.55	2518.65	1763.10
	最小值	525.00	60.00	120.00
	最大值	145500.00	18000.00	13500.00
黄淮海	均值	5746.80	1087.50	4710.00
	方差	2340.30	797.25	1649.55
	最小值	2100.00	150.00	3000.00
	最大值	10650.00	1950.00	7500.00
吉林	均值	8919.30	2012.85	2907.90
	方差	21280.50	1557.90	1965.90
	最小值	2250.00	180.00	300.00
	最大值	150000.00	7500.00	9000.00
辽宁	均值	5429.40	1945.95	4855.20
	方差	3435.15	1288.95	2541.75
	最小值	1350.00	225.00	750.00
	最大值	13500.00	4500.00	10500.00
内蒙古	均值	4736.70	811.80	3360.00
	方差	2074.20	1115.70	1858.20
	最小值	1875.00	150.00	750.00
	最大值	10200.00	6750.00	7500.00

数据来源：根据作者整理

表4-11　2018年生产成本统计描述

统计量	生产成本（元/公顷）	劳动力成本（元/公顷）	租金（元/公顷）
均值	7179.00	1600.71	6227.55
方差	13832.25	2146.95	13564.20
最小值	525.00	60.00	120.00
最大值	150000.00	18000.00	135000.00

数据来源：根据作者整理

表4-12　2019年各地区生产成本统计描述

地区	统计量	生产成本（元/公顷）	劳动力成本（元/公顷）	租金（元/公顷）
黑龙江	均值	6519.89	1505.82	10550.45
	方差	11912.49	2445.99	21999.15
	最小值	31.05	60.00	120.00
	最大值	148500.00	18000.00	135000.00
黄淮海	均值	6150.00	2650.01	5133.33
	方差	1909.19	1617.87	1022.25
	最小值	3000.00	1500.00	4500.00
	最大值	10650.00	4500.00	7500.00
吉林	均值	6625.70	1970.75	3132.38
	方差	5190.38	1589.67	1923.48
	最小值	2250.00	150.00	450.00
	最大值	36150.00	7500.00	9000.00
辽宁	均值	5654.33	2171.60	5050.01
	方差	3711.39	1374.09	2637.57
	最小值	1200.00	225.00	1200.00
	最大值	14250.00	4500.00	11250.00
内蒙古	均值	4954.74	705.30	3563.75
	方差	2117.48	450.06	1788.69
	最小值	1875.00	150.00	750.00
	最大值	10200.00	2700.00	7500.00

数据来源：根据作者整理

表4-13　2019年生产成本统计描述

统计量	生产成本（元/公顷）	劳动力成本（元/公顷）	租金（元/公顷）
均值	6219.27	1540.32	7720.68
方差	9387.74	2090.18	17060.70
最小值	31.05	60.00	120.00
最大值	148500.00	18000.00	135000.00

数据来源：根据作者整理

4. 种子和除草剂使用统计性描述

从表4-14可以看出，2018年各省与黄淮海地区对于种子和除草剂使用的差异，平均每亩使用种子数量最多的地区为黑龙江和内蒙古，其中黑龙江每亩的用种量的均值为81.60千克/公顷，方差为17.7，最小用种量为41.25千克/公顷，最大用种量为135.00千克/公顷。而内蒙古每亩用种量的均值为81.75千克/公顷，方差为45.3，最小用种量为45.30千克/公顷，最大用种量为150.00千克/公顷。接下来平均用种量第二高的地区为辽宁，达到了69.00千克/公顷，方差为24.15，最小用种量为30.00千克/公顷，最大用种量为112.50千克/公顷。平均用种量最低的地区有黄淮海地区和吉林。其中黄淮海地区的平均用种量为65.10千克/公顷，方差为11.25，最小用种量为37.50千克/公顷，最大用种量为75.00千克/公顷。吉林的平均用种量为63.30千克/公顷，方差为17.55，最小用种量为37.50千克/公顷，最大用种量为112.50千克/公顷。各地区的种子价格差异不是很明显，大豆种子价格最高的地区为吉林和辽宁。其中吉林平均种子价格为8.32元/千克，方差为1.96，最低种子价格为5.00元/千克，最高种子价格为16元/千克。辽宁平均种子价格为8.30元/千克，方差为1.80，最低种子价格为5.00元/千克，最高种子价格为12.00元/千克。接下来，种子价格第二高的地区为黄淮海地区和内蒙古。其中黄淮海地区的平均种子价格为6.38元/千克，方差为1.64，最低种子价格为4.00元/千克，最高价格为10.00元/千克。内蒙古平均种子价格为6.04元/千克，方差为1.70，最低种子价格为4.40元/千克，最高种子价格为14.00元/千克。平均种子价格最低的地区为黑龙江为5.60元/千克，方差为0.94，最低种子价格为3.90元/千克，最高为8.00元/千克。各地区在除草剂价格上的分布比较集中，平均除草剂价格最高的地区为辽宁达到373.05元/公顷，方差为198.60，最低除草剂价格为150.00元/公顷，最高除草剂价格为1050.00元/公顷。接下来，平均除草剂价格排第二位的地区是黑龙江达到324.15元/公顷，方差为133.35，最低除草剂价格为120.00元/公顷，最高为964.20元/公顷。平均使用除草剂最低的地区有黄淮海地区、吉林和内蒙古。其中黄淮海地区的平均除草剂价格为276.45元/公顷，方差为8.31，最低除草剂价格为75.00元/公顷，最高除草剂价格为525.00元/公顷。吉林平均除草剂价格为284.40元/公顷，方差为124.65，最低价格为75.00元/公顷，最高价格为525.00元/公顷。内蒙古平均除草剂价格为277.35元/公顷，方差为102.15，最低价格为136.35元/公顷，最高价格为555.00元/公顷。

从表4-15可以看出，2018年种子与除草剂的描述性统计，其中平均的种子数量为152.10千克/公顷，方差为19.65，最小用种量为30.00千克/公顷，最大用种量为150.00千克/公顷。平均种子价格为6.32元/千克，方差为1.76，最低种子价格为3.90元/千克，最高种子价格为16.00元/千克。除草剂平均价格为312.00元/公顷，方差为136.05，最低除草剂价格为60.00元/公顷，最高除草剂价格为1050.00元/公顷。

表4-14 2018年各地区种子与除草剂统计描述

地区	统计值	种子数量（千克/公顷）	种子价格（元/千克）	除草剂价格（元/公顷）
黑龙江	均值	81.60	5.60	324.15
	方差	17.70	0.94	133.35
	最小值	41.25	3.90	120.00
	最大值	135.00	8.00	964.20
黄淮海	均值	65.10	6.38	276.45
	方差	11.25	1.64	124.65
	最小值	37.50	4.00	75.00
	最大值	75.00	10.00	525.00
吉林	均值	63.30	8.32	284.25
	方差	17.55	1.96	130.65
	最小值	37.50	5.00	60.00
	最大值	112.50	16.00	735.00
辽宁	均值	69.00	8.30	373.05
	方差	24.15	1.80	198.60
	最小值	30.00	5.00	150.00
	最大值	112.50	12.00	1050.00
内蒙古	均值	81.75	6.04	277.35
	方差	20.25	1.70	102.15
	最小值	45.30	4.40	136.35
	最大值	150.00	14.00	555.00

数据来源：根据作者整理

表4-15 2018年种子与除草剂统计描述

统计值	种子数量（千克/公顷）	种子价格（元/千克）	除草剂价格（元/公顷）
均值	152.10	6.32	312.00
方差	19.65	1.76	136.05
最小值	30.00	3.90	60.00
最大值	150.00	16.00	1050.00

数据来源：根据作者整理

表4-16给出了2018年各省与黄淮海地区的除草剂使用次数的描述性统计。2018年，黑龙江的除草剂使用次数仅为1次的户数占比36.42%，最高使用次数为3次的户数占比5.20%，占比最大的为使用2次除草剂的户数占比58.38%。吉林的除草剂使用次数最低为1次的户数占比29.79%，最高使用次数为3次的户数占比14.89%，占比最多的为使用2次除草剂的户数占比55.32%。内蒙古使用除草剂最低为1次的户数占比30.23%，使用除草剂次数最高的为3次的户数占比9.3%，占比最多的为使用2次除草剂的户数占比60.47%。辽宁使用除草剂最少的为1次的户数占比44%，使用除草剂次数最多为3次的户数占比8%，占比最多的为使用2次除草剂的户数占比48%。黄淮海地区使用除草剂次数最少为1次的户数占比43.75%，使用除草剂次数最多的为2次的户数占比56.25%。从此表可以看出，各个地区使用除草剂次数占比最多的为2次。

表4-16　2018年各地区除草剂使用次数统计描述

地区	次数	频率	占比（%）	累计占比（%）
黑龙江	1	63	36.42	36.42
	2	101	58.38	94.80
	3	9	5.20	100
吉林	1	14	29.79	29.79
	2	26	55.32	85.11
	3	7	14.89	100
内蒙古	1	13	30.23	30.23
	2	26	60.47	90.7
	3	4	9.3	100

续表

地区	次数	频率	占比（%）	累计占比（%）
辽宁	1	11	44	44
	2	12	48	92
	3	2	8	100
黄淮海	1	7	43.75	43.75
	2	9	56.25	100

数据来源：根据作者整理

表4-17和表4-22显示2018年和2019年除草剂使用次数的描述性统计。2018年，除草剂使用1次的户数占比为35.53%，使用2次的户数占比为57.24%，使用3次的户数占比为6.91%，使用6次的户数占比为0.33%。从表中可以看出超过2次的人数很少，通常农户的除草剂使用次数在1~2次，并且大多数都使用2次。表4-23展示了2019年除草剂使用次数1次的户数占比为32.92%，使用2次的户数占比为58.46%，使用3次的户数占比为8.31%。可以看到使用3次的农户数量较少，在种植过程中一般都使用1~2次，大多数农户使用2次除草剂，在农户的传统种植结构中，普遍要用到2次除草剂。因此，对于耐除草剂大豆来说，能够使用1次除草剂是一种明显的优势。

表4-17　2018年除草剂使用次数统计描述

次数	频率	占比（%）	累计占比（%）
1	108	35.53	35.53
2	174	57.24	92.76
3	21	6.91	99.67
6	1	0.33	100

数据来源：根据作者整理

从表4-18可以看出2018年除草剂种类的统计描述，其中使用种类仅为1种的户数最少，占比为53.48%；其次是使用2种除草剂的户数，占比为34.18%，使用3种除草剂的户数占比为10.13%；使用除草剂种类最多可达4至5种，总占比仅为2.22%。从累计占比可以看出，2018年的除草剂种类大多数为1种、2种和3种。

表4-18　2018年除草剂种类统计描述

种类	频率	占比（%）	累计占比（%）
1	169	53.48	53.48
2	108	34.18	87.66
3	32	10.13	97.78
4	6	1.9	99.68
5	1	0.32	100

数据来源：根据作者整理

表4-19显示2018年不同地区的除草剂种类的使用情况，黑龙江使用除草剂种类有1种、2种、3种和4种，分别占比为49.44%、37.78%、11.11%和1.67%。吉林使用除草剂的种类为1种、2种、3种、4种和5种，分别占比为41.67%、31.25%、20.83%、4.17%和2.08%。内蒙古使用的除草剂种类有1种、2种、3种和4种，分别占比为62.79%、30.23%、4.65%和2.33%。辽宁使用除草剂种类有1种和2种，分别占比为79.17%和20.83%。黄淮海地区使用除草剂种类有1种和2种，分别占比为81.25%和18.75%。通过累计占比可以看出，各个地区大部分使用的除草剂种类为1种、2种和3种。

表4-19　2018年各地区除草剂种类统计描述

地区	种类	频率	占比（%）	累计占比（%）
黑龙江	1	89	49.44	49.44
	2	68	37.78	87.22
	3	20	11.11	98.33
	4	3	1.67	100
吉林	1	20	41.67	41.67
	2	15	31.25	72.92
	3	10	20.83	93.75
	4	2	4.17	97.92
	5	1	2.08	100
内蒙古	1	27	62.79	62.79
	2	13	30.23	93.02
	3	2	4.65	97.67
	4	1	2.33	100
辽宁	1	19	79.17	79.17
	2	5	20.83	100
黄淮海	1	13	81.25	81.25
	2	3	18.75	100

数据来源：根据作者整理

表4-20显示2019年各地区对于种子和除草剂使用的差异。平均每亩使用种子数量最多的地区有黑龙江和内蒙古，其中黑龙江用种量的均值为109.35千克/公顷，方差为2.93，最小用种量为45.00千克/公顷，最大用种量为135.00千克/公顷。而内蒙古用种量的均值为80.25千克/公顷，方差为1.36，最小用种量为45.28千克/公顷，最大用种量为150.00千克/公顷。接下来平均用种量第二高的地区为辽宁，达到了63.26千克/公顷，方差为1.73，最小用种量为30.00千克/公顷，

最大用种量为112.50千克/公顷。平均用种量最低的地区为黄淮海地区和吉林，其中黄淮海地区的平均用种量为68.55千克/公顷，方差为0.49，最小用种量为60千克/公顷，最大用种量为75.00千克/公顷；吉林的平均用种量为64.35千克/公顷，方差为1.73，最小用种量为37.50千克/公顷，最大用种量为112.50千克/公顷。各地区的种子价格差异不是很明显。大豆种子价格最高的为吉林和辽宁，其中吉林平均种子价格为9.60元/千克，方差为9.22，最低种子价格为3.00元/千克，最高种子价格为16.00元/千克。辽宁平均种子价格为7.94元/千克，方差为2.02，最低种子价格为4.00元/千克，最高种子价格为12.00元/千克。接下来，种子价格第二高的地区为黄淮海地区和内蒙古，其中黄淮海地区的平均种子价格为6.58元/千克，方差为1.44，最低种子价格为5.00元/千克，最高价格为10.00元/千克；内蒙古平均种子价格为6.18元/千克，方差为1.82，最低种子价格为4.00元/千克，最高种子价格为14.00元/千克。种子平均价格最低的地区为黑龙江，仅有5.80元/千克，方差为1.14，种子最低价格为3.80元/千克，最高为10.00元/千克。各地区在除草剂价格上的分布比较集中，除草剂平均价格最高的为辽宁达到373.05元/公顷，方差为16.39，最低除草剂价格为150.00元/公顷，最高除草剂价格为1050.00元/公顷。接下来，除草剂平均价格排第二位的地区是黑龙江，达到336.45元/公顷，方差为9.11，最低除草剂价格为124.50元/公顷，最高为964.20元/公顷。平均除草剂价格最低的有黄淮海地区、吉林和内蒙古。其中黄淮海地区的平均除草剂价格为288.45元/公顷，方差为8.86，最低除草剂价格为75.00元/公顷，最高除草剂价格为525.00元/公顷。吉林平均除草剂价格为295.80元/公顷，方差为8.67，最低价格为150.00元/公顷，最高价格为750.00元/公顷。内蒙古平均除草剂价格为278.25元/公顷，方差为6.90，最低价格为123.45元/公顷，最高价格为555.00元/公顷。

表4-20　2019年各地区种子与除草剂统计描述

地区	统计值	种子数量（千克/公顷）	种子价格（元/千克）	除草剂价格（元/公顷）
黑龙江	均值	109.29	5.80	336.28
	方差	2.93	1.14	9.11
	最小值	44.97	3.80	124.43
	最大值	134.93	10.00	963.71
黄淮海	均值	68.51	6.58	288.30
	方差	0.49	1.44	8.86
	最小值	59.97	5.00	74.96
	最大值	74.96	10.00	524.73
吉林	均值	64.31	9.60	295.65
	方差	1.17	9.22	8.67
	最小值	37.48	3.00	149.92
	最大值	112.44	16.00	749.62
辽宁	均值	63.26	7.94	372.86
	方差	1.73	2.02	16.39
	最小值	29.98	4.00	149.92
	最大值	112.44	12.00	1424.28
内蒙古	均值	80.50	6.18	278.11
	方差	1.36	1.82	6.90
	最小值	43.47	4.00	123.38
	最大值	149.92	14.00	554.72

数据来源：根据作者整理

表4-21　2019年种子与除草剂统计描述

统计值	种子数量（千克/公顷）	种子价格（元/千克）	除草剂价格（元/公顷）
均值	92.37	6.58	322.86
方差	20.46	3.86	9.79
最小值	29.89	3.00	74.73
最大值	5754.85	70	1420.02

数据来源：根据作者整理

如表4-22所示，2019年，黑龙江的除草剂使用次数最低为1次的农户占比为34.39%，最高使用次数为5次的农户占比为0.53%，占比最大的为使用2次除草剂的农户占比59.26%。吉林除草剂使用次数最低为1次的农户占比25.53%，最高使用次数为3次的农户占比为12.77%，占比最多的为使用2次除草剂的农户占比61.7%。内蒙古使用除草剂最低为1次的农户占比为26.67%，使用除草剂次数最高为3次的农户占比为11.11%，占比最多的为使用2次除草剂的农户占比为62.22%。辽宁使用除草剂最少为1次的农户占比35.48%，使用除草剂次数最多为3次的农户占比12.9%，占比最多的为使用2次除草剂的农户，占比为51.61%。黄淮海地区使用除草剂次数最少为1次的农户占比50%，使用除草剂次数最多为3次的农户占比7.14%，占比最多的为使用2次的农户人数，占比为42.86%。说明各地区使用除草剂占比最多的为2次。

表4-23和表4-24显示，2019年除草剂种类和次数的统计描述。其中使用种类最少为1种的农户占比为50.88%，其次是使用2种除草剂的农户占比为38.01%，使用除草剂种类最多为4种的农户占比1.46%。使用1次的占比32.92%，使用2次的占比58.46%，使用3次的占

比为8.31%。

表4-22　2019年各地区除草剂使用次数统计描述

地区	次数	频率	占比(%)	累计占比(%)
黑龙江	1	65	34.39	34.39
	2	112	59.26	93.65
	3	11	5.82	99.47
	5	1	0.53	100
吉林	1	12	25.53	25.53
	2	29	61.7	87.23
	3	6	12.77	100
内蒙古	1	12	26.67	26.67
	2	28	62.22	88.89
	3	5	11.11	100
辽宁	1	11	35.48	35.48
	2	16	51.61	87.1
	3	4	12.9	100
黄淮海	1	7	50	50
	2	6	42.86	92.86
	3	1	7.14	100

数据来源：根据作者整理

表4-23　2019年除草剂使用次数统计描述

次数	频率	占比(%)	累计占比(%)
1	107	32.92	32.92
2	190	58.46	91.38
3	27	8.31	99.69

数据来源：根据作者整理

表4-25显示2019年不同地区除草剂种类的使用情况，黑龙江使用除草剂种类有1种、2种、3种和4种，分别占比为47.47%、42.42%、

9.6%和0.51%。吉林使用除草剂的种类有1种、2种、3种、4种和6种，分别占比为41.67%、31.25%、20.83%、4.17%和2.08%。内蒙古使用的除草剂种类有1种、2种、3种和4种，分别占比为60%、33.33%、4.44%和2.22%。辽宁使用除草剂种类有1种、2种和3种，分别占比为74.19%、19.35%和6.45%。黄淮海地区使用除草剂种类有1种和2种，分别占比为69.23%和30.77%。通过累计占比可以看出，各个地区大部分使用的除草剂种类为1种和2种，超过3种的占比很低。

表4-24　2019年除草剂种类统计描述

种类	频率	占比（%）	累计占比（%）
1	174	50.88	50.88
2	130	38.01	88.89
3	33	9.65	98.54
4	5	1.46	100

数据来源：根据作者整理

表4-25　2019年各地区除草剂种类描述统计

地区	种类	频率	占比（%）	累计占比（%）
黑龙江	1	94	47.47	47.47
	2	84	42.42	89.9
	3	19	9.6	99.49
	4	1	0.51	100
吉林	1	20	41.67	41.67
	2	15	31.25	72.92
	3	10	20.83	93.75
	4	2	4.17	97.92
	6	1	2.08	100

续表

地区	种类	频率	占比（%）	累计占比（%）
内蒙古	1	27	60	60
	2	15	33.33	93.33
	3	2	4.44	97.78
	4	1	2.22	100
辽宁	1	23	74.19	74.19
	2	6	19.35	93.55
	3	2	6.45	100
黄淮海	1	9	69.23	69.23
	2	4	30.77	100

数据来源：根据作者整理

（二）对转基因大豆种植意愿的描述性统计

如表4-26所示，农户对于转基因大豆的认知情况为：完全没有听说过转基因大豆的农户占比为20.52%；听说过转基因大豆的农户占比为71.97%；对转基因大豆的特征属性比较熟悉的农户占比为7.51%。说明经过多年的发展，转基因大豆的信息在大多数的大豆种植户中已经有了较为广泛的传播。但由于中国尚未种植转基因大豆，真正熟悉转基因大豆特征属性的农户还不是很多。

表4-26　农户对转基因大豆的认识情况

指标	完全没有听说过	听说过	对转基因大豆的特性比较熟悉
频数（人）	71	249	26
占比（%）	20.52	71.97	7.51
累计占比（%）	20.25	92.49	100

数据来源：根据作者整理

从农户对使用耐除草剂转基因大豆的种植意愿上可以看出，有接近一半的人会使用耐除草剂转基因大豆。调查数据显示，当政府允许种植耐除草剂大豆时表示会使用的农户占比为42.66%，而不会使用的农户占比为57.34%。综合表4-26和表4-27的结果，可以发现农户对转基因大豆的认识在不断提升，而且愿意种植的人也在不断增加。尽管当前中国转基因大豆还未产业化，并且对于转基因大豆实施严格标识制度，社会对转基因大豆也多呈现负面态度，但不可否认的是，转基因大豆正逐步充斥着整个市场，而且在不断打压传统大豆的发展空间。这也促使农户开始逐步接触到转基因大豆的信息，从而对转基因大豆的特征有了认识。因此，即使在现在这种对转基因作物层层防范的情况下，越来越多的农户仍愿意种植转基因大豆。

表4-27　农户对耐除草剂大豆的种植意愿

指标	会使用耐除草剂转基因大豆	不会使用耐除草剂转基因大豆
频数（人）	154	207
占比（%）	42.66	57.34

数据来源：根据作者整理

从表4-28中可以看出农户对不同的种子来源方式的选择情况，选择最多的为从种子销售商以及农技推广员手中购买种子，少部分农户从其他农户手中获得种子。调查数据显示，从种子销售商得到种子的农户占比为42.74%，从农技推广员手中得到种子的农户占比为41.69%，从其他农户手中得到种子的农户占比为15.57%。通过询问农户的种子来源方式，有助于在推广转基因大豆种子时选择合适的渠道，作为农户最主要的两种种子来源渠道，种子销售商和农技推广员在后续推广转基因大豆种子的过程中起到至关重要的作用。

表4-28　农户的种子来源方式

指标	种子销售商	农技推广员	其他农户
频数	162	158	59
占比（%）	42.74	41.69	15.57
累计占比（%）	42.74	84.43	100

数据来源：根据作者整理

分区域来看，表4-29展示了各地区对种植转基因大豆的看法也各不相同。愿意种植耐除草剂大豆的农户比例最高的为黄淮海地区，达到64.71%；其次是内蒙古，达到57.78%。辽宁、吉林、黑龙江愿意种植的占比都小于50%，分别为41.67%、46.94%和36.92%。

表4-29　不同区域对转基因大豆的种植意愿

指标	黑龙江		吉林		辽宁		内蒙古		黄淮海	
	愿意	不愿意	愿意	不愿意	愿意	不愿意	愿意	不愿意	愿意	不愿意
人数	79	135	23	26	15	21	26	19	11	6
占比（%）	36.92	63.08	46.94	53.06	41.67	58.33	57.78	42.22	64.71	35.29

数据来源：根据作者整理

而从表4-30可以看出各地区的农户对转基因作物的了解程度的差异，对转基因大豆了解程度超过80.00%的有黑龙江、内蒙古和吉林。其中，黑龙江完全没听说过转基因大豆的农户仅占18.6%，听说过的农户占比高达76.28%，对转基因大豆的特点熟悉的农户占7.18%；吉林完全没有听说过转基因大豆的农户只占18.37%，听说过的农户占到75.51%，而对转基因大豆特性熟悉的农户占到6.12%；内蒙古完全没有听说过转基因大豆的农户占11.11%，听说过的农户占73.33%，而对转基因大豆特性熟悉的农户占15.56%。对转基因大豆相对不熟悉的地区为黄淮海地区，其中，完全没听说过转基因大豆的农户占23.53%，听说过的农户占52.94%，对转基因大豆特性熟悉的农户占23.53%。对转基因大豆最不熟悉的地区为辽宁，其中完全没听说过转基因大豆的农户占了50%，听说过转基因大豆的农户占47.22%，对转基因大豆的特性熟悉的农户占2.78%。

表4-30　各地区对转基因大豆的认识情况

地区	对转基因大豆的认识情况	人数（人）	占比（%）
黑龙江	不知道	40	18.6
	听说过	164	76.28
	熟悉	11	7.18
吉林	不知道	9	18.37
	听说过	37	75.51
	熟悉	3	6.12
辽宁	不知道	18	50
	听说过	17	47.22
	熟悉	1	2.78
内蒙古	不知道	5	11.11
	听说过	33	73.33
	熟悉	7	15.56
黄淮海	不知道	4	23.53
	听说过	9	52.94
	熟悉	4	23.53

数据来源：根据作者整理

从图4-1、图4-2、图4-3、图4-4中可以看出，不同类型的农户对转基因大豆的认识和种植意愿的差别。以下几幅图分别对比了愿意种植转基因大豆的农户和不愿意种植转基因大豆的农户在种植面积、农户年龄、农业收入和非农收入之间的差别。图4-1显示，愿意种植转基因大豆农户的面积分布要略低于不愿意种植转基因大豆农户的面积分布。图4-2显示，愿意种植转基因大豆的农户年龄分布要略低于不愿意种植转基因大豆农户的年龄分布。从图4-3可以看出，不愿意种植转基因大豆农户的农业收入分布要略低于愿意种植转基因大豆农户的农业收入分布。图4-4展示了是否使用转基因的农户的非农收入的分布，可以看出愿意种植转基因大豆农户的非农收入分布要高于不愿意种植转基因大豆农户的非农收入分布。

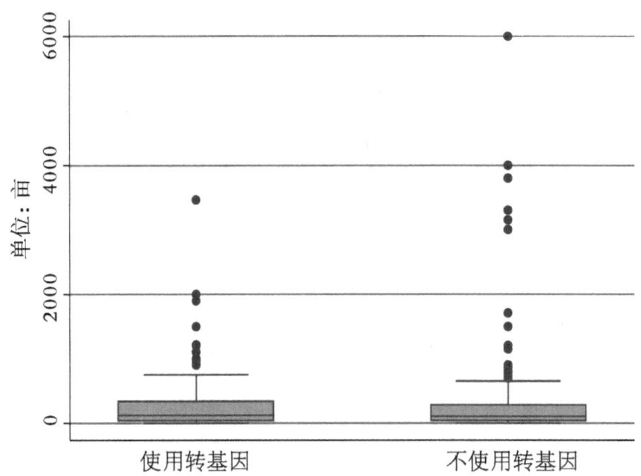

图4-1　是否使用转基因与面积分布的关系

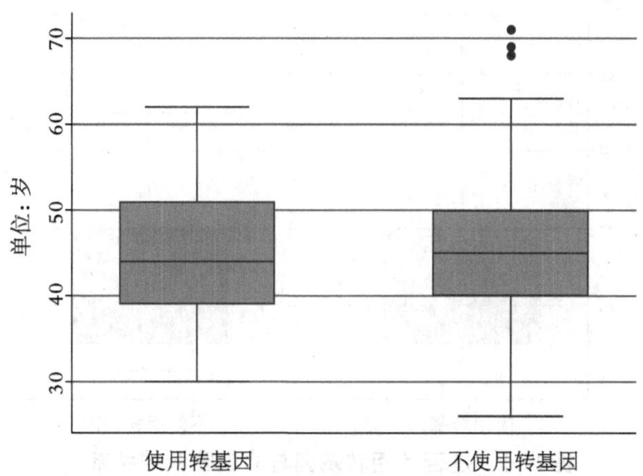

图4-2　是否使用转基因与年龄的关系

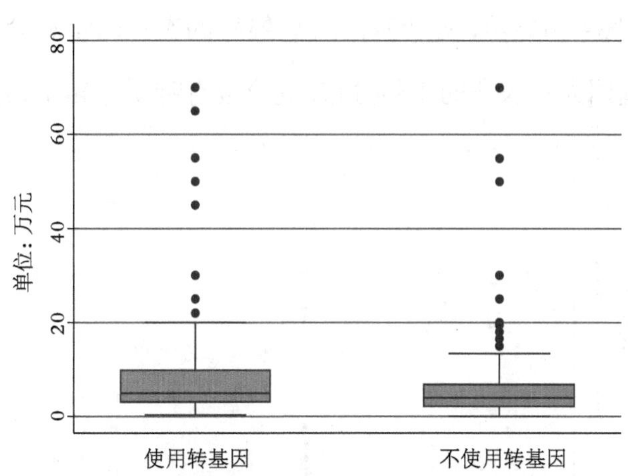

图4-3　是否使用转基因与农业收入的关系

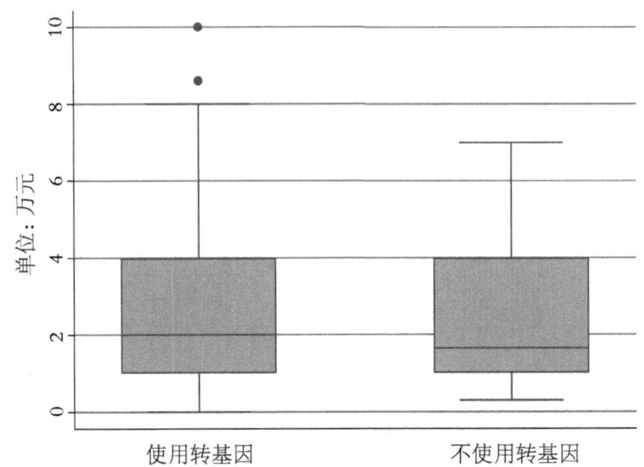

图4-4　是否使用转基因与非农收入的关系

图4-5、图4-6、图4-7和图4-8显示了对转基因不同认知人群的种植面积大小的分布、年龄的分布、农业收入的分布以及非农收入的分布。其中图4-5显示了了解转基因大豆农户的面积分布要高于听说过转基因大豆农户的面积分布，完全没听说过转基因大豆农户的面积分布最低。图4-6显示，对转基因大豆熟悉的农户的年龄分布要低于听说过转基因大豆农户的年龄分布，完全没有听说过转基因大豆的农

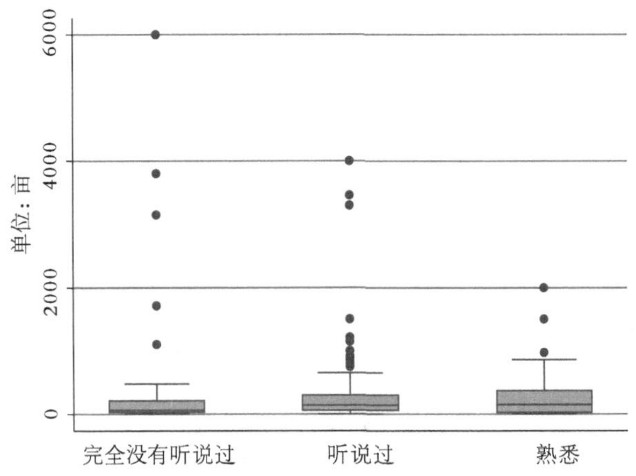

图4-5　对转基因的认知与面积大小的关系

户的年龄分布最高。

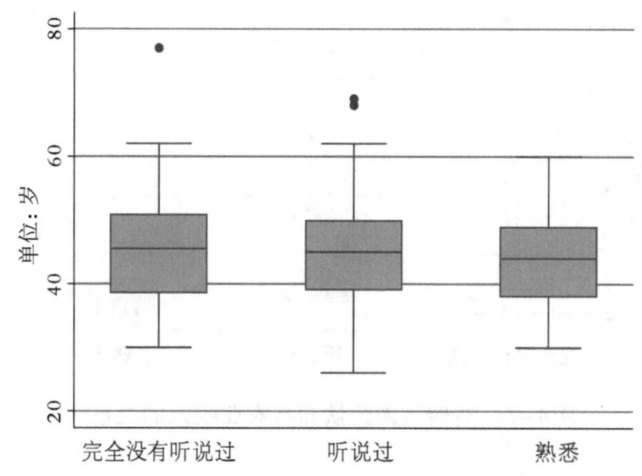

图4-6　对转基因的认知与年龄的关系

图4-7展示了对转基因的认识的农户的农业收入的分布，其中对转基因大豆了解的农户的农业收入要高于对转基因大豆熟悉的农户的农业收入的分布和完全不了解转基因的农户的农业收入的分布。从图4-8中可以观察到，完全了解转基因特性的农户的非农收入的分布要远远高于听说过转基因的农户的非农收入和完全没有听说过转基因的农户的非农收入的分布，而其中完全没有听说过转基因农户的非农收入的分布最低。说明年龄小且非农收入高的农户对转基因更加了解，而且农业收入高的农户是听说过转基因大豆最多的人群。但是由于并没有允许种植，因此农业收入高的农户对转基因的了解并不多。

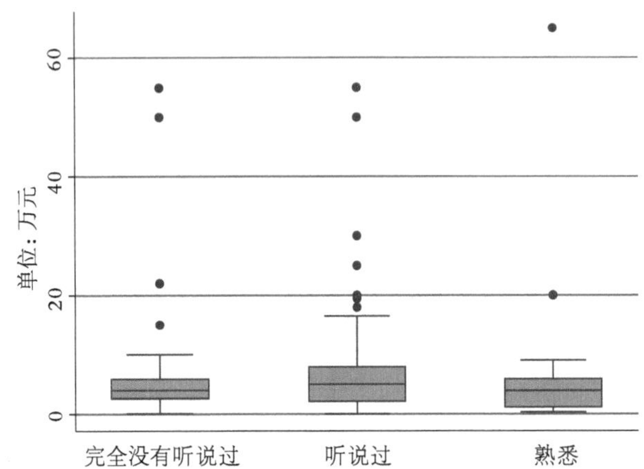

图4-7　对转基因的认知与农业收入的关系

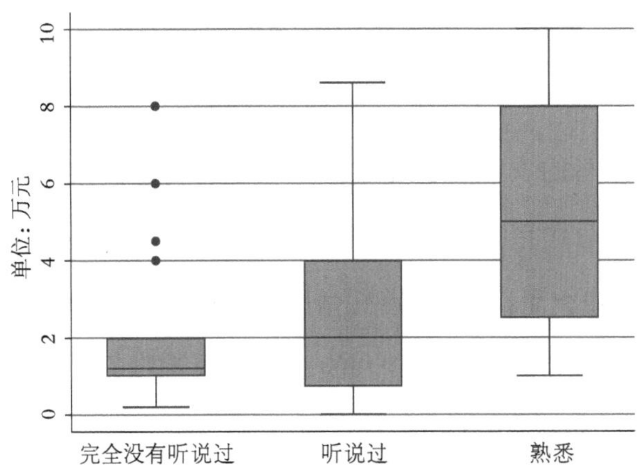

图4-8　对转基因的认知与非农收入的关系

四、转基因大豆种植意愿及福利分析

（一）模型及变量选择

本研究在上述理论分析的基础上构建农户使用耐除草剂转基因大豆对生产决策的模型。选择实验法基于Lancaster的随机效用理论，通过受访者对多组模拟的种子组合的选择，采用MNL方法来获得受访者对于不同种子组合的种植意愿。

选择实验设计是围绕着产品属性来搭配的，目前转基因大豆的特征属性主要是：除草剂使用次数，除草剂种类，大豆种子价格和大豆产量。基于此，本研究将这四个属性作为转基因大豆的属性变量，分析不同家庭规模对不同耐除草剂转基因大豆的接受意愿。因为耐除草剂转基因大豆在大豆种植过程中的变化主要体现在大豆种子价格的上升，除草剂施用的次数减少，除草剂使用类型的减少，使用除草剂后大豆存活率上升。因此本研究要在这四个属性中比较农户的偏好顺序，从而确定耐除草剂大豆是否在农户的选择意愿中。

从农户都是理性的这一假设出发，他们对种植的决策会受到效用最大化原则的影响。在农户的决策过程中，农户面临着观察得到和无法观测到的条件的约束。因此仅从种植的利润最大化来判断农户的种植决策就相对片面，需要考虑不同的影响因素。本文能观测到的影响耐除草剂大豆种植意愿的主要因素有：农户的年龄、受教育程度、家庭规模、非农就业收入、年非农劳动时间、种子成本、除草剂成本、翻耕成本、对耐除草剂大豆的态度等。

（二）计量模型

本研究采用的是选择实验。选择实验方法的理论基础是Lancaster（1996）的消费需求理论，该理论将消费者对商品的偏好描述成对商品特征属性的偏好，通过对不同特征属性的选择从而获得相应的效用。其优势在于能够降低潜在的偏差。通过询问能够得到更多的信息，能够检验内在一致性，能够提供许多不同替代品的价值，在技术上非常灵活（Chiam C.C.，2018）。在本研究中选择性实验的设计思路是首先识别出耐除草剂大豆品种所涉及的关键特征属性（即可耐受草甘膦等广谱除草剂），其次通过科学合理的实验设计，将不同选择组成选择集，供农户选择。最后通过计量模型，统计分析出农户重点关注的特征属性。

对实验数据进行计量分析时，本研究利用的是McFadden（1974）提出的随机效用理论，该理论将效用分为确定性或可观测部分以及随机部分。农户i从转基因大豆种子特征属性的组合中选择第m个组合可以获得的效用为：

$$U_{im} = V_{im} + \varepsilon_{im}$$

其中：V_{im}是可观测效用部分，ε_{im}为不可观测效用部分。

根据效用最大化理论，农户选择第m个组合的概率被定义为农户从此组合得到的效用比从其他组合得到的效用都大的概率：

$$P_{im} = Prob\left(V_{im} + \varepsilon_{im} > V_{in} + \varepsilon_{in};\ \forall n \in C,\ m \neq n\right)$$

假设ε是独立同分布的且服从第i类极值分布，则农户i选择第m个组合的概率可以用MNL模型衡量。

分别构建两个模型，模型一只包含对于新品种大豆种子本身的特征，模型二不仅包含新品种大豆种子本身的特征，还包含农户家庭经营的特征。

模型一：设定为只包括新品种大豆种子的特征。其中包括种子价格Z_{i1}、除草剂数量Z_{i2}、除草剂种类Z_{i3}、是否免耕Z_{i4}、产量Z_{i5}。

$$V_{im} = Asc + \beta_1 Z_{i1} + \beta_2 Z_{i2} + \ldots + \beta_{i5} Z_{i5}$$

模型二：设定为既包括种子特征，也包括个体的差异性。其中个体特征包括年龄 S_{n1}、受教育程度 S_{n2}、家庭人数 S_{n3}、家庭劳动力人数 S_{n4}、农业收入 S_{n5}、非农收入 S_{n6}、对转基因作物的认识情况 S_{n7}、是否愿意种植转基因大豆 S_{n8}。

$$V_{im} = Asc + \beta_1 Z_{i1} + \beta_2 Z_{i2} + \ldots + \beta_{i5} Z_{i5} + \gamma_1 S_{n1} + \ldots + \gamma_8 S_{n8}$$

（三）实证结果

利用最大似然法进行估计。首先，只考虑属性变量进行MNL分析。其次，除了考虑属性变量外加入受访者的经济特征进行MNL分析。最后，将受访者的经济特征作为参数的分布进行MNL模型分析。

表4-31　MNL模型检验结果

变量	系数	标准误	z	P>|z|	[95% Conf. Interval]	
种子价格	−0.056	0.009	−6.530	0.000	−0.073	−0.039
除草剂数量	−0.373	0.046	−8.020	0.000	−0.464	−0.282
除草剂种类	0.010	0.048	0.220	0.827	−0.083	0.104
免耕	0.323	0.088	3.680	0.000	0.151	0.495
产量	0.057	0.010	5.710	0.000	0.038	0.077

Log likelihood = −2839.0957

通过MNL模型的回归，从得到的结果看，种子价格、除草剂数量的系数显著为负，免耕、产量都是显著为正。除草剂种类并不显著。说明种子价格与效用呈负向作用，即农户倾向更低的种子价格。除草剂数量也与效用呈负向作用，说明农户倾向于更低的除草剂使用的次数。免耕的系数为0.323，说明农户更倾向于能够免耕。同样的产量的系数也显著为正，说明农户更倾向于高产的大豆种子。而除草剂种类并不显著，说明除草剂种类对于农户并没有显著的影响。总体回归的似然值的绝对值达到2839.10，是一个非常大的值，并且Wald检验显著，说明方程显著。模型的Prob>Chi_square=0.0001，表明模型整体显著。

根据农业部2013年对家庭农场的统计数据显示，中国主要以小农户为主，其中小于3.33公顷（50亩）的农户超过50%，3.33～6.67公顷（50～100亩）占比为21.6%，6.67～33.33公顷（100～500亩）占比为19.5%，500～1000亩占比为1.8%，超过66.67公顷（1000亩）占比为1.9%。按照国际标准将3.33公顷（50亩）以下的农户作为小规模农户，3.33～33.33公顷（50～500亩）为中等规模农户，大于33.33公顷（500亩）为大规模农户进行分类。从表4-32中的回归结果来看，3个不同规模模型的p值小于0.001，表示3个规模的整体回归结果较好。对数似然值分别为-773.06，-1272和-362.24，都说明拟合效果好。

表4-32　不同规模农户的MNL实证结果

变量	小规模		中规模		大规模	
	系数	标准差	系数	标准差	系数	标准差
种子价格	-0.0483***	0.016	-0.0651***	0.013	-0.0724***	0.025
除草剂使用次数	-0.407***	0.087	-0.392***	0.072	-0.481***	0.129
除草剂种类	-0.0248	0.093	-0.0092	0.072	0.0623	0.135
是否免耕	0.457***	0.165	0.372***	0.134	0.0528	0.244
产量	0.0738***	0.019	0.0648***	0.015	0.0159	0.029
家庭人数	0.286***	0.101	-0.157	0.088	0.457***	0.114

续表

变量	小规模		中规模		大规模	
	系数	标准差	系数	标准差	系数	标准差
劳动力人数	−0.381**	0.158	0.475***	0.132	0.0907	0.205
农业收入	−0.0407	0.0265	0.0414***	0.0153	−0.0259***	0.00766
非农收入	0.194***	0.0557	0.00925	0.021	−0.278***	0.0794
常数项	−0.611	0.517	−1.385***	0.383	−1.415**	0.635
Log likelihood	−773.06		−1272		−362.24	
Prob>Chi_square	0.000		0.000		0.000	

* $p < 0.1$, ** $p < 0.05$, *** $p < 0.01$

①小规模种植农户大豆种植意愿。从种子特性的回归结果来看，种子价格、除草剂使用次数、是否免耕以及产量的回归系数都显著，只有除草剂种类的回归系数不显著。说明小规模农户在选择大豆种子时对于使用除草剂的种类数并不在意，而主要关注的是种子价格、除草剂使用次数、是否免耕以及产量是否增加等属性。其中种子价格和除草剂使用次数都是显著为负的，说明小规模农户更倾向于种子价格低以及除草剂使用次数少的大豆种子。而是否免耕及产量的系数显著为正，说明小规模农户更倾向于能够免耕以及可以提高产量的大豆种子。对于农户个人情况的回归结果来看，显著的变量为家庭人数、劳动力人数以及非农收入。家庭人数的系数是显著正向的，说明家庭人数越多越会选择种植转基因大豆。而劳动力人数的系数为显著负向，说明家庭劳动力人数越少的小农户越倾向于选择种植转基因大豆。非农收入的系数为显著正向，说明非农收入越多的小农户越倾向于种植

转基因大豆。

②中等规模种植农户大豆种植意愿。从种子特性的回归结果来看，种子价格、除草剂使用次数、是否免耕以及产量的回归系数都是显著的，只有除草剂种类的回归系数不显著。说明中等规模的农户在选择大豆种子时对除草剂的种类数并不在意，而主要关注的是种子价格、除草剂使用次数、是否免耕以及能否增加产量的属性。其中种子价格和除草剂使用次数都是显著为负的，说明中规模农户更倾向于种子价格低的以及除草剂使用次数少的大豆种子。而是否免耕以及产量的系数显著为正，说明中规模农户更倾向于能够免耕以及可以提高产量的大豆种子。对于农户的个人情况的回归结果来看，显著的变量为农业收入和家庭劳动力人数，而家庭人数和非农收入的系数并不显著，说明对于中等规模的农户影响是否种植转基因的因素包括农业收入和家庭劳动力人数，而不包括家庭人数以及非农收入的影响。其中劳动力人数的系数显著为正，说明对于中等规模的农户来说，劳动力人数越多越倾向于选择转基因大豆。而农业收入的系数显著为正，说明对于中等规模的农户来说，农业收入越高的越倾向于选择转基因大豆。

③大规模种植农户大豆种植意愿。从种子特性的回归结果来看，只有种子价格和除草剂使用次数的回归系数是显著的，而除草剂种类、是否免耕以及产量增加的回归系数都是不显著的。说明大规模的农户在选择大豆种子的时候更加注重的是种子价格和除草剂的使用次数这两个属性，而对除草剂种类以及是否免耕和产量增加的属性并

不在意。其中种子价格的系数是显著为负的，说明大规模农户更倾向于价格低的大豆种子。除草剂使用次数的系数也是显著为负的，说明大规模农户更加倾向于使用除草剂次数少的大豆种子。从农户个人情况的回归结果来看，家庭人数、农业收入和非农收入的回归系数是显著的，而劳动力人数的回归系数不显著。说明在选择种植转基因大豆的大规模农户中的影响因素来自家庭人数、农业收入以及非农收入，而家庭劳动力人数并不影响转基因大豆的种植决策。因此大规模农户主要是通过雇用劳动力进行生产，家庭劳动力反而起不到太大的作用。其中家庭人数的回归系数显著为正，说明对于大规模的农户来说，家庭人数越多越倾向于选择转基因大豆。农业收入和非农收入的回归系数均显著为负，说明对于大规模的农户来说，农业收入和非农收入越少越倾向于选择转基因大豆。

（四）对转基因大豆各种特点的支付意愿

支付意愿（Willingness To Pay, WTP）指消费者愿意为有某种特质的产品或服务付费的程度，即个人为了获得某种生活质量而愿意付出的代价。支付意愿通常用于测量消费者对商品、服务和社会公共产品的估价。当种植户对大豆的某一个特征属性的偏好越强，则其对该属性的支付意愿会越高，反之则越低。当一个新的产品（比如转基因大豆）出现时，如果能够提高种植者的偏好，使其出现购买和种植欲望，才能使产品进入市场。故本研究根据MNL的估计，可以得到农户对各种不同属性的支付意愿：

$$WTP = -\frac{\beta_{attribute}}{\beta_{price}}$$

其中，$\beta_{attribute}$为大豆生产过程中的各种属性，β_{price}为价格属性的系数。

如表4-33所示，为了减少除草剂使用次数，农户愿意支付6.656元，为了减少除草剂使用种类需要补偿0.185元，为了实现免耕愿意支付5.764元，为了增加产量愿意支付1.023元。对于除草剂次数的支付意愿要高于免耕的支付意愿，也高于对与产量的支付意愿，支付意愿最低的为除草剂种类。接受意愿的排序为：除草剂使用次数>是否免耕>产量>除草剂种类。

表4-33 农户对大豆属性的支付意愿

属性	WTP
除草剂数量	−6.656
除草剂种类	0.185
免耕	5.764
产量	1.023

表4-34 不同规模农户的支付意愿

属性	WTP		
	小规模	中规模	大规模
除草剂使用次数	−8.427	−6.022	−6.644
除草剂种类	−0.513	−0.141	0.860
是否免耕	9.462	5.714	0.729
产量	1.528	0.995	0.220

小规模农户为了减少使用除草剂次数愿意支付8.427元，为了减

少除草剂种类愿意支付0.513元，为了能够实现免耕愿意支付9.462元，为了增加产量愿意支付1.528元。对于小农户来说，是否免耕的支付意愿大于使用除草剂次数的支付意愿，大于增加产量的支付意愿，也大于除草剂种类的支付意愿。接受意愿的次序为：是否免耕>除草剂使用次数>产量增加>除草剂种类。中等规模农户为了减少除草剂使用次数愿意支付6.022元，为了减少除草剂种类愿意支付0.141元，为了实现免耕愿意支付5.714元，为了实现产量增加愿意支付0.995元。可以看出对于中等规模农户来说，使用除草剂次数的支付意愿大于是否免耕的支付意愿，大于产量增加的支付意愿，大于除草剂种类的支付意愿。接受意愿的次序为：使用除草剂次数>是否免耕>增加产量>除草剂种类。大规模农户为了减少除草剂次数愿意支付6.644元，为了减少除草剂种类需要给予0.860元，为了实现免耕愿意支付0.729元，为了增加产量愿意支付0.22元。可以看出大规模农户对于减少除草剂使用次数的支付意愿要大于是否免耕的支付意愿，也大于增加产量的支付意愿。则接受意愿的次序为：使用除草剂次数>是否免耕>增加产量>除草剂种类。

（五）种植转基因大豆对农户福利的影响

根据调查数据，本研究观察到，农户为拥有转基因大豆愿意付出一定的价格。可以使用补偿剩余来表示转基因种子在种植中展现出来的特性带来的生产者的福利改善，通常用总支付意愿来表示。补偿剩余的计算公式如下：

$$CS = \frac{1}{\beta_m}\left(V_0 - V_1\right)$$

其中，β_m 为价格属性的系数，V_0 为使用非转基因大豆对农户带来的效用，V_1 为使用转基因大豆对农户带来的效用。利用MNL模型，根据效用函数计算出非转基因大豆对农户的总支付意愿，以及使用转基因大豆对农户的总支付意愿。使用转基因大豆的非市场价值可以表示为表4-35。

根据补偿剩余的计算公式，计算不同方案下相对于基准方案的福利变化情况，并按照MNL的计算结果排序。结果如表所示，方案1是16个备选方案中最好的方案，其福利值为404.47。即农户可接受使用除草剂次数为1次，使用除草剂种类为2种，实现免耕且单产增加10%的前提下，种子成本每亩提高15元。排在16个备选方案中最差的2个方案为方案15和方案16，其特征为除草剂使用次数最多的为3次，对种子成本承受能力是最小的75元/公顷，除草剂种类也是最多的3种。相较于这16种备选方案的福利，基准方案0的福利比16个备选方案中最不好的福利水平还要低。由于本研究对属性的选择都是针对耐除草剂转基因大豆的属性，构建的这16种备选方案每一种都包含着耐除草剂转基因大豆的属性。因此真实的耐除草剂转基因大豆方案即为这16种方案按照权重之和为1且为正值的线性组合，而基准方案0并不属于这个线性组合。由于线性组合的系数足够多，并且这16种方案按照权重之和为1且均为正值的线性组合为有界闭集合，基准方案不属于这个集合中，因此根据可分性定理，则存在一组系数能够真实地将耐除草剂转基因大豆的方案与基准方案0严格分离。并且可以看出16种方案均优于基准方案，则以16种方案为边界处于内部的真实转基因大豆方案的福利也将会优于基准方案，从而可以看出，使用耐除草剂转基因大豆能够正向增加生产者的福利。

表4-35 不同方案的大豆品种的福利

方案	种子成本（元/亩）	除草剂次数（次）	除草剂种类（种）	是否免耕	单产（%）	福利比较
0	0	2	2	0	0	0
1	15	1	2	1	10	404.47
2	10	1	2	0	15	392.88
3	5	1	1	0	15	389.57
4	5	2	3	1	15	380.25
5	15	1	3	1	5	316.43
6	5	1	1	1	5	309.82
7	5	1	1	0	10	298.24
8	10	2	1	0	15	270.72
9	10	1	3	0	5	213.5
10	5	1	1	0	5	206.9
11	10	2	1	1	5	190.97
12	15	3	1	0	15	151.86
13	5	2	2	0	5	91.34
14	15	2	1	0	5	88.04
15	5	3	3	1	5	78.72
16	5	3	3	0	10	67.13

注：是否免耕中0和1，0为否，1为是。

五、本章小结

本章旨在分析种植转基因大豆对农户生产的影响分析。首先通过Huffman的农户模型对影响农民的生产因素进行理论推导，并得出种植转基因大豆的约束条件。其次通过选择实验设计调查问卷，并对农户进行调查，根据他们的选择利用Logit模型分析出农户对转基因大豆的种植意愿。从农户对转基因大豆的了解程度看，农户对转基因大豆已经有了很高的认识度。调查数据显示，选择对转基因大豆的种植意愿高的农户占比达到46%。此外，通过因子分析发现，愿意种植转基因作物的农户普遍年龄偏小，受教育程度高，家庭人数偏多，家庭劳动力人数偏少。从种子的推广途径看，种子销售商以及农技推广员都起到了很重要的作用，这也为下一步推广转基因大豆指明了方向。为了避免农户不愿意表现其对转基因大豆的种植意愿，本研究使用了选择实验方法，将耐除草剂转基因大豆的特征进行分解，并组合得到16种选择方案，再利用农户对这些方案的选择，分析出农户对转基因大豆不同特征的偏好以及支付意愿。结果显示，农户对种子价格低、耐除草剂使用次数少、不用翻耕以及产量增加的特征抱有较高的偏好，而对减少使用除草剂种类的偏好并不显著。除了分析种植特征对农户偏好的影响外，本研究还对农户的个人特征进行了分析，结果显示，非农收入以及家庭人数是影响农户决策的显著变量。从各种特性的支付意愿来看，对减少耐除草剂使用次数的支付意愿最高，其次为是否免耕，支付意愿最低的为增加产量和减少使用除草剂的种类。

通过将农户按照种植面积进行分类，把小于3.33公顷（50亩）的农户定为小规模农户，大于3.33公顷（50亩）小于33.33公顷（500亩）的农户定义为中等规模农户，以及大于33.33公顷（500亩）的农户定义为大规模农户。本研究分别考虑了影响不同规模农户决策种植的因素。对于小规模农户来说，种子价格、耐除草剂使用次数、是否免耕以及产量都是显著的影响变量，而耐除草剂种类的影响并不显著。在小规模农户的个人特征中，家庭人数、家庭劳动力人数、非农收入的影响非常显著，而农业收入的影响并不显著。对于中等规模农户来说，种子价格、耐除草剂使用次数、是否免耕以及产量都是显著的影响变量，而耐除草剂种类的影响不显著。中等规模的农户特征中，家庭劳动力人数和农业收入都是显著变量。对于大规模农户来说，种植特征中的种子价格和除草剂使用次数都是显著变量，而除草剂种类、是否免耕以及产量都不是显著影响因素。大规模农户的个人特征中的显著影响因素为家庭人数、农业收入和非农收入。从大豆种植各属性的支付意愿看，小规模农户大豆种植属性中支付意愿最高的属性为是否免耕，其次为除草剂使用次数，支付意愿最低的属性为除草剂种类和产量；中等规模农户大豆种植属性中支付意愿最高的属性为除草剂使用次数，其次为是否免耕，支付意愿最低的属性为除草剂种类和产量；大规模农户的支付意愿最高的属性为除草剂使用次数，而其他属性的支付意愿都很低。可以看出，3种不同规模的农户为减少使用除草剂的使用次数均愿意支付高额的报酬，说明农户对于减少除草剂使用次数更加迫切。从转基因大豆的农户福利来看，将各种不同属性的支付意愿带入16种方案搭配中，可以得到最优的方案。从结果中可以看出，当前非转基因大豆的种植模式在16种方案中只能排到中间，而最优方案为种子价格提高15.00元/亩，除草剂使用1次，使用除草剂2种，能够免耕以及单产提高10%。

总之，不管是从直接询问农户对转基因大豆了解程度以及种植偏好，或是间接利用选择实验来计算农户种植转基因大豆的意愿，结果均表明，种植转基因大豆都是农户的首选。而在推广转基因的过程当中，农技推广员和种子销售商会起到很大的作用。因此，在种植上农户喜好转基因大豆的属性，而在推广上要依靠政府宣传，并使得农户能够从农技推广员和种子销售商处得到转基因大豆种子的销售渠道。

第五章

转基因大豆种植对消费者福利的影响

由于国产转基因大豆还未投放市场，本研究还无法通过市场数据来分析国产转基因大豆产业化对消费者福利的影响，因此，本章基于新古典理论分析体系，通过比较不同转基因标签政策下国产转基因大豆产业化与不种植转基因大豆情况下消费者福利的差异，旨在分析国产转基因大豆产业化对消费者福利的影响。

一、商品垂直差异理论分析

本研究将考虑大豆市场上的产品种类：非转基因大豆、进口转基因大豆以及国产转基因大豆。根据Mussa和Rosen（1978）的商品垂直差异框架构建模型，本研究将分不同情景进行讨论，并比较不同情景下国产转基因大豆给消费者福利带来的变化。首先，无转基因大豆的市场，此场景代表的是1996年之前的情况；其次，有转基因大豆消费，但是无国产转基因大豆的种植；最后，既有进口转基因大豆的消费也有国产转基因大豆的种植。然而本书中的转基因大豆的种植与其他研究的差别在于，中国将会用到自己的转基因大豆品种进行种植，而不受国外种子公司的影响。同时，对于转基因大豆进入市场后的规制也进行分类，即强制对转基因大豆标签，对国内种植转基因大豆以及进口转基因大豆区分标签、对两种国内市场中的转基因大豆不设置标签，以及不区分转基因大豆和非转基因大豆的情况，分类情况如表5-1所示。

表5-1　分类讨论情况

类型	有标签，区分国产转基因大豆	有标签，不区分国产转基因大豆	无标签
国内生产转基因大豆	情景2	情景3	情景4
国内不生产转基因大豆	情景1	—	—

模型中包括四个经济主体，即种子供应商、生产者、销售者、消费者。生产者从种子供应商处购买种子，然后生产出大豆并卖给销售者，销售者运输到各地卖给消费者。类似于Fulton和Giannakas的方法构建模型，假设消费者对不同产品的支付意愿是不同的，生产者在种植转基因作物和非转基因作物的收益也是不同的。与已有文献的不同在于，本次分类加入了国产大豆并且与国外进口大豆区分开来，同时也加入了国产转基因大豆的种子公司。分析方法是首先分析消费者问题，接下去分析生产者的决策以及转基因大豆种子供应商。当所有主体都做出了最优决策之后，本章在均衡条件下求解均衡价格从而使得国内市场出清，再根据国内市场的出清价格与国际市场的价格比较来得到进出口数量。

二、情景0：国内不生产也不消费转基因大豆（基准）

本部分假设国内只生产和销售非转基因大豆，并且对国际市场出口非转基因大豆，在国际市场上是价格接受者。国际大豆市场通过标识来区分转基因大豆和非转基因大豆，但不区分转基因大豆来自哪个国家。由于国内市场上没有销售和生产转基因大豆，因此不需要对大豆进行标识。因此来自该国家的大豆将会被默认为非转基因大豆，而无需标识。

（一）消费者决策

根据Fulton和Giannakas的假设，在无转基因大豆的国内市场中，消费者将会在传统大豆以及其他商品之间做出选择，并且假设对这些商品的消费只占收入的一小部分。在对消费者建模时，将消费者的异质性以特征c来体现，将c的取值范围定为[0, c]。因而可以建立如下效用方程：

$$U_f = U - p_t - \mu c \quad \text{如果消费一单位非转基因大豆产品}$$

$$U_s = U - p_s \quad \text{如果消费一单位其他产品}$$

其中：U_f 和 U_s 对应购买一单位非转基因大豆和其他产品的效用，p_t 和 p_s 则为对应商品的价格，不妨假设 $p_s \geqslant p_t$。U 是一单位的效用水平，参数 μ 是非负的厌恶系数，厌恶系数对于消费者来说是固定常数。特征c的变化代表了消费者对于非转基因大豆支付意愿的异质性。

根据上面列出的效用方程，通过计算可以得出非转基因大豆的需求函数，再通过求解单位效用得到对于消费转基因大豆和非转基因大豆所得效用无差别的消费者 c^*，位于 c^* 左端的是消费非转基因大豆而获得效用高的消费者的，因此可以得到非转基因大豆的需求函数为：

$$X_t^D = \frac{p_s - p_t}{\mu}$$

同理，所有位于 c^* 右侧则为消费其他产品的消费者。

消费者的总福利为在 U_t 曲线下高于 U_s 曲线的面积加上 U_s 与 c^* 右侧的面积，即为：

$$W^C = \frac{(p_s - p_t)^2}{2\mu} + \Omega$$

（二）生产者决策

如模型介绍中所说，假设生产者在种植不同的作物的时候得到的收益是不同的，令A为不同特征的生产者，A的取值在[0，A]，不同特征A的生产者的净收益方程为：

$$\Pi_t = p_t^f - (w_t + \beta A) \quad \text{生产一单位非转基因大豆的收益}$$

$$\Pi_a = p_a^f - w_a \quad \text{生产一单位其他替代产品的收益}$$

其中，p_t^f 和 p_a^f 为非转基因大豆和其他产品的出售价格。参数 w_t 和 w_a 为非转基因大豆和其他替代产品的种子价格。系数 β 是一个非负的成本促进因子，它对所有生产者都是恒定的。

为了得到国内非转基因大豆的供给函数，将两个净收益方程取等，从而得到无差异的生产者特征 A^*。所有特征位于 A^* 左侧的生产者会选择种植非转基因大豆，而右侧的生产者将会选择种植其他替代作物。从而得到国内非转基因大豆的供给函数为：

$$x_t^s = \frac{p_t^f - w_t}{\beta}$$

生产者的总福利为净收益曲线下面的面积：

$$W^P = \frac{\left(p_t^f - w_t\right)^2}{2\beta}$$

（三）种子供应商决策

非转基因大豆的种子供应商假设为完全竞争的，因此价格恒定在 w_t 。

（四）价格均衡条件

最终消费者的购买价格和生产者的出售价格是不同的，二者之差为内部交易成本（ mm_{ngm} ），包括了运输费用、仓储费用等。由此，可以得到均衡价格为：

$$p_t = p_t^f + mm_{ngm}$$

此处的ngm表示在没有转基因产品情况下的市场的内部交易成本。将上面的生产供给和消费需求与价格方程联立从而市场出清，可以得到均衡的价格，即为：

$$p_t^{closed} = \frac{\beta p_s + \mu\left(w_t + mm_{ngm}\right)}{\beta + \mu}$$

（五）外部市场

由于模型包括进出口，且为国际价格接受者，之前计算得到的国内均衡价格与国际价格之差会导致进出口的形成。同时，假设外部需求是无限弹性的，国际市场上的大豆价格为 p_t^m 。则外部需求为 $p_t = p_t^m$ 。由于假设中国为大豆净出口国，因此 $p_t^{closed} < p_t^m$ 。它表明了国内非转基因大豆存在过度供给，而国内的消费者价格与国际市场相同为 p_t^m 。

（六）市场结果

将外部市场的价格带入均衡价格和供给与需求函数中得到大豆的生产价格、需求数量、供给数量以及出口数量分别为：

$$p_t^{f*}=p_t^m-mm_{ngm}$$

$$x_t^{D*}=\frac{p_s-p_t^m}{\mu}$$

$$x_t^{S*}=\frac{p_t^m-mm_{ngm}-w_t}{\beta}$$

$$Exports=x_t^{S*}-x_t^{d*}=p_t^m\frac{\mu\quad\beta}{\mu\beta}-\frac{\beta p_s+\mu\left(mm_{ngm}+w_t\right)}{\mu\beta}\geqslant$$

（七）福利分析

将均衡的市场价格带入生产者和消费者的加总福利函数中得到最终的总福利为：

$$W_t=\frac{\left(p_t^m-mm_{ngm}-w_t\right)^2}{2\beta}+\frac{\left(p_s-p_t^m\right)^2}{2\mu}+\Omega$$

消费者的福利是价格的减函数。生产者的福利是价格的增函数。

三、情景1：国内不生产但消费转基因大豆且国内强制标签转基因产品

考虑到从国际市场进口转基因大豆的情况，本方案与之前的差别在于，国内规定强制标签用于区别非转基因大豆和转基因大豆，并且标签准则与国际市场的标签准则相同。分析的步骤与上一个分析的步骤相同，从而得到此方案下大豆市场的均衡价格、均衡数量以及福利。

（一）消费者决策

在此方案的设定下，消费者除了其他产品、非转基因大豆产品，还多出来1个选择，即进口转基因大豆产品，消费者对3种不同的产品的效用方程分别为：

$$U_t = U - p_t - \mu c \quad \text{消费一单位非转基因大豆}$$

$$U_{gm} = U - p_{gm} - \lambda c \quad \text{消费一单位转基因大豆}$$

$$U_s = U - p_s \quad \text{消费一单位其他产品}$$

其中，λ 和 μ 是消费者对转基因大豆和传统大豆的厌恶系数，取值均为非负数，对不同消费者折扣因子为常数。记 $\gamma = \lambda - \mu$，代表了消费者对转基因食品的厌恶程度。参数 p_t、p_{gm} 和 p_s 代表了国内消费者对非转基因大豆、转基因大豆和其他产品的最终价格。另外，U代表单位效用水平，对于所有消费者都一样。

根据Mussa和Rosen的垂直商品差异来区分这几种商品，如果转基因和非转基因大豆在相同的价格下，所有的消费者会选择非转基因大豆。

为了得到不同产品的需求方程，本研究通过联立3个效用方程，求解可得选择转基因和非转基因大豆无差异的消费者以及选择非转基因和其他产品无差异的消费者。$U_{gm} = U_t$ 决定了转基因大豆和非转基因大豆无差异的消费者 c_{gm}。在 c_{gm} 左侧的消费者都会选择转基因大豆，因此转基因大豆的需求函数为：

$$x_{gm}^D = \frac{p_t - p_{gm}}{\gamma}$$

$U_t = U_s$ 决定了非转基因大豆和其他产品无差异的消费者 c_t，将 c_t 减去转基因大豆的需求，本研究会得到非转基因大豆的需求函数，即：

$$x_t^D = c_t - c_{gm} = \frac{\gamma p_s - \lambda p_t + \mu p_{gm}}{\mu\gamma}$$

消费者的福利则是由效用曲线围成的面积：

$$W^C = \frac{\left(p_s - p_t\right)^2}{2\mu} + \frac{\left(p_t - p_{gm}\right)^2}{2\gamma} + \Omega$$

（二）生产者决策

由于在此方案下没有转基因大豆的生产，生产者的决定只在非转基因大豆和其他替代作物之间选择，因此，结果与上面的生产者方案相同。

（三）种子供应商决策

传统大豆的种子供应市场假设为完全竞争的，价格定在 w_t 。

（四）价格均衡条件

由于此方案假设国内强制对转基因大豆打标签，从而区分转基因和非转基因大豆，因此存在两个均衡条件来描述转基因和非转基因的内部交易成本，通过联立方程可以得到转基因和非转基因大豆的国内最终价格为：

$$p_t = p_t^f + mm_t$$

$$p_{gm} = p_{gm}^m + mm_{gm}$$

其中， p_{gm} 为进口转基因大豆的价格， mm_t 和 mm_{gm} 是非转基因和转基因大豆的交易成本。其中，非转基因大豆的交易成本包括运输费用、储存费用，而转基因大豆的交易成本则包括运输费用和进口关税。由于国内对转基因大豆采取强制标识规制，从而导致在此条件下，非转基因大豆的交易成本要高于转基因大豆的交易成本、转基因大豆的交易成本不小于在基本方案下的非转基因大豆的交易成本：$mm_t > mm_{gm} > mm_{ngm}$。

当市场上不存在非转基因大豆时，使得非转基因大豆达到市场均衡的价格为：

$$p_t^{closed} = \frac{\gamma\beta p_s + \gamma\mu\left(w_t + mm_t\right) + \mu\beta\left(p_{gm}^m + mm_{gm}\right)}{\lambda\beta + \gamma\mu}$$

这并不是消费者对于非转基因大豆的最终价格，只是用作一个标准来与不同的方案做比较。

（五）外部市场

假设转基因大豆的国际价格以及非转基因大豆的国际价格是固定的。转基因大豆的价格为：p_{gm}^m

另外，外部交易成本为0。国际市场对传统大豆的需求为：$p_t^m = p_t$。

如果是非转基因大豆的出口国则应服从：$p_t^{closed} < p_t^m$。这表示生产者生产非转基因大豆得到的一单位利润加上其他作物的最终价格与转基因大豆的差异比其他作物的价格和转基因大豆的价格差要大：

$$\mu\lambda\left(p_t^m - mm_t - w_t\right) + \beta\mu\left(p_s - p_{gm}^m - mm_{gm}\right) > \beta\gamma\left(p_s - p_t^m\right)$$

（六）市场结果

通过联立国内市场上的供给和需求得到均衡价格和均衡产量。国内消费的转基因大豆的均衡数量为：

$$x_{gm}^{D*}=\frac{p_t^m-\left(p_{gm}^m+mm_{gm}\right)}{\gamma}$$

国内消费的非转基因大豆的均衡数量为：

$$x_t^{D*}=\frac{\gamma p_s-\lambda p_t^m+\mu\left(p_{gm}^m+mm_{gm}\right)}{\mu\gamma}$$

将对应的非转基因大豆的供给价格带入，得到均衡生产量为：

$$x_t^{S*}=\frac{p_t^m-mm_t-w_t}{\beta}$$

由于假设在此方案下出口非转基因大豆，因此供给大于需求：$x_t^{S*}>x_t^{D*}$。

（七）福利分析

为了估计不同参数对消费者和生产者的福利差别，本研究将均衡价格带入福利方程中，得到：

$$W^C=\frac{\left(p_t^m-p_{gm}^m-mm_{gm}\right)^2}{2(\lambda-\mu)}+\frac{\left(p_s-p_t^m\right)^2}{2\mu}+\Omega$$

$$W^P=\frac{\left(p_t^m-mm_t-w_t\right)^2}{2\beta}$$

一方面，国内市场转基因产品的价格只影响消费者福利，且为负向影响。因此降低转基因食品的最终价格将会增加国内经济的总福利。另一方面，非转基因大豆的国际价格对消费者的影响为负向 $\frac{\partial W^C}{\partial p_t^m}=-x^{D*}<0$，而对生产者的影响为正向 $\frac{\partial W^P}{\partial p_t^m}=x^{S*}>0$。由于是非转基因大豆的出口国家，国内经济的总福利变化随着国际价格 p_t^m 的上升而上升。

四、情景2：国内生产转基因大豆强制标签且区分国产转基因大豆

（一）消费者决策

考虑到中国自主研发的耐除草剂转基因大豆进入市场后会对大豆市场与贸易产生影响，本研究将中国自主研发的转基因大豆带入生产和消费两端，此时消费端存在四种产品，分别为非转基因大豆（t）、进口转基因大豆（gm）、国产转基因大豆（gmd）和替代产品（s），消费者对不同产品的效用分别被定义为：

$$U_t = U - p_t - \mu c \quad \text{国内非转基因大豆的效用函数}$$

$$U_{gm} = U - p_{gm} - \lambda c \quad \text{进口转基因大豆的效用函数}$$

$$U_{gmd} = U - p_{gmd} - dc \quad \text{国产转基因大豆的效用函数}$$

$$U_s = U - p_s \quad \text{替代产品的效用函数}$$

如上所示，新加入的效用函数为国产转基因大豆的效用函数，其中 p_{gmd} 为国产转基因大豆在国内市场上的价格，d为消费者对国产转基因大豆的厌恶系数，可以看出影响国产转基因大豆市场份额的因素分别为市场价格和消费者的厌恶系数。而且只有当国产转基因大豆的价格低于进口转基因大豆的价格时，国产转基因大豆在市场上才会有份额，否则国产转基因大豆在国内同样卖不出去，此时国产转基因大豆对市场没有任何影响。此外，在大豆市场上，国产转基因大豆只与进口转基因大豆有直接竞争关系，而无法跳过进口转基因大豆直接与非转基因大豆产生竞争关系。同时，国产转基因大豆的厌恶系数d与

进口转基因大豆的厌恶系数λ之差对不同大豆品种的市场份额有直接影响。如图5-1和图5-2所示，其中，横轴为不同消费者的分布情况，用C来表示，纵坐标为消费不同大豆品种的效用。在不同厌恶系数的搭配组合中，国产转基因大豆对市场会出现两种不同的影响，分别为对市场有剧烈影响和不剧烈影响的搭配组合。其中，给市场带来不剧烈影响的搭配为：当国产转基因大豆的厌恶系数比进口转基因大豆的厌恶系数大时，市场上的国产转基因大豆与进口转基因大豆共存，进口转基因大豆的部分份额将会被国产转基因大豆替代。而给市场带来剧烈影响的搭配为：当国产转基因大豆的厌恶系数比进口转基因大豆的厌恶系数小时，市场上的国产转基因大豆将完全替代进口转基因大豆，并侵占一部分非转基因大豆的份额。

如图5-1所示，只有当国产转基因大豆价格低于进口转基因大豆价格，并且高于一定价格的时候，或者消费者对国内生产的转基因大豆的支付意愿足够高的时候，国产转基因大豆对市场产生非剧烈的影响。此时，国内进口转基因大豆的份额为$c1-c2$。

$$p_{gmd} \geqslant \frac{d\left(p_{gm}-p_t\right)+\lambda p_t-\mu p_{gm}}{\lambda-\mu} \text{或者} d \geqslant \frac{p_{gmd}\left(\mu-\lambda\right)-\mu p_{gm}+\lambda p_t}{p_t-p_{gm}}$$

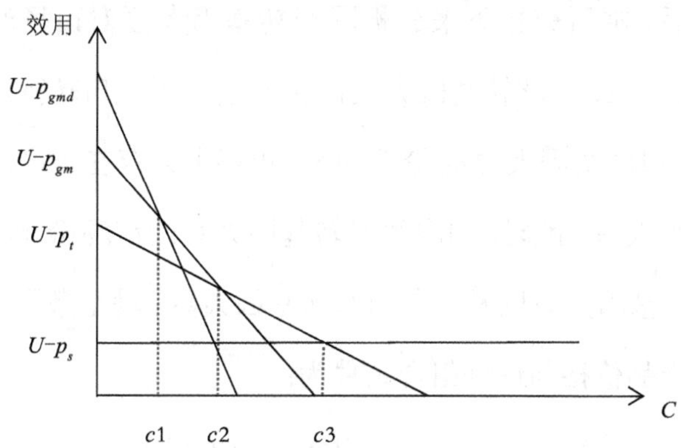

图5-1　国产转基因大豆对市场产生非剧烈影响情况

如图5-1所示，此时产生三个消费者的无差异点，分别为消费者对国产转基因大豆与进口转基因大豆的无差异偏好点$c1$、进口转基因大豆与非转基因大豆的无差异偏好点$c2$以及非转基因大豆与替代产品的无差异点$c3$。此时，国产转基因大豆将占有进口转基因大豆的一定份额，即$[0, c1]$区间消费者的最优偏好将从进口转基因大豆变为国产转基因大豆，从而推导出消费者对不同产品的需求函数分别为：

$$x_{gmd}^{D}=\frac{p_{gm}-p_{gmd}}{d-\lambda}$$

$$x_{gm}^{D}=\frac{(d-\mu)p_{t}+(\lambda-\mu-d)p_{gmd}+\mu p_{gm}}{(\lambda-\mu)(d-\lambda)}$$

$$x_{t}^{D}=\frac{(\lambda-\mu)p_{s}-\lambda p_{t}+\mu p_{gm}}{\mu(\lambda-\mu)}$$

可以看到，当进口转基因大豆价格与国产转基因大豆价格之间的差值越大，或消费者对国产转基因大豆的厌恶系数与进口转基因大豆的厌恶系数之差越小时，国产转基因大豆的市场份额会变得越大。

在分析了国产转基因大豆、进口转基因大豆以及非转基因大豆共存的市场后，本研究接下来分析国产转基因大豆对市场产生剧烈影响的情况，此时，国产转基因大豆的价格远低于进口转基因大豆的价格，导致进口转基因大豆的份额为零，市场上只存在国产转基因大豆和非转基因大豆。此时，国内生产转基因大豆的市场份额将完全替代国内进口转基因大豆以及一定的非转基因大豆。满足激烈市场反应的不同大豆产品价格与偏好组合条件为：

$$\frac{d\left(p_t-p_s\right)+\mu p_s}{\mu}\leqslant p_{gmd}\leqslant\frac{d\left(p_{gm}-p_t\right)+\lambda p_t-\mu p_{gm}}{\lambda-\mu}\text{ 或者}$$

$$\frac{\mu\left(p_s-p_{gmd}\right)}{p_s-p_t}\leqslant d\leqslant\frac{\mu\left(p_{gmd}-p_{gm}\right)+\lambda\left(p_t-p_{gmd}\right)}{p_t-p_{gm}}$$

当国产转基因大豆产生激烈市场反应时，国产转基因大豆不仅会吸引进口转基因大豆的消费者，也会吸引一部分非转基因大豆消费者。如图5-2所示，在[$c2'$，$c2$]内的非转基因大豆的消费者会成为国产转基因大豆消费者。在此条件下，不同的产品的消费者需求为：

$$x_{gmd}=\frac{p_t-p_{gmd}}{d-\mu}$$

$$x_{gm}=0$$

$$x_t=\frac{p_s\left(d-\mu\right)-dp_t+\mu p_{gmd}}{\mu\left(d-\mu\right)}$$

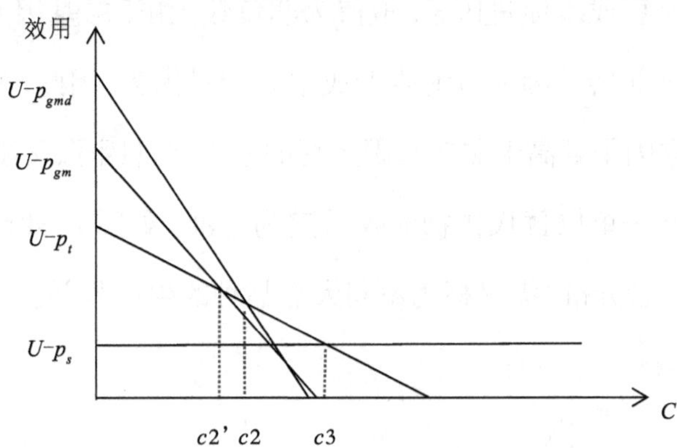

图5-2 国内生产转基因大豆的激烈市场影响

此时，可以看到进口转基因大豆的需求为0。同时，当非转基因大豆的价格与国产转基因大豆之间的价格差距越大、消费者对国产转基因大豆与非转基因大豆的厌恶程度之差越小时，国内非转基因大豆的市场份额则会越大。

（二）生产者决策

在国产转基因大豆产业化后，国内的大豆生产者有两种选择，其一为种植非转基因大豆，其二为种植国产转基因大豆。不同大豆的收益函数分别为：

$$\pi_t = p_t^f - \left(w_t + \beta A\right)$$ 国内生产一单位非转基因大豆的收益

$$\pi_{gmd} = p_{gmd}^f - \left(w_{gmd} + \delta A\right)$$ 国内生产一单位转基因大豆的收益

$$\pi_a = p_a^f - w_a$$ 国内生产一单位替代作物的收益

其中，p_t^f、p_{gmd}^f 和 p_a^f 分别代表非转基因大豆、国产转基因大豆和替代作物的地头价格，w_t、w_{gmd} 和 w_a 分别为非转基因大豆、国产转基因大豆和替代作物的生产成本，参数 β 和 δ 为非转基因大豆与国产转基因大豆成本促进因子，取值为非负数。由于转基因大豆的生产成本相对于非转基因大豆的生产成本有相对优势，因此，转基因大豆的成本促进因子要高于非转基因大豆的成本促进因子，不是一般性地将国内生产一单位替代作物的收益定为基准。如图5-3所示，其中横坐标为生产者分布，纵坐标为不同大豆品种的生产收益。

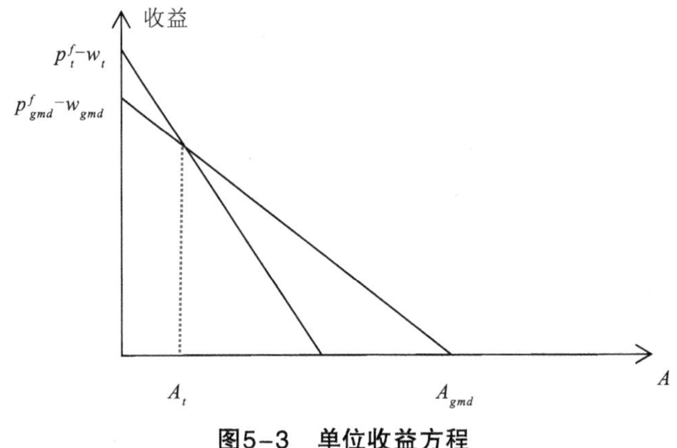

图5-3　单位收益方程

通过将不同大豆品种的生产方程联立，从而推导出国产转基因大豆和非转基因大豆的国内供给量：

$$x_t^S=\frac{\left(p_t^f-p_{gmd}^f\right)-\left(w_t-w_{gmd}\right)}{\beta-\delta}$$

$$x_{gmd}^S=\frac{\beta\left(p_{gmd}^f-w_{gmd}\right)-\delta\left(p_t^f-w_t\right)}{\delta\left(\beta-\delta\right)}$$

（三）种子供应商决策

在本方案中，有两种不同的种子，分别为转基因种子和非转基因种子。假设非转基因种子的市场是完全竞争的，售价为 w_t 。转基因种子的供应商是垄断的。假设转基因大豆种子的反需求函数为 $w=a-bY$ ，

其中 $Y=\sum_i Y_i$，当有n个转基因大豆种子供应商，从而转基因大豆供应商的利润方程为：

$$\Pi_i=\left(a-bY\right)Y_i-mcY_i$$

其中，mc为转基因大豆种子供应商的边际成本。

转基因大豆种子的均衡价格为边际成本和反需求函数的截距项的加权平均。

$$w_{gmd}=a\frac{\theta}{1+\theta}+mc\frac{1}{1+\theta}$$

转基因大豆种子的总产出为：

$$Y=\frac{a-mc}{b}\frac{1}{1+\theta}$$

其中，θ 作为一个0到1的连续数，将各种市场情况都容纳到公式中，当 $\theta=1$ 时，说明转基因种子公司是寡头企业。当 $\theta=\frac{1}{N}$ 时，说明N个企业是古诺竞争的。当 $\theta=0$ 时，说明企业为Bertrand竞争的。

由此得到转基因大豆种子的均衡数量和均衡价格分别为：

$$w_{gmd}=\frac{\beta p_{gmd}^{f}-\delta\left(p_t^{f}-w_t\right)}{\beta}\frac{\theta}{1+\theta}+mc\frac{1}{1+\theta}$$

$$x_{gmd}^{S}=\frac{\beta p_{gmd}^{f}-\delta\left(p_t^{f}-w_t\right)-\beta mc}{\delta\left(\beta-\delta\right)}\frac{1}{1+\theta}$$

（四）非激烈市场的价格均衡条件

$$p_{gm}=p_{gm}^{m}+mm_{gm}$$

$$p_{gmd}=p_{gm}^{m}=p_{gmd}^{f}+mm_{gmd}$$

$$p_t=p_t^{f}+mm_t$$

（五）非激烈市场的外部市场

本研究将国产转基因大豆在国际市场上的价格与国内进口转基因大豆在国际市场上的价格等价起来，设为 p_{gm}^{m}。同时，将非转基因大豆在国际市场的价格设为 p_{t}^{m}。

通过联立消费者需求函数与生产者供给函数以及价格均衡条件，推导得出国内市场上非转基因大豆与国产转基因大豆的均衡价格 p_{t}^{closed} 和 p_{gmd}^{closed}。当国产转基因大豆和国内非转基因大豆均能够出口时，就意味着国内大豆市场的价格比国际市场的价格要低，即 $p_{gmd}^{closed} \leqslant p_{gm}^{m}$、$p_{t}^{closed} \leqslant p_{t}^{m}$。从而得到出口条件为：

$$\delta\left(p_{t}^{m}-mm_{t}\right) \leqslant \beta(d-\lambda)\left(p_{gmd}^{m}-mm_{gmd}-w_{gmd}\right)$$

$$\lambda\delta\left(p_{t}-mm_{t}-w_{t}\right)+\delta(\beta-\delta)\left(mm_{gmd}-\theta p_{gm}^{m}\right)<\gamma\beta\left(p_{gm}^{m}-mm_{gmd}-mc\right)$$

（六）非激烈市场的市场结果

国产转基因大豆均衡数量为：

$$x_{gmd}^{D*}=\frac{mm_{gmd}}{d-\lambda}$$

国产转基因大豆种子价格为：

$$w_{gmd}^{*}=\frac{\beta\left(p_{gm}^{m}-mm_{gmd}\right)-\delta\left(p_{t}^{m}-mm_{t}-w_{t}\right)}{\beta}\frac{\theta}{1+\theta}+mc\frac{1}{1+\theta}$$

国内进口转基因大豆均衡数量为：

$$x_{gm}^{D*}=\frac{(d-\mu)mm_{gm}+(d-\lambda)p_{gm}^{m}-(d-\lambda)p_{t}^{m}}{(\lambda-\mu)(d-\lambda)}$$

国产非转基因大豆均衡数量为：

$$x_{t}^{D*}=\frac{\lambda p_{s}-\lambda p_{t}^{m}-\mu p_{s}+\mu p_{gm}^{m}+\mu * mm_{gm}}{\mu(\lambda-\mu)}$$

将价格限制的变量带入供给方程后，可以得到国产转基因大豆的均衡生产数量为：

$$x_{gmd}^{S*}=\frac{\beta\left(p_{gm}^{m}-mm_{gmd}-mc\right)-\delta\left(p_{t}^{m}-mm_{t}-w_{t}\right)}{\delta(\beta-\delta)(1+\theta)}$$

国产非转基因大豆的均衡生产数量为：

$$x_{t}^{S*}=\frac{\left(p_{t}^{m}-mm_{t}-p_{gm}^{m}+mm_{gm}\right)-\left(w_{t}-w_{gmd}\right)}{\beta-\delta}$$

国产非转基因大豆的出口数量为：

$$Export_{t}^{*}=x_{t}^{S*}-x_{t}^{D*}$$

$$=\left[\frac{\beta+\theta(\beta-\delta)}{\beta(1+\theta)(\beta-\delta)+\frac{\lambda}{\mu(\lambda-\mu)}}\right]p_{t}^{m}-\frac{\beta+\theta(\beta-\delta)}{\beta(1+\theta)(\beta-\delta)}(mm_{t}+w_{t})$$

$$-\left[\frac{1}{(\beta-\delta)(1+\theta)}+\frac{1}{\lambda-\mu}\right]p_{gmd}^{m}+\frac{1}{(\beta-\delta)(1+\theta)}\left(mm_{gmd}+mc\right)-\frac{1}{\mu}p_{s}$$

国内生产转基因大豆的出口数量为：

$$Export_{gmd}^{*}=p_{t}^{m}\left[\frac{1}{\gamma}+\frac{1}{(\beta-\delta)(1+\theta)}\right]-p_{gm}^{m}\left[\frac{1}{\gamma}+\frac{\beta}{\delta(\beta-\gamma)(1+\beta)}\right]-\frac{1}{\gamma}mm_{gm}$$

$$+mc\frac{\beta}{\delta(\beta-\delta)(1+\theta)}-(mm_{t}+w_{t})\frac{1}{(\beta-\delta)(1+\theta)}$$

国内进口转基因大豆的数量为：

$$Import_{gm}^{*}=\frac{d\left(p_{t}^{m}-p_{gm}^{m}-mm_{gm}\right)+\lambda\left(p_{gm}^{m}-p_{t}^{m}\right)+\mu*mm_{gm}}{(\lambda-\mu)(d-\lambda)}$$

（七）非激烈市场的福利分析

消费者福利：

$$W^{C}=\frac{\left(mm_{gmd}\right)^{2}}{2(d-\lambda)}+\frac{\left(p_{t}^{m}-p_{gm}^{m}-mm_{gm}\right)^{2}}{2(\lambda-\mu)}+\frac{\left(p_{s}-p_{t}^{m}\right)^{2}}{2\mu}+\Omega$$

生产者福利：

$$W^{P}=\frac{\beta}{2\delta(\beta-\delta)(1+\theta)^{2}}\left(p_{gm}^{m}-mc\right)^{2}+\frac{\beta+\theta(\beta-\delta)(2+\theta)}{2\beta(\beta-\delta)(1+\theta)^{2}}\left(p_{t}^{m}-mm_{t}-w_{t}\right)^{2}-\frac{1}{(\beta-\delta)(1+\theta)^{2}}\left(p_{gm}^{m}-mc\right)\left(p_{t}^{m}-mm_{t}-w_{t}\right)\geqslant 0$$

种子供应商福利：

$$W^{R}=\frac{\theta}{\delta\beta(\beta-\delta)(1+\theta)^{2}}\left[\beta\left(p_{gm}^{m}-mm_{gmd}-mc\right)-\delta\left(p_{t}^{m}-mm_{t}-w_{t}\right)\right]^{2}$$

将种植国产转基因大豆方案中的福利与之前不种植转基因大豆但是消费转基因大豆的方案中的消费者福利进行比较，可以得到：

$$\Delta W^{C}=\frac{\left(mm_{gmd}\right)^{2}}{2(d-\lambda)}>0$$

种植国产转基因大豆能够使得消费者获得更多的福利，并且随着国产转基因大豆交易成本的增加而增加。同时，也随着消费者对于进口转基因大豆和国产转基因大豆厌恶程度的差距越小而获得更多福利效应。

与不种植转基因大豆方案下的生产者福利相比，种植转基因大豆带来的生产者福利变化为：

$$\Delta W^{P}=\frac{\beta}{2\delta(\beta-\delta)(1+\theta)^{2}}\left(p_{gm}^{m}-mc\right)^{2}+\frac{\delta}{2\beta(\beta-\delta)(1+\theta)^{2}}\left(p_{t}^{m}-mm_{t}-w_{t}\right)^{2}-\frac{1}{(\beta-\delta)(1+\theta)^{2}}\left(p_{gm}^{m}-mc\right)\left(p_{t}^{m}-mm_{t}-w_{t}\right)$$

对于种子供应商的福利来说，与之前的完全竞争市场相比，转基因大豆种子供应商的福利为正向增加：

$$\Delta W^R = W^R > 0$$

从总体福利上来看，相比国内没有种植转基因大豆的市场来说，种植国产转基因大豆品种后，消费者福利和种子供应商的福利都获得了严格的正增长。生产者福利的改变方向则取决于具体的方案，并且根据生产者福利参数的改变而相应改变。一方面，当对国内种植转基因大豆进行标签后，它的交易成本有所增加，因此所有之前生产非转基因大豆的生产者在种植转基因大豆后会接受更低的价格。另一方面，农户也能从种植转基因大豆中获得更多的收益，从而增加他们整体的收益，这两种相对立的过程造成了生产者福利的不确定性。

（八）激烈市场的价格均衡条件

$$p_{gmd} = p_{gmd}^f + mm_{gmd}$$

$$p_t = p_t^f + mm_t$$

$$p_{gm} = p_{gm}^m + mm_{gm}$$

（九）激烈市场的外部市场

本文将国产转基因大豆在国际市场上的价格与国内进口转基因大豆在国际市场上的价格等价起来为 p_{gm}^m。而非转基因大豆的国际市场价格为 p_t^m。通过联立消费者需求函数与生产者供给函数，并加入价格均衡条件，得到国内市场上非转基因大豆与国产转基因大豆的均衡价格 p_t^{closed} 和 p_{gmd}^{closed}。当国产的转基因大豆和国产的非转基因大豆出口时就需要保证国内大豆市场的价格要比国际市场的价格低，即 $p_{gmd}^{closed} \leqslant p_{gmd}^m$、$p_t^{closed} \leqslant p_t^m$，从而得到出口条件为：

$$\delta\left(p_t^m - mm_t\right) \leqslant \beta(d-\lambda)\left(p_{gmd}^m - mm_{gmd} - w_{gmd}\right)$$

$$(\beta-\delta)\left[(\lambda-\mu)p_s + \mu p_{gm}^m - \lambda p_t^m\right] + \mu(\lambda-\mu)\left(p_{gm}^m - mm_{gmd} - w_{gmd}\right)$$

$$\leqslant \mu(\lambda-\mu)\left(p_t^m - mm_t - w_t\right)$$

（十）激烈市场的市场结果

国内生产转基因大豆的均衡数量为：

$$p_{gmd}^{D*} = \frac{p_t^m - p_{gm}^m}{d-\mu}$$

国内生产转基因大豆种子价格：

$$w_{gmd}^* = \frac{\beta\left(p_{gm} - mm_{gmd}\right) - \delta\left(p_t^m - mm_t - w_t\right)}{\beta}\frac{\theta}{1+\theta} + mc\frac{1}{1+\theta}$$

国内进口转基因大豆的均衡数量为：

$$x_{gm}^{D*} = 0$$

国内生产非转基因大豆的均衡数量为：

$$x_t^{D*} = \frac{\mu p_{gm}^m + dp_t^m + (\mu-d)p_s}{\mu(d-\mu)}$$

将价格限制的数据带入供给方程后可以得到，国内生产转基因大豆的均衡生产数量为：

$$x_{gmd}^{S*} = \frac{\beta\left(p_{gm}^m - mm_{gmd} - mc\right) - \delta\left(p_t^m - mm_t - w_t\right)}{\delta(\beta-\delta)(1+\theta)}$$

国内生产非转基因大豆的均衡生产数量为：

$$x_t^{S*} = \frac{p_t^m - mm_t - p_{gm}^m + mm_{gm} - w_t}{\beta-\delta}$$

$$+\frac{1}{\beta-\delta}\left[\frac{\beta\left(p_{gm}^m - mm_{gmd}\right) - \delta\left(p_t^m - mm_t - w_t\right)}{\beta}\frac{\theta}{1+\theta} + mc\frac{1}{1+\theta}\right]$$

国内生产非转基因大豆的出口数量为:

$$Export_t^* = x_t^{S*} - x_t^{D*}$$

$$= \left[\frac{\beta + \theta(\beta - \delta)}{\beta(1+\theta)(\beta-\delta) + \dfrac{\lambda}{\mu(\lambda-\mu)}} \right] p_t^m - \frac{\beta + \theta(\beta-\delta)}{\beta(1+\theta)(\beta-\delta)}(mm_t + w_t)$$

$$-\left[\frac{1}{(\beta-\delta)(1+\theta)} + \frac{1}{\lambda-\mu} \right] p_{gmd}^m + \frac{1}{(\beta-\delta)(1+\theta)}(mm_{gmd} + mc) - \frac{1}{\mu} p_s$$

国内生产转基因大豆的出口数量为:

$$Export_{gmd}^* = p_t^m \left[\frac{1}{\gamma} + \frac{1}{(\beta-\delta)(1+\theta)} \right] - p_{gm}^m \left[\frac{1}{\gamma} + \frac{\beta}{\delta(\beta-\gamma)(1+\theta)} \right] - \frac{1}{\gamma} mm_{gm}$$

$$+mc \frac{\beta}{\delta(\beta-\delta)(1+\theta)} - (mm_t + w_t) \frac{1}{(\beta-\delta)(1+\theta)}$$

国内进口转基因大豆的数量为:

$$Import_{gm}^* = 0$$

(十一)激烈市场的福利分析

消费者福利:

$$W^C = \frac{\left(p_t^m - p_{gm}^m\right)^2}{2(d-\mu)} + \frac{\left(p_s - p_t^m\right)^2}{2\mu} + \Omega$$

生产者福利:

$$W^P = \frac{\beta}{2\delta(\beta-\delta)(1+\theta)^2}\left(p_{gm}^m - mc\right)^2 + \frac{\beta + \theta(\beta-\delta)(2+\theta)}{2\beta(\beta-\delta)(1+\theta)^2}\left(p_t^m - mm_t - w_t\right)^2$$

$$-\frac{1}{(\beta-\delta)(1+\theta)^2}\left(p_{gm}^m - mc\right)\left(p_{gm}^m - mc\right)\left(p_t^m - mm_t - w_t\right)$$

种子供应商福利:

$$W^R = \frac{\theta}{\delta\beta(\beta-\delta)(1+\theta)^2}\left[\beta\left(p_{gm}^m - mm_{gmd} - mc\right) - \delta\left(p_t^m - mm_t - w_t\right)\right]^2$$

将种植国产转基因大豆方案下的福利与之前不种植转基因大豆但是消费转基因大豆的方案下的福利进行比较，可以得到：

$$\Delta W^{C}=\frac{\left(p_{t}^{m}-p_{gm}^{m}-mm_{gmd}\right)^{2}(\lambda-d)}{2(d-\mu)(\lambda-\mu)}>0$$

由于消费者对非转基因大豆、进口转基因大豆和国内生产的转基因大豆的厌恶系数是逐步递增的，从而导致相比不种植转基因大豆，国内种植转基因大豆给消费者带来的福利为严格正向增加，并随着国内种植转基因大豆的交易成本的增加而减少。消费者对于进口转基因大豆和本国种植非转基因大豆的厌恶程度的差距越小，或者消费者对于国内种植的转基因大豆和非转基因大豆的厌恶程度的差距越小，消费者得到的福利提高越大。

对于生产者福利的比较来说：

$$\Delta W^{P}=\frac{\beta}{2\delta(\beta-\delta)(1+\theta)^{2}}\left(p_{gm}^{m}-mc\right)^{2}+\frac{\delta}{2\beta(\beta-\delta)(1+\theta)^{2}}\left(p_{t}^{m}-mm_{t}-w_{t}\right)^{2}-\frac{1}{(\beta-\delta)(1+\theta)^{2}}\left(p_{gm}^{m}-mc\right)\left(p_{t}^{m}-mm_{t}-w_{t}\right)$$

对于种子供应商的福利来说，在剧烈与非剧烈的市场下，种子供应商的福利是相等的。并且相比之前的完全竞争市场，转基因大豆种子的供应商的福利为正向增加：

$$\Delta W^{R}=W^{R}>0$$

从总体福利上来看，相比国内没有种植转基因大豆的市场来说，开始种植自主研发的转基因大豆品种后，消费者福利和种子供应商的福利都是严格增加的。生产者的福利情况取决于具体的方案，并且根据生产者福利的参数的改变而相应改变。一方面，当对国内种植转基因大豆进行标签后，它的交易成本有所增加，因此所有之前生产非转基因大豆的生产者在种植转基因大豆后会接受更加低的价格。另一方面，农户也能从种植转基因大豆中获得更多的收益，从而增加他们整体的收益。这两种相对立的过程形成了生产者福利的不确定性。

五、情景3：国内生产转基因大豆强制标签但对国产转基因大豆不作区分

假设国内既生产转基因大豆，同时也销售转基因大豆。转基因大豆的来源包括从国外进口的，也有国内种植的。在标签规制上，对进口转基因大豆与国产转基因大豆不作强行区分，但强制对转基因大豆打标签。由于无法区分国产转基因大豆与进口转基因大豆，因此将它们的价格视为等同的，并且分别以不同的概率出现在国内市场上。在国际市场上，对国产转基因大豆与国际市场中的转基因大豆也不作区分，并且以相同的价格进行销售。

（一）消费者决策

由于对国产转基因大豆与进口转基因大豆不作区分，本研究假设消费者得到进口转基因大豆U_{gm}效用的概率为η，得到国产转基因大豆U_{gmd}效用的概率为$1-\eta$，二者加权平均得到市场上转基因大豆产品的期望效用为U_{gmnl}。具体效用函数如下：

$$
\begin{aligned}
U_{gmnl} &= \eta U_{gm} + (1-\eta)U_{gmd} = \eta\left(U - p_{gm} - \lambda c\right) + (1-\eta)\left(U - p_{gmd} - dc\right) \\
&= U - p_{nl} - \left[\lambda\eta + (1-\eta)d\right]c
\end{aligned}
$$

$$U_t = U - p_t - \mu c$$

$$U_s = U - p_s$$

其中，U_{gmnl}、U_t　U_s 分别为无标签转基因大豆的消费者效用、非转基因大豆的消费者效用以及替代品的消费者效用。通过联立3个效用函数得到无差异点，进而推导出不同产品的市场份额：

$$x_t^D = \frac{\left[\eta(\lambda - d) + (d - \mu)\right] p_s - \left[\eta(\lambda - d) + d\right] p_t + \mu p_{nl}}{\mu\left[\eta(\lambda - d) + (d - \mu)\right]}$$

$$x_{nl}^D = \frac{p_t - p_{nl}}{\lambda\eta + (1-\eta)d - \mu}$$

（二）生产者决策

在这个方案中，每个生产者都要从转基因大豆、非转基因大豆或者是其他作物中挑选种植作物。种植不同作物给生产者带来的利润分别为：

$$\pi_t = p_t^f - (w_t + \beta A) \quad \text{种植一单位非转基因大豆的净利润}$$

$$\pi_{gmnl} = p_{gmnl}^f - (w_{gmd} + \delta A) \quad \text{种植一单位转基因大豆的净利润}$$

$$\pi_a = p_a^f - w_a \quad \text{种植一单位其他作物的净利润}$$

其中，p_t、p_{gm} 和 p_a 是非转基因大豆、转基因大豆和其他作物的地头价格，参数 w_t、w_{gm} 和 w_a 则为非转基因大豆、转基因大豆和其他作物的种子价格，系数 β 和 δ 是种植非转基因大豆和种植转基因大豆的成本促进因子，取值为非负数。$\phi = \beta - \delta > 0$ 代表了种植转基因大豆相对于种植非转基因大豆的成本优势。

为了决定每种产品的生产供给函数，先要确定种植转基因大豆和非转基因大豆的无差别生产者以及种植转基因大豆和其他作物的无差别生产者。并利用之前情境中相似的方法，计算出非转基因大豆和转基因大豆的供给函数为：

$$x_t^s = A_t = \frac{\left(p_t^f - p_{nl}^f\right) - \left(w_t - w_{gmd}^{nl}\right)}{\beta - \delta}$$

$$x_{gmnl}^s = A_{gm} - A_t = \frac{\beta\left(p_{nl}^f - w_{gmd}^{nl}\right) - \delta\left(p_t^f - w_t\right)}{\delta\left(\beta - \delta\right)}$$

同时，生产者福利为净收益曲线以下的区域为：

$$W^P = \frac{\left(p_{nl}^f - w_{gmd}^{nl}\right)^2}{2\delta} + \frac{\left[\left(p_t^f - w_t\right) - \left(p_{nl}^f - w_{gmd}^{nl}\right)\right]^2}{2\left(\beta - \delta\right)}$$

（三）种子供应商决策

在本方案中，可供生产者选择的大豆种子有两种，分别为转基因种子和非转基因种子。假设非转基因种子的市场是完全竞争的，则设售价为 w_t 。而转基因种子的供应商是垄断的，转基因大豆种子的反需求函数为 $w = a - bY$ ，其中， $Y = \sum_i Y_i$ 。当有n个转基因大豆种子供应商时，转基因大豆供应商的利润方程为：

$$\Pi_i = (a - bY)\ Y_i - mcY_i$$

其中， mc 为转基因大豆种子供应商的边际成本。

转基因大豆种子的均衡价格为边际成本和反需求函数截距项的加权平均。

$$w_{gm} = a\frac{\theta}{1+\theta} + mc\frac{1}{1+\theta}$$

转基因大豆种子的总产出为：

$$Y = \frac{a - mc}{b}\frac{1}{1+\theta}$$

其中， θ 作为一个0到1的连续数，将各种市场情况都容纳到公式中。当 $\theta=1$ 时，说明转基因种子公司是寡头企业；当 $\theta=\frac{1}{N}$ 时，说明市场中的N个企业是古诺竞争的；当 $\theta=0$ 时，说明企业为Bertrand竞争的。

由此得到转基因大豆种子的均衡数量和均衡价格分别为：

$$w_{gm}=\frac{\beta p_{nl}^{f}-\delta\left(p_{t}^{f}-w_{t}\right)}{\beta}\frac{\theta}{1+\theta}+mc\frac{1}{1+\theta}$$

$$Y=\frac{\beta p_{nl}^{f}-\delta\left(p_{t}^{f}-w_{t}\right)}{\delta(\beta-\delta)}\frac{1}{1+\theta}$$

（四）外部市场

假设非转基因大豆的国际价格为 p_{T}^{m}，国内消费者的价格也同样为 p_{t}^{m}，从而得到大豆销售价格为 $p_{t}^{f}=p_{t}^{m}-mm_{t}$。将价格带入均衡结果可以得到在国内封闭市场下转基因大豆的价格为：

$$p_{nl}^{closed}=\frac{(1+\theta)p_{t}}{1+\theta+\theta\eta(\lambda-d)+(d-\mu)}+\frac{\left(\theta mm_{gmdnl}-mc\right)\left[\eta(\lambda-d)+(d-\mu)\right]}{1+\theta+\theta\eta(\lambda-d)+(d-\mu)}$$

$$+\frac{\delta\theta\left(p_{t}+mm_{t}-w_{t}\right)\left[\eta(\lambda-d)+(d-\mu)\right]}{\left[1+\theta+\theta\eta(\lambda-d)+(d-\mu)\right]\beta}$$

通过转基因大豆在国内封闭市场中的价格与国际开放市场中的价格进行比较可以得到两种不同的结果：

①当转基因大豆在国内封闭市场中的价格高于国际开放市场中的价格时，中国将成为转基因大豆净进口国：

$$p_{nl}^{closed}>p_{gm}^{m}$$

②当转基因大豆在国内封闭市场中的价格低于国际开放市场中的价格时，中国将成为转基因大豆净出口国：

$$p_{nl}^{closed} < p_{gm}^{m}$$

首先，讨论在 $p_{nl}^{closed} > p_{gm}^{m}$ 的情况下，中国成为净进口国的情况：

如果转基因产品的进口成本比国内生产的成本小，销售商会从进口中得到盈利。这就代表着最终的国内转基因大豆的价格为：

$$p_t^m = p_t = p_t^f + mm_t$$

$$p_{nl} = p_{gm}^m + mm_{nl} = p_{nl}^f + mm_{gmdnl}$$

$$p_{nl}^f = p_{gm}^m + mm_{nl} - nn_{gmnl} = p_{gm}^m + mm_{nlf}$$

（五）净进口国的市场结果

在价格 $_{gm}$ 时，国内转基因大豆消费的均衡数量为：

$$x_{nl}^{D*} = \frac{p_t^m - p_{gm}^m - mm_{nl}}{\lambda\eta + (1-\eta)d - \mu}$$

从上式可以看出，当非转基因大豆价格上升或转基因大豆的最终价格下降或消费者对转基因大豆的厌恶程度减缓时，国内市场中转基因大豆达到均衡时的消费量会提高。

再将均衡价格带入传统大豆供给的均衡方程中，得到国内传统大豆达到均衡时的消费数量为：

$$x_t^{D*} = \frac{\left[\eta(\lambda-d)+(d-\mu)\right]p_s - \left[\eta(\lambda-d)+d\right]p_t^m + \mu\left(p_{gm}^m + mm_{nl}\right)}{\mu\left[\eta(\lambda-d)+(d-\mu)\right]}$$

最后，将均衡价格带入转基因大豆种子均衡中得到转基因大豆均衡价格和产量分别为：

$$w_{gmdnl}^{*} = \frac{\beta\left(p_{gm}^m + mm_{nlf}\right) + \delta\left(w_t - p_t^m - mm_t\right)}{\beta}\frac{\theta}{1+\theta} + mc\frac{1}{1+\theta}$$

$$x_{gmnl}^{S*} = \frac{\beta\left(p_{gm}^m - mm_{nlf}\right) - \delta\left(p_t^m - mm_t - w_t\right)}{\delta(\beta-\delta)}\frac{1}{1+\theta}$$

$$x_t^{S*}=\frac{p_t^m-mm_t-w_t-p_{gm}^m-mm_{nlf}}{\beta-\delta}$$
$$+\frac{1}{\beta-\delta}\left[\frac{\beta\left(p_{gm}^m+mm_{nlf}\right)+\delta\left(w_t-p_t^m-mm_t\right)}{\beta}\frac{\theta}{1+\theta}+mc\frac{1}{1+\theta}\right]$$

从结果可以看出，转基因大豆种子的价格随着转基因大豆进口成本的上升以及转基因种子的边际成本的上升而上升，同时，也随着非转基因大豆生产净收益的下降而上升。

通过均衡条件下转基因大豆的供给和需求可以计算出转基因大豆在均衡时的进口数量为：

$$Import_{gm}^*=x_{gmnl}^{D*}-x_{gmnl}^{S*}=\frac{p_t^m-p_{gm}^m-mm_{nl}}{\lambda\eta+(1-\eta)d-\mu}$$
$$-\frac{\beta\left(p_{gm}^m-mm_{nlf}\right)-\delta\left(p_t^m-mm_t-w_t\right)}{\delta(\beta-\delta)}\frac{1}{1+\theta}$$

转基因大豆的进口数量为正，当不等式成立时，注意到转基因大豆进口的增加随着非转基因大豆的价格上升以及转基因大豆种子的边际成本上升而上升；随着转基因大豆的国际价格的下降和非转基因大豆的生产和交易成本以及转基因大豆的交易成本的上升而下降。

同时，通过均衡条件下非转基因大豆的供给和需求可以计算出非转基因大豆在均衡时的出口数量为：

$$Export_t^*=x_t^{S*}-x_t^{D*}$$
$$=\frac{p_t^m-mm_t-w_t-p_{gm}^m-mm_{nlf}}{\beta-\delta}$$
$$+\frac{1}{\beta-\delta}\left[\frac{\beta\left(p_{gm}^m+mm_{nlf}\right)+\delta\left(w_t-p_t^m-mm_t\right)}{\beta}\frac{\theta}{1+\theta}+mc\frac{1}{1+\theta}\right]$$

$$-\frac{\left[\eta(\lambda-d)+(d-\mu)\right]p_s-\left[\eta(\lambda-d)+d\right]p_t^m+\mu\left(p_{gm}^m+mm_{nl}\right)}{\mu\left[\eta(\lambda-d)+(d-\mu)\right]}$$

传统大豆的出口数量随着国际市场非转基因大豆的价格和转基因大豆边际成本的上升而上升。随着转基因大豆的国际市场价格和非转基因大豆的生产成本和交易成本以及其他作物的价格的上升而下降。更高的非转基因大豆的国际市场价格会降低非转基因大豆的国内消费，增加非转基因大豆的生产，增加非转基因大豆的出口。转基因大豆种子的边际成本上升会降低转基因大豆的生产从而导致非转基因大豆种植的增加。国际市场转基因大豆价格上升会带来对国内非转基因大豆的消费上升，生产者会转向种植转基因大豆，负向影响非转基因大豆的出口数量。非转基因大豆生产和交易成本的上升会降低非转基因大豆生产者的净收益，这时种植者选择转基因大豆种植。其他替代作物的消费价格上升会促使非转基因大豆的消费，降低非转基因大豆的出口数量。转基因大豆的交易成本增加会增加非转基因大豆的消费量，减少非转基因大豆的出口数量。

（六）净进口国的福利分析

将均衡条件得到的信息带入福利方程中，对于每个主体，本研究都能得出他们的福利数值。其中消费者福利、生产者福利和种子提供商的福利分别为：

$$W^C=\frac{\left(p_s-p_t^m\right)^2}{2\mu}+\frac{\left(p_t^m-p_{gm}^m-mm_{nl}\right)^2}{2\left[\lambda\eta-\mu+(1-\eta)d\right]}+\Omega$$

$$W^P=\frac{p_t^m-mm_t-w_t-\left(p_{gm}^m+mm_{nlf}-w_{gmd}^{nl}\right)}{\beta-\delta}$$

$$W^{R}=\frac{\theta}{\delta\beta\phi(1+\theta)^{2}}\left[\beta\left(p_{gm}^{m}+mm_{nlf}-mc\right)-\delta\left(p_{t}^{m}-mm_{t}-w_{t}\right)\right]^{2}>0$$

将这些福利分别与之前情景中的福利进行比较，可以得到：与不种植转基因大豆但消费转基因大豆的消费者效用差异为：

$$\Delta W^{C}=\frac{\left(p_{t}^{m}-p_{gm}^{m}-mm_{nl}\right)^{2}}{2\left[\lambda\eta+(1-\eta)d-\mu\right]}-\frac{\left(p_{t}^{m}-p_{gm}^{m}-mm_{gm}\right)^{2}}{2(\lambda-\mu)}$$

$$\lambda(p_{t}^{m}-p_{gm}^{m}-mm_{nl})^{2}+\mu(mm_{gm}-mm_{nl})$$

$$\left[(p_{t}^{m}-p_{gm}^{m}-mm_{nl})+(p_{t}^{m}-p_{gm}^{m}-mm_{gm})\right]$$

$$\geqslant\left[\lambda\eta+(1-\eta)\ d\right](p_{t}^{m}-p_{gm}^{m}-mm_{gm})^{2}$$

由于两个分数的分母相比，后一个分数是前一个分数在η取1时的值，因此前一个分数的分母要小于后一个分数的分母。而从分子可以看出$mm_{nl}<mm_{gm}$，因此前一个分数的分子要大于后一个分数的分子。从整体来看前一个分数要大于后一个分数。从而得出相比不种植转基因大豆，在种植转基因大豆后市场为不区分国产转基因和进口转基因的情况下，消费者的福利是严格上升的，并且随着无标签市场下无标签转基因大豆的交易成本的增加而下降，随着有标签市场下进口转基因大豆的交易成本的上升而增加，同时还随着进口转基因大豆的概率的增加而减小。

而与种植后对国产转基因大豆与进口转基因大豆严格区分的情况比较，在严格区分的激烈市场下，消费者的福利差异为：

$$\Delta W^{C}=\frac{(p_{t}^{m}-p_{gm}^{m}-mm_{nl})^{2}}{2(\lambda\eta+(1-\eta)\ d-\mu)}-\frac{(p_{t}^{m}-p_{gm}^{m})^{2}}{2(d-\mu)}$$

$$d\left(p_{t}^{m}-p_{gm}^{m}-mm_{nl}\right)^{2}+\mu mm_{nl}\left[\left(p_{t}^{m}-p_{gm}^{m}-mm_{nl}\right)+\left(p_{t}^{m}-p_{gm}^{m}\right)\right]$$

$$\geqslant\left[\eta\lambda+(1-\eta)d\right]\left(p_t^m-p_{gm}^m\right)^2$$

由于两个分数的分子相比，后一个分数的分子要比前一个分数的分子要大，两个分数的分母相比则为后一个分母要小，因此从整体来看，后一个分数要严格大于前一个分数，从而得到，与严格标签的激烈市场相比，无标签的转基因大豆带给的消费者福利是严格下降的。随着无标签市场下无标签转基因大豆的交易成本越大下降得越多，同时还随着进口转基因的市场份额的增加而降低。

在严格区分的非激烈市场下，消费者的福利差异为：

$$\Delta W^C=\frac{\left(p_t^m-p_{gm}^m-mm_{nl}\right)^2}{2\left[\lambda\eta+(1-\eta)d-\mu\right]}-\frac{\left(p_t^m-p_{gm}^m-mm_{gm}\right)^2}{2(\lambda-\mu)}-\frac{mm_{gm}^2}{2(d-\lambda)}$$

说明消费者的福利随着国际价格的差异和转基因作物的内部交易成本的下降以及厌恶程度的下降而增加。

对于种子供应商来说，与不生产转基因大豆的市场环境下的完全竞争市场相比，生产转基因使得种子供应商成为垄断企业，从而得到严格正向的福利：

$$\Delta W^R=W^R>0$$

讨论在 $p_{nl}^{closed}>p_{gm}^m$ 的情况下，转基因大豆为净出口国。

（七）净出口国的价格均衡条件

使得国内转基因大豆市场出清的价格小于国际转基因大豆的价格，因此，成为转基因大豆的出口国。国内消费者购买转基因大豆的价格应该等于国际市场转基因大豆的价格。

$$p_t^m = p_t = p_t^f + mm_t$$

$$p_{gm}^m = p_{nl} = p_{nl}^f + mm_{gmdnl}$$

（八）净出口国的市场结果

在价格 p_{gm} 时，国内转基因大豆消费的均衡数量为：

$$x_{nl}^{D*} = \frac{p_t^m - p_{gm}^m}{\lambda\eta + (1-\eta)d - \mu}$$

从等式中可以看出，当非转基因大豆价格上升或是转基因大豆的最终价格下降或者是消费者对转基因大豆的厌恶程度减缓时，转基因大豆的均衡消费量会提高。

将国际非转基因大豆价格带入国内非转基因大豆的均衡方程中，得到国内传统大豆消费的均衡数量为：

$$x_t^{D*} = \frac{\left[\eta(\lambda-d)+(d-\mu)\right]p_s - \left[\eta(\lambda-d)+d\right]p_t^m + \mu p_{gm}^m}{\mu\left[\eta(\lambda-d)+(d-\mu)\right]}$$

将国际转基因大豆价格带入国内转基因大豆种子的均衡方程中，得到大豆种子的均衡价格和均衡数量分别为：

$$w_{gmdnl}^* = \frac{\beta p_{gm}^m + \delta\left(w_t - p_t^m - mm_t\right)}{\beta}\frac{\theta}{1+\theta} + mc\frac{1}{1+\theta}$$

$$x_{gmnl}^{S*} = \frac{\beta p_{gm}^m + \delta\left(w_t - p_t^m - mm_t\right)}{\delta(\beta-\delta)}\frac{1}{1+\theta}$$

$$x_t^{S*} = \frac{p_t^m - mm_t - w_t - p_{gm}^m}{\beta-\delta} + \frac{1}{\beta-\delta}\left[\frac{\beta p_{gm}^m + \delta\left(w_t - p_t^m - mm_t\right)}{\beta}\frac{\theta}{1+\theta} + mc\frac{1}{1+\theta}\right]$$

可以看出，转基因大豆种子的价格随着转基因大豆的进口成本的上升以及转基因大豆种子的边际成本的上升而上升，随着非转基因大豆的生产净收益的下降而上升。

转基因大豆在均衡时的出口数量为：

$$Exports_{gm}^{*}=\frac{p_t^m-p_{gm}^m}{d+\eta(\lambda-d)-\mu}-\frac{\beta p_{gm}^m-\delta\left(p_t^m-mm_t-w_t\right)}{\delta(\beta-\delta)}*\frac{1}{1+\theta}$$

转基因大豆的进口数量为正，当不等式成立时，注意到转基因大豆进口量的增加随着非转基因大豆的价格上升以及转基因大豆种子的边际成本上升而上升，随着转基因大豆的国际市场价格的下降和非转基因大豆的生产和交易成本以及转基因大豆的交易成本的上升而下降。

非转基因大豆在均衡时的出口数量为：

$$Export_t^{*}=\frac{p_t^m-mm_t-w_t-p_{gm}^m}{\beta-\delta}$$
$$+\frac{1}{\beta-\delta}\left[\frac{\beta p_{gm}^m+\delta\left(w_t-p_t^m-mm_t\right)}{\beta}\frac{\theta}{1+\theta}+mc\frac{1}{1+\theta}\right]$$
$$-\frac{\left[\eta(\lambda-d)+(d-\mu)\right]p_s-\left[\eta(\lambda-d)+d\right]p_t^m+\mu p_{gm}^m}{\mu\left[\eta(\lambda-d)+(d-\mu)\right]}$$

非转基因大豆的出口数量随着国际非转基因大豆的价格和转基因大豆的边际成本的上升而上升，随着转基因大豆的国际市场价格和非转基因大豆的生产成本和交易成本以及其他作物的价格的上升而下降。更高的非转基因大豆的国际市场价格会拉低非转基因大豆的国内消费，增加非转基因大豆的生产，增加非转基因大豆的出口。转基因大豆种子的边际成本上升会降低转基因大豆的生产从而导致非转基因大豆种植的增加。国际市场转基因大豆的价格上升会带来国内非转基因大豆消费的上升，生产者会转向种植转基因大豆，负向影响非转基因大豆的出口数量。非转基因大豆的生产和交易成本的上升会降低非转基因大豆生产者的净收益，使得种植者选择转基因大豆种植。其他替代作物的消费价格上升会使非转基因大豆的消费上升，并且拉低非转基因大豆的出口数量。转基因大豆的交易成本增加会增加非转基因大豆的消费量，减少非转基因大豆的出口数量。

（九）净出口国的福利分析

将均衡条件得到的信息带入福利方程中，对于每个主体，本研究都能得出他们的福利数值。其中消费者福利、生产者福利和种子供应商的福利分别为：

$$W^C=\frac{\left(p_s-p_t^m\right)^2}{2\mu}+\frac{\left(p_t^m-p_{gm}^m\right)^2}{2\left[\lambda\eta-\mu+(1-\eta)d\right]}+\Omega>0$$

$$W^P=\frac{\frac{1}{1+\theta}\left(p_{gm}^m-mm_{nlf}\right)+\left[1-\frac{\delta\theta}{\beta(1+\theta)}\right]\left(p_t^m-mm_t-w_t\right)+mc\frac{1}{1+\theta}}{\beta-\delta}$$

$$W^R=\frac{\theta}{\delta\beta\phi(1+\theta)^2}\left[\beta\left(p_{gm}^m-mc\right)-\delta\left(p_t^m-mm_t-w_t\right)\right]^2$$

将这些福利分别与之前情景中的福利进行比较，可以得到：与不种植转基因但消费转基因的消费者效用差异为：

$$\Delta W^C=\frac{\left(p_t^m-p_{gm}^m\right)^2}{2\left[\lambda\eta+(1-\eta)d-\mu\right]}-\frac{\left(p_t^m-p_{gm}^m-mm_{gm}\right)^2}{2(\lambda-\mu)}$$

$$\lambda\left(p_t^m-p_{gm}^m\right)^2+\mu mm_{gm}\left[\left(p_t^m-p_{gm}^m\right)+\left(p_t^m-p_{gm}^m-mm_{gm}\right)\right]$$

$$\geqslant\left[\lambda\eta+(1-\eta)d\right]\left(p_t^m-p_{gm}^m-mm_{gm}\right)^2$$

由于两个分数的分母相比，后一个分数是前一个分数在 η 取1时的值，因此前一个分数的分母要小于后一个分数的分母。而从分子可以看出 $mm_{nl} < mm_{gm}$，因此前一个分数的分子要大于后一个分数的分子。从整体上看，前一个分数要大于后一个分数。从而得到相比于不种植转基因大豆，在种植转基因大豆后市场不区分国内种植转基因和进口转基因的条件下，消费者的福利是严格上升的。消费者福利将随着无标签市场下转基因大豆的交易成本的增加而下降，随着有标签市场下进口转基因大豆的交易成本的上升而增加，同时还随着进口转基因大豆的概率的增加而减小。

而与种植后对国内生产转基因大豆与进口转基因大豆严格区分的情况比较，在严格区分的激烈市场下，消费者的福利差异为：

$$\Delta W^{C} = \frac{\left(p_t^m - p_{gm}^m\right)^2}{2\left[\lambda\eta + (1-\eta)d - \mu\right]} - \frac{\left(p_t^m - p_{gm}^m\right)^2}{2(d-\mu)}$$

两个分数的分子相等。由于对与国内种植的转基因大豆的厌恶程度要高于进口转基因大豆的厌恶程度，对于分母来说混合后的厌恶程度也要低于国内种植转基因大豆的厌恶程度，因此后一个分母更大。从而可以看出整体两个分数，后一个分数更小，因此消费者福利是严格增加的。所以与进口转基因大豆严格区分的情况并且在剧烈的市场下相比，不对转基因大豆作区分的情况下使得消费者的福利严格增加，并且随着进口转基因大豆的市场份额的减少，消费者福利的增加会逐渐变大。

在严格区分的非激烈市场下，消费者的福利差异为：

$$\Delta W^{C} = \frac{\left(p_t^m - p_{gm}^m\right)^2}{2\left[\lambda\eta + (1-\eta)d - \mu\right]} - \frac{\left(p_t^m - p_{gm}^m - mm_{gm}\right)^2}{2(\lambda-\mu)} - \frac{mm_{gm}^{\ 2}}{2(d-\lambda)}$$

这说明消费者的福利随着国际市场价格的差异和转基因作物的内部交易成本的下降以及厌恶程度的下降而增加。

对于种子供应商来说，与不生产转基因大豆的市场环境下的完全竞争市场相比，生产转基因大豆使得种子供应商成为垄断企业，从而得到严格正向的福利：

$$\Delta W^R = W^R > 0$$

六、情景4：国内种植转基因大豆且无标签

考虑无标签的情况，即消费者无法区分国产转基因大豆、进口转基因大豆与非转基因大豆。此时，消费者将面对的三种大豆的价格是一致的，并且分别以各自的概率得到三种不同的大豆。同时，生产者对于种植转基因大豆与非转基因大豆的成本也是相同的。国际市场上也对三种不同的大豆不作区分，并且以转基因大豆的价格进行销售。

（一）消费者决策

如国内无标识，国内消费者无法识别转基因大豆和非转基因大豆。假设消费者购买到转基因大豆的概率为ξ，则无标签产品的效用为：

$$U_{mix} = \xi_{gm} U_{gm} + \xi_{gmd} U_{gmd} + (1-\xi_{gm}-\xi_{gmd})\ U_t$$

$$= \xi_{gm}(U - p_{gm} - \lambda c) + \xi_{gmd}(U - p_{gmd} - dc) + (1-\xi_{gm}-\xi_{gmd})\ (U - p_t - \mu c)$$

$$= U - p_{mix} - \left[\lambda \xi_{gm} + d\xi_{gmd} + \mu(1-\xi_{gm}-\xi_{gmd})\right] c$$

消费其他产品的效用为：

$$U_s = U - p_s$$

通过联立效用方程，推导得到国内对于无标签产品的需求为：

$$x_{mix}^{D}=\frac{p_s-p_{mix}}{\mu+\xi_{gm}(\lambda-\mu)+\xi_{gmd}(d-\mu)}$$

如果将非转基因大豆的效用与无标签产品的效用作比较，无标签转基因大豆的效用要在非转基因大豆的效用右侧，而且随着c的增大二者之间距离越来越大。

（二）生产者决策

当转基因与非转基因大豆无法被区分开的时候，二者的生产价格是一样的，记为 p_{nl}^{f} 。此时，不同产品的生产净收益方程分别为：

$$\pi_t^{mix}=p_{mix}^{f}-(w_t^{mix}+\beta A)\quad \text{生产一单位传统大豆的收益}$$

$$\pi_{gmd}^{mix}=p_{mix}^{f}-(w_{gmd}^{mix}+\delta A)\quad \text{生产一单位转基因大豆的收益}$$

$$\pi_a=p_a^{f}-w_a=0\quad \text{生产一单位其他作物的收益}$$

通过联立不同收益方程得到无差异的生产者群体，从而得到非转基因大豆和转基因大豆的供给方程：

$$x_{tmix}=\frac{w_{gmd}^{mix}-w_t^{mix}}{\beta-\delta}$$

$$x_{gmdmix}=\frac{p_{mix}^{f}}{\delta}+\frac{w_t^{mix}}{\beta-\delta}-\frac{\beta w_{gmd}^{mix}}{\delta(\beta-\delta)}$$

市场上转基因大豆和非转基因大豆总的混合供给为：

$$x_{totmix}=\frac{p_{mix}^{f}-w_{gmd}^{mix}}{\delta}$$

（三）种子供应商决策

在此方案下，转基因大豆种子的均衡数量和价格分别为：

$$w_{gmd}^{mix}=\left[\frac{(\beta-\delta)p_{mix}^{f}+\delta w_t^{mix}}{\beta}\right]\frac{\theta}{1+\theta}+mc\frac{1}{1+\theta}$$

$$Y=\left[\frac{(\beta-\delta)p_{mix}^{f}+\delta w_{t}^{mix}-\beta mc}{\beta(\beta-\delta)}\right]\frac{1}{1+\theta}$$

（四）价格均衡条件

市场上非标识大豆的价格由地头价格与交易成本决定，即：

$$p_{mix}=p_{mix}^{f}+mm_{gmdmix}$$

（五）外部市场

国际市场转基因大豆的价格为 p_{gm}^{m}，通过比较国内封闭市场的转基因大豆价格与国际市场中转基因大豆的价格可以判断无标识转基因大豆是净出口还是净进口。首先，联立国内市场的供给和需求方程，得到无标签大豆出清的市场价格为：

$$p_{mix}^{closed}=\frac{\delta p_{s}(1+\theta)+\left[\mu+\xi_{gm}(\lambda-\mu)+\xi_{gmd}(d-\mu)\right]\left(mm_{gmdmix}-\frac{\delta}{\beta-\delta}w_{t}^{mix}+\frac{\beta}{\beta-\delta}mc\right)}{\delta+\delta\theta+\mu+\xi_{gm}(\lambda-\mu)+\xi_{gmd}(d-\mu)}$$

通过比较国内封闭市场中的大豆价格与国际市场中转基因大豆的价格来决定我国是转基因大豆净进口国还是净出口国：

（1）当国内市场价格高于国际市场转基因大豆的价格的时候，是转基因大豆的净出口国。

$$p_{mix}^{closed}<p_{gm}^{m}$$

（2）当国内市场价格低于国际市场转基因大豆的价格的时候，是转基因大豆的净进口国。

$$p_{mix}^{closed}>p_{gm}^{m}$$

在 $p_{mix}^{closed}>p_{gm}^{m}$ 的情况下，转基因大豆处于净进口状态。与之前的方案有所差异的是，无标签的转基因大豆和无标签的非转基因大豆的最终价格是相同的：

$$p_{mix} = p_{gm}^{m} + mm_{mix}$$

$$p_{mix}^{f} = p_{gm}^{m} + mm_{mix} - mm_{gmdmix} = p_{gm}^{m} + mm_{mixf}$$

（六）净进口国的市场结果

国内无标签大豆的均衡数量为：

$$x_{mix}^{D*} = \frac{p_s - p_{gm}^{m} - mm_{mix}}{\mu + \xi_{gm}(\lambda - \mu) + \xi_{gmd}(d - \mu)}$$

转基因大豆种子的均衡价格为：

$$w_{gmdmix}^{*} = \frac{(\beta - \delta)\left(p_{gm}^{m} + mm_{mixf}\right) + \delta w_t^{mix}}{\beta} + mc\frac{1}{1+\theta}$$

国内转基因大豆的均衡数量为：

$$x_{gmdmix}^{S*} = \frac{(\beta - \delta)\left(p_{gm}^{m} + mm_{mixf}\right) + \delta w_t^{mix} - \beta mc}{\beta(\beta - \delta)}\frac{1}{1+\theta}$$

国内非转基因大豆的均衡数量为：

$$x_{tmix}^{S*} = -\frac{w_t^{mix}}{\beta - \delta} + \frac{1}{\beta - \delta\left[\frac{(\beta - \delta)\left(p_{gm}^{m} + mm_{mixf}\right) + \delta w_t^{mix}}{\beta}\frac{\theta}{1+\theta} + mc\frac{1}{1+\theta}\right]}$$

（七）净进口国的福利分析

消费者福利：

$$W^{C*} = \frac{\left(p_s - p_{gm}^{m} - mm_{mix}\right)^2}{2\left[\mu + \xi_{gm}(\lambda - \mu) + \xi_{gmd}(d - \mu)\right]} + \Omega$$

消费者福利是其他产品价格的正向函数，是转基因大豆价格、无标签大豆交易成本、消费者对转基因大豆厌恶程度、转基因大豆占混合大豆的比例、非转基因大豆效用折扣因子的负向函数。

生产者福利：

$$W^{P}=\frac{\left[\theta(\beta-\delta)\left(p_{gm}^{m}+mm_{mixf}\right)+(\theta\delta-\beta-\beta\theta)w_{t}^{m}+\beta mc\right]^{2}}{(\beta-\delta)\beta^{2}(1+\theta)^{2}}+\frac{\left[(\beta+\theta\delta)\left(p_{gm}^{m}+mm_{mixf}\right)-\theta\delta w_{t}^{m}-\beta mc\right]^{2}}{2\delta\beta^{2}(1+\theta)^{2}}$$

生产者福利是国际市场转基因大豆价格的正向函数，是非转基因大豆种子成本和转基因大豆种子边际成本的负向函数。

转基因大豆种子供应商的福利：

$$W^{R}=\frac{\theta}{\delta\beta(\beta-\delta)(1+\theta)^{2}}\left[(\beta-\delta)\left(p_{gm}^{m}+mm_{mixf}\right)+\delta w_{t}^{mix}-\beta mc\right]^{2}$$

种子供应商的福利是转基因大豆国际市场价格以及非转基因大豆种子价格的正向函数，是转基因大豆国内生产边际成本的负向函数。

与情景1做比较，消费者福利的变化为：

$$\Delta W^{C}=\frac{\left(p_{s}-p_{gm}^{m}-mm_{mix}\right)^{2}}{2\left[\mu+\xi_{gm}(\lambda-\mu)+\xi_{gmd}(d-\mu)\right]}-\frac{\left(p_{s}-p_{t}^{m}\right)^{2}}{2\mu}-\frac{\left(p_{t}^{m}-p_{gm}^{m}-mm_{gm}\right)^{2}}{2(\lambda-\mu)}$$

相比于不种植转基因大豆的情况，在不区分转基因与非转基因的规制下，消费者福利的变化取决于消费者对进口转基因大豆与国产转基因大豆的厌恶系数之差、进口转基因大豆与非转基因大豆的厌恶系数之差、国内转基因大豆的市场份额以及进口转基因大豆的市场份额。此时，消费者福利增加的充分条件为权重下替代产品的最终价格与混合转基因大豆的最终价格之差的平方值要大于权重下替代产品与非转基因大豆最终价格之差的平方与权重下，非转基因大豆最终价格与转基因大豆最终价格之差的平方之和。因此，当国产转基因大豆的份额越大，消费者对国产转基因大豆与非转基因大豆厌恶系数之差越小，进口转基因大豆的份额越少，对非转基因大豆厌恶系数越小时，福利增加的幅度越大。

与不种植转基因大豆相比，种植转基因大豆后，在不区分国产转基因大豆、进口转基因大豆和非转基因大豆的标识制度下，种子供应商的福利是严格增加为：

$$\Delta W^R = W^R > 0$$

在 $p_{mix}^{closed} < p_{gm}^{m}$ 的情况下，无标签转基因大豆是国际转基因大豆市场的净出口商品。

（八）净出口国的外部市场

在这种情况下，为使得出口无标签大豆获得收益，外部市场需满足的条件为：

$$p_{mix} = p_{gm}^{m}$$

（九）净出口国的市场结果

国内消费的无标签大豆的均衡数量为：

$$x_{mix}^{D*} = \frac{p_s - p_{gm}^{m} - mm_{mix}}{\mu + \xi_{gm}(\lambda - \mu) + \xi_{gmd}(d - \mu)}$$

转基因大豆种子的均衡价格为：

$$w_{gmdmix}^{*} = \frac{(\beta - \delta)\left(p_{gm}^{m} + mm_{mixf}\right) + \delta w_t^{mix}}{\beta} + mc\frac{1}{1+\theta}$$

国内转基因大豆的均衡数量为：

$$x_{gmdmix}^{S*}=\frac{(\beta-\delta)\left(p_{gm}^{m}+mm_{mixf}\right)+\delta w_{t}^{mix}-\beta mc}{\beta(\beta-\delta)}\frac{1}{1+\theta}$$

国内非转基因大豆的均衡数量为:

$$x_{tmix}^{S*}=\frac{w_{t}^{mix}}{\beta-\delta}+\frac{1}{\beta-\delta\left[\frac{(\beta-\delta)\left(p_{gm}^{m}+mm_{mixf}\right)+\delta w_{t}^{mix}}{\beta}\frac{\theta}{1+\theta}+mc\frac{1}{1+\theta}\right]}$$

(十)净出口国的福利分析

消费者福利:

$$W^{C*}=\frac{\left(p_{s}-p_{gm}^{m}+mm_{gmdmix}\right)^{2}}{2\left[\mu+\xi_{gm}(\lambda-\mu)+\xi_{gmd}(d-\mu)\right]}+\Omega$$

消费者福利是其他产品价格的正向函数,是转基因大豆价格、无标签产品交易成本、消费者对转基因大豆厌恶程度、转基因大豆占混合大豆的比例、非转基因大豆的效用折扣因子等的负向函数。

生产者福利:

$$W^{P}=\frac{\left[\theta(\beta-\delta)\left(p_{gm}^{m}-mm_{gmdmix}\right)+(\theta\delta-\beta-\beta\theta)w_{t}^{m}+\beta mc\right]^{2}}{(\beta-\delta)\beta^{2}(1+\theta)^{2}}+\frac{\left[(\beta+\theta\delta)\left(p_{gm}^{m}-mm_{gmdmix}\right)-\theta\delta w_{t}^{m}-\beta mc\right]^{2}}{2\delta\beta^{2}(1+\theta)^{2}}$$

生产者福利是国际市场转基因大豆价格的正向函数,是非转基因大豆种子成本和转基因大豆种子边际成本的负向函数。

转基因大豆种子供应商的福利:

$$W^{R}=\frac{\theta}{\delta\beta(\beta-\delta)(1+\theta)^{2}}\left[(\beta-\delta)\left(p_{gm}^{m}-mm_{gmdmix}\right)+\delta w_{t}^{mix}-\beta mc\right]^{2}$$

种子供应商的福利是国际市场转基因大豆价格以及非转基因大豆种子价格的正向函数，是国产转基因大豆边际成本的负向函数。

与方案1作比较，消费者福利的变化为：

$$\Delta W^C = \frac{\left(p_s - p_{gm}^m + mm_{gmdmix}\right)^2}{2\left[\mu + \xi_{gm}(\lambda - \mu) + \xi_{gmd}(d - \mu)\right]} - \frac{\left(p_s - p_t^m\right)^2}{2\mu} - \frac{\left(p_t^m - p_{gm}^m - mm_{gm}\right)^2}{2(\lambda - \mu)}$$

相比于不种植转基因大豆的情况，不区分转基因大豆与非转基因大豆的规制下，消费者福利的变化取决于消费者对进口转基因大豆与国产转基因大豆的厌恶系数之差、进口转基因与非转基因的厌恶系数之差、国产转基因大豆的市场份额以及进口转基因大豆的市场份额。此时，消费者福利增加的充分条件为权重下替代产品的最终价格与混合转基因大豆的最终价格之差的平方值，要大于权重下替代产品与非转基因大豆最终价格之差的平方值加上权重下非转基因大豆最终价格与转基因大豆最终价格之差的平方值。因此，当国产转基因大豆的份额越大，消费者对国产转基因大豆与非转基因大豆厌恶系数之差越小，进口转基因大豆的份额越少，对非转基因大豆厌恶系数越小时，消费者福利增加的幅度越大。

与不种植转基因大豆的情况相比，种植转基因大豆后，在不区分国产转基因大豆、进口转基因大豆和非转基因大豆的规制下，种子供应商的福利是严格增加为：

$$\Delta W^R = W^R > 0$$

七、本章小结

本章利用了商品的垂直差异分析了不同环境以及不同标签规制条件下对国产转基因大豆的市场份额以及消费者福利的影响。不同的环境以及政策条件包括:国内不生产也不消费转基因大豆的情况、国内不生产但消费转基因大豆并且对转基因大豆强制标签、国内生产而且消费转基因大豆同时区分进口转基因大豆和国产转基因大豆、国内生产而且消费转基因大豆但不区分进口转基因大豆和国产转基因大豆且对转基因作物不设标签。

结果表明:在国内生产转基因大豆并且严格区分国产转基因大豆和进口转基因大豆的情形下会有两种可能存在的情况,即剧烈的市场和非剧烈的市场。在剧烈的市场中,只存在国产转基因大豆与非转基因大豆,而进口转基因大豆的份额被全部挤占。在非激烈市场中,国产非转基因大豆、进口转基因大豆和非转基因大豆共存。①对于非激烈市场,相比不种植转基因大豆的情况,消费者福利和种子供应商的福利都严格地上升,并且消费者福利随着国产转基因大豆的交易成本的上升而上升,随着消费者对国产转基因大豆与进口转基因大豆的厌恶程度上的差距缩小而上升。但生产者福利并不能完全判断其变化方向的正负,需要根据生产者福利公式中各变量的变化来作比较。一方面,由于国产转基因大豆的出现造成交易成本的上升,从而导致了相较于种植传统大豆,农户在种植转基因大豆之后将面对更低的市场价格。另一方面,农户又可以从种植转基因大豆上得到更加多的收益,从而对整体的收益有所帮助。在二者的作用下，生产者的净福利与这两个过程的变化程度有关。②对于激烈市场，由于消费者对非转基因大豆、进口转基因大豆和国产转基因大豆的厌恶系数是依次递增的，从而导致相比于不种植转基因大豆，国产转基因大豆给消费者带来严格正向的福利变化，并且随着国产转基因大豆交易成本的增加而增加。随着消费者对于进口转基因和国产传统大豆厌恶程度的差距越小或者消费者对于国产转基因大豆和非转基因大豆厌恶程度的差距越小，消费者福利增长的幅度越大。由于种子公司从销售完全竞争环境下的非转基因大豆种子变为销售垄断条件下的转基因大豆种子，从而也带来严格正向的福利变化。

而在不区分国产转基因大豆与进口转基因大豆的情况下，相比于不种植转基因的情况，消费者的福利变化取决于对于进口转基因大豆和国产转基因大豆的厌恶系数，以及进口转基因与国内种植转基因大豆的市场份额。消费者福利提高的充分条件为消费者对进口转基因与非转基因大豆厌恶系数之差的权重下非转基因的最终价格与不区分情况下的转基因的最终价格之差的平方值要大于不区分的转基因大豆与非转基因大豆厌恶系数之差的权重下非转基因大豆的最终价格与转基因大豆的最终价格之差的平方值。因此，当进口转基因的份额越小或者消费者对于国内种植转基因和进口转基因的厌恶系数之差越小的时候。福利的变化正向改变越大。

在不区分转基因与非转基因的情况下，相比于不种植转基因大豆的情况，消费者的福利变化取决于消费者对进口转基因大豆与国内种植转基因大豆的厌恶系数之差、进口转基因大豆与非转基因大豆的厌恶系数之差、国内转基因大豆的市场份额以及进口转基因大豆的市场份额。此时，消费者福利变化为正的充分条件为权重下替代产品的最终价格与混合下的转基因大豆的最终价格之差的平方值要大于权重下替代产品与非转基因大豆最终价格之差的平方值加上权重下非转基因大豆最终价格与转基因大豆最终价格之差的平方值。因此，当国产转基因大豆的份额越大，消费者对国产转基因大豆与非转基因大豆厌恶系数之差越小，进口转基因大豆的份额越少，对非转基因大豆厌恶系数越小时，福利的变化则正向改变越大。

第六章

转基因大豆种植对贸易依存度的影响——基于局部均衡模型

在上一章对不同标签情况的理论分析基础上，本章针对不区分国产转基因大豆、进口转基因大豆以及非转基因大豆的情况下，结合生产、贸易数据进一步模拟出国产转基因大豆产业化之后对于国内大豆市场供需关系以及对中国大豆进出口的影响。本章与上一章的区别在于代入了具体的生产、销售和进出口的数据，并且结合生产弹性、进口供给弹性、出口需求弹性等数量关系更加直观地展现国产转基因大豆对中国大豆市场供需关系以及大豆贸易的影响。同时，本章模拟了不同国产转基因大豆种植面积以及不同进口转基因大豆交易成本对于中国大豆贸易的影响。

一、大豆贸易局部均衡模型理论分析

20世纪60年代末，Armington（1969）首次通过替代弹性函数建立起一个进口产品与国内销售产品之间更加灵活的替代关系。此后，大量贸易研究都是基于Armington的常替代弹性假设来建立局部均衡模型，并以此刻画进口与国内商品之间的替代关系：国际上针对贸易的研究中，Francois和Hall（1997）在Armington假设的前提下建立了COMPAS模型来分析贸易政策对进出口的影响。国内贸易研究中，向洪金和赖明勇（2012）在Armington假设的模型框架下分析了进口倾销对中国产业的损害。展进涛等（2018）利用Arington假设构建的模型来分析DDGS倾销对中国饲料的影响。柯孔林等（2017）利用2011—2015年的大豆贸易数据分析了美国对中国的大豆倾销给中国产业带来的损害。本研究也充分借鉴此假设来建立局部均衡模型。

为了更加灵活地将进口和出口对国内生产和消费的作用区分开来，本研究在Armington假设的基础上，再根据Transformation模型，将出口大豆与国内生产大豆之间也设定为相应的常替代弹性函数，通过这两个常替代关系使得大豆进出口贸易的模拟效果更加灵活。此外，国内混合大豆需求由大豆的需求弹性给出；国产传统大豆供给由大豆的供给弹性给出；进口市场的供给由其他国家对中国出口的供给弹性给出；中国大豆的出口弹性由中国对其他国家出口的供给弹性给出。整个模型的具体结构如图6-1所示。

通过此模型，本章分析在使用转基因大豆后，将会对整体大豆的全要素生产率提升，从而导致我国的大豆需求量、进口量、出口量以及各个市场的大豆价格均发生改变。

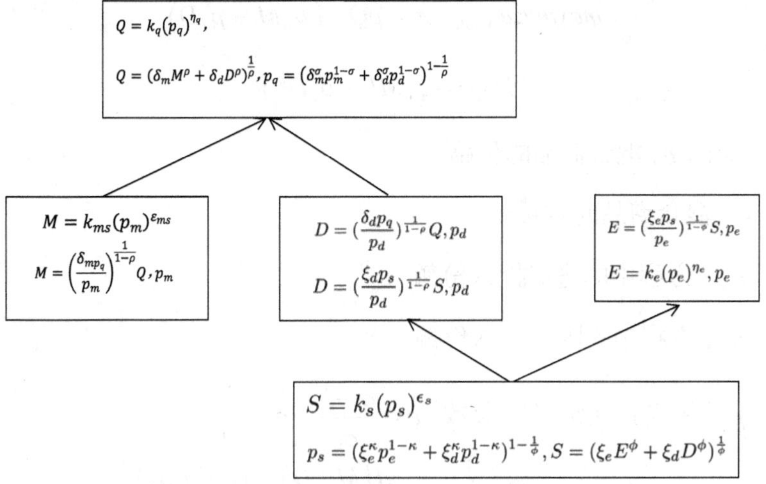

图6-1　局部均衡模型示意图

二、模型构建

与一般只考虑进口和国内关系的局部均衡不同，本研究将进口与出口同时纳入到模型结构中。其中，进口依照Armington的方法设立进口产品与本国生产产品之间的替代弹性，而出口则依照转换函数。假设国内总供给既可以提供国内消费也可以出口到国际市场，国内销售的产品与出口产品之间遵循着非完全替代关系。

$$Q = \left(\delta_m M^{-\rho} + \delta_d D^{-\rho}\right)^{-\frac{1}{\rho}}$$

$$p_q = \left(\delta_m^\sigma p_m^{1-\sigma} + \delta_d^\sigma p_d^{1-\sigma}\right)^{1-\frac{1}{\rho}}$$

$$S = \left(\xi_e E^\phi + \xi_d D^\phi\right)^{\frac{1}{\phi}}$$

$$p_s = \left(\xi_e^\psi p_e^{1-\psi} + \xi_d^\psi p_d^{1-\psi}\right)^{1-\frac{1}{\phi}}$$

每个国家面对的最优解为：

$$maximize_{D,\ M,\ Q}\pi = pQ - \left(p_m M + p_d D\right)$$

$$S.t.Q = \left(\delta_m M^{\rho} + \delta_d D^{\rho}\right)^{\frac{1}{\rho}}$$

其中，p：混合商品的价格

Q：混合商品的数量

δ_m：方程中的进口投入份额

δ_d：方程中的国产投入份额

ρ：替代弹性定义的参数$\left(\rho = \dfrac{\sigma - 1}{\sigma},\ \rho \leqslant 1\right)$

σ：方程中的替代弹性$\left[\sigma = -\dfrac{d\left(M/D\right)}{M/D} / \dfrac{d\left(p_m/p_d\right)}{p_m/p_d}\right]$

接下来通过建立拉格朗日方程，并利用拉格朗日系数γ来求解最大化问题：

$$L\left(Q,\ M,\ D\right) = p_q Q - \left(p_m M + p_d D\right) + \gamma\left[\left(\delta_m M^{\rho} + \delta_d D^{\rho}\right)^{\frac{1}{\rho}} - Q\right]$$

由此，可以得到一阶条件为：

$$\frac{\partial L}{\partial Q} = p_q - \gamma = 0$$

$$\frac{\partial L}{\partial M} = -p_m + \gamma\frac{1}{\rho}\left(\delta_m M^{\rho} + \delta_d D^{\rho}\right)^{\frac{1}{\rho}-1}\rho\delta M^{\rho-1}$$

$$\frac{\partial L}{\partial D} = -p_d + \gamma\frac{1}{\rho}\left(\delta_m M^{\rho} + \delta_d D^{\rho}\right)^{\frac{1}{\rho}-1}\rho\delta_d D^{\rho-1}$$

$$\frac{\partial L}{\partial \gamma} = \left(\delta_m M^{\rho} + \delta_d D^{\rho}\right)^{\frac{1}{\rho}} - Q = 0$$

通过对一阶条件的求解，可以得出：

$$M = \left(\frac{\delta_m p_q}{p_m}\right)^{\frac{1}{1-\rho}} Q$$

$$D = \left(\frac{\delta_d p_q}{p_d} \right)^{\frac{1}{1-\rho}} Q$$

考虑国内销售和出口到国际市场上的转换关系，在这个转换过程中，本研究假设国内销售和出口是不完全替代关系。最优化问题可写为：

$$maximize_{S,\ E\ \ D} = \left(p_e E + p_d D\right) - p_s S$$

$$S.t.S = \left(\xi_e E^{\phi} + \xi_d D^{\phi}\right)^{\frac{1}{\phi}}$$

其中，ξ_e：转换方程中出口的份额系数

ξ_d：转换方程中国内销售的份额系数

Φ：由转换弹性定义的参数（$\phi = \frac{\psi + 1}{\psi}$，$\psi \le 1$）

Ψ：转换的替代弹性：$\left[\psi = -\frac{d\left(E/D\right)}{E/D} / \frac{d\left(p_e/p_d\right)}{p_e/p_d} \right]$

通过建立拉格朗日方程，并利用拉格朗日系数 λ 来求解最大化问题：

$$L\left(S,\ E\ \ D\right) = p_e E + p_d D - p_s S - \lambda \left[\left(\xi_e E^{\phi} + \xi_d D^{\phi}\right)^{\frac{1}{\phi}} - S \right]$$

由此，可以得到一阶条件为：

$$\frac{\partial L}{\partial S} = \lambda - p_s = 0$$

$$\frac{\partial L}{\partial E} = p_e - \lambda \frac{1}{\phi} \left(\xi_e E^{\phi} + \xi_d D^{\phi}\right)^{\phi - 1} \xi_e \phi E^{\phi - 1} = 0$$

$$\frac{\partial L}{\partial D} = p_d - \lambda \frac{1}{\phi} \left(\xi_e E^{\phi} + \xi_d D^{\phi}\right)^{\frac{1}{\phi} - 1} \xi_d \phi D^{\phi - 1} = 0$$

$$\frac{\partial L}{\partial \lambda} = \left(\xi_e E^{\phi} + \xi_d D^{\phi}\right)^{\frac{1}{\phi}} - S = 0$$

通过对一阶条件求解可以得出：

$$E=\left(\frac{\xi_e p_s}{p_e}\right)^{\frac{1}{1-\phi}}S$$

$$D=\left(\frac{\xi_d p_s}{p_d}\right)^{\frac{1}{1-\phi}}S$$

根据上面Armington假设对进口和国内消费的求解，以及国内销售和进口的转换的结果。可以建立局部均衡模型：

$$Q=\left(\delta_m M^{-\rho}+\delta_d D^{-\rho}\right)^{-\frac{1}{\rho}}$$

$$p_q=\left(\delta_m^{\sigma} p_m^{1-\sigma}+\delta_d^{\sigma} p_d^{1-\sigma}\right)^{1-\frac{1}{\rho}}$$

$$S=\left(\xi_e E^{\phi}+\xi_d D^{\phi}\right)^{\frac{1}{\phi}}$$

$$p_s=\left(\xi_e^{\psi} p_e^{1-\psi}+\xi_d^{\psi} p_d^{1-\psi}\right)^{1-\frac{1}{\phi}}$$

国内市场需求方程：$Q=K_q\left(p_d\right)^{\eta^q}$

国内市场总产出：$S=K_s\left(p_d\right)^{\varepsilon^s}$

进口供给方程：$M=K_m\left(p_m\right)^{\delta^m}$

出口需求方程：$E=K_e\left(p_m\right)^{\eta^e}$

进口需求方程：$M=\left(\frac{\delta_m p_q}{p_m}\right)^{\frac{1}{1-\rho}}Q$

国内生产国内销售需求方程：$D=\left(\frac{\delta_d p_q}{p_d}\right)^{\frac{1}{1-\rho}}Q$

出口供给方程：$E=\left(\frac{\xi_e p_s}{p_e}\right)^{\frac{1}{1-\phi}}S$

国内生产国内销售供给方程：$D=\left(\frac{\xi_d p_s}{p_d}\right)^{\frac{1}{1-\phi}}S$

通过以上构建的模型方程可以建立局部均衡的求解方程，即各个市场的超额需求公式为：

进口市场：$\left(\frac{\delta_m p_q}{p_m}\right)^{\frac{1}{1-\rho}} Q - K_m\left(p_m\right)^{\varepsilon^{ms}} = 0$

出口市场：$\left(\frac{\xi_e p_s}{p_e}\right)^{\frac{1}{1-\phi}} S - K_e\left(p_m\right)^{\eta^{e}} = 0$

国内生产国内销售市场：$\left(\frac{\xi_d p_s}{p_d}\right)^{\frac{1}{1-\phi}} S - \left(\frac{\delta_d p_q}{p_d}\right)^{\frac{1}{1-\rho}} Q = 0$

国内销售市场：$K_q\left(P_q\right)^{\eta^{q}} - Q = 0$

国内供给市场：$K_s\left(p_s\right)^{\varepsilon^{s}} - S = 0$

价格方程：$p_q - \left(\delta_m^{\sigma} p_m^{1-\sigma} + \delta_d^{\sigma} p_d^{1-\sigma}\right)^{1-\frac{1}{\rho}} = 0$

$$p_s = \left(\xi_e^{\psi} p_e^{1-\psi} + \xi_d^{\psi} p_d^{1-\psi}\right)^{1-\frac{1}{\phi}} = 0$$

方程中的变量为：Q，S，M，E，D，p_q，p_d，p_m，p_e，p_s

需要估计的参数为：σ，ψ，ε^{ms}，ε^{s}，η^{e}，η^{q}

需要校准的参数为：K_q，K_{ms}，K_s，K_e，δ_m，δ_d，ξ_e，ξ_d

为了求解上面的方程组，将方程组进行对数线性化化简，化简得到：

$$\frac{1}{1-\rho}\tilde{p}_q - \frac{1}{1-\rho}\tilde{p}_m + \tilde{Q} = \epsilon^{m}\tilde{p}_m$$

$$\frac{1}{1-\phi}\tilde{p}_s - \frac{1}{1-\phi}\tilde{p}_e + \tilde{S} = \eta^{e}\tilde{p}_m$$

$$\frac{1}{1-\phi}\tilde{p}_s - \frac{1}{1-\phi}\tilde{p}_d + \tilde{S} = \frac{1}{1-\rho}\tilde{p}_q - \frac{1}{1-\rho}\tilde{p}_d + \tilde{Q}$$

$$\eta^{q}\tilde{p}_q = \tilde{Q}$$

$$\varepsilon^{s}\tilde{p}_s = \tilde{S}$$

$$(1-\sigma)\left(1-\frac{1}{\rho}\right)p_q^{\sigma}p_m^{1-\sigma}\ \tilde{p}_m+(1-\sigma)\left(1-\frac{1}{\rho}\right)p_q^{\sigma}p_d^{1-\sigma}\ \tilde{p}_d=\tilde{p}_q$$

$$(1-\phi)\left(1-\frac{1}{\psi}\right)p_s^{\psi}p_e^{1-\psi}\ \tilde{p}_e+(1-\phi)\left(1-\frac{1}{\psi}\right)p_s^{\psi}p_d^{1-\psi}\ \tilde{p}_d=\tilde{p}_s$$

$$\begin{bmatrix} \frac{1}{1-\rho} & \epsilon^m-\frac{1}{1-\rho} & & & & 1 & \\ & \eta^e & \frac{1}{1-\phi} & -\frac{1}{1-\phi} & & & 1 \\ -\frac{1}{1-\rho} & & \frac{1}{1-\phi} & & \frac{1}{1-\rho}-\frac{1}{1-\phi} & -1 & 1 \\ \eta^q & & & & & -1 & \\ & & \epsilon^s & & & & -1 \\ -1 & (1-\sigma)(1-\frac{1}{\rho})p_g^{\sigma}p_m^{1-\sigma} & & & (1-\sigma)(1-\frac{1}{\rho})p_g^{\sigma}p_d^{1-\sigma} & & \\ & & -1 & (1-\phi)(1-\frac{1}{\psi})p_s^{\psi}p_e^{1-\psi} & (1-\phi)(1-\frac{1}{\psi})p_s^{\psi}p_d^{1-\psi} & & \end{bmatrix}\begin{pmatrix} \tilde{p_q} \\ \tilde{p_m} \\ \tilde{p_s} \\ \tilde{p_e} \\ \tilde{p_d} \\ Q \\ S \end{pmatrix}=\begin{pmatrix} 0 \\ 0 \\ 0 \\ 0 \\ 0 \\ 0 \\ 0 \end{pmatrix}$$

以上方程组成的方程组构成了大豆市场的均衡结构。

三、模型弹性测算

（一）中国大豆生产的供给弹性测算——基于Nerlove模型

本章利用1992—2018年全国30个省（区、市）的大豆生产数据，基于Nerlove生产供给反应理论，构建大豆的供给反应模型。根据实证结果得到影响单产和种植面积的主要因素以及区域差别，为下一步建立局部均衡提供相应的实证参数。

Nerlove生产供给反应模型被广泛用于测算生产的供给弹性，范垄基等（2011）对小麦、玉米和稻米进行了供给反应测算。周曙东（2014）利用1983—2011年的数据测算了大豆的供给反应弹性。张诗靓等（2019）对东北地区的玉米供给反应进行了测算。刘俊杰和周应恒（2011）利用1998—2008年的数据测算了小麦的供给反应函数。陈永福（2004）对中国主要粮食作物小麦和玉米进行了测算。

1. 实证模型

根据中国大豆生产的实际情况，构建一下Nerlove供给反应面板数据模型：

$$q_{it}^{d} = \alpha_1 + \alpha_2 p_{it}^{e} + \sum_{j} \beta_j z_{ijt} + \mu_{it}$$

$$q_{it} - q_{i,\ t-1} = \delta\left(q_{it}^{d} - q_{i\ \ t-q}\right) + v_{it}$$

$$p_{it}^{e} - p_{i,\ t-1}^{e} = \tau\left(p_{i\ \ t-1} - p_{i\ \ t-1}^{e}\right) + w_{it}$$

其中，μ、v和w为随机干扰项，通过整理可以得到：

$$q_{it} = \alpha_0 + \alpha_1 q_{i,\ t-1} + \alpha_2 p_{i\ \ t-1} + \sum_{j=3}^{l} \alpha_j z_{ijt} + \delta\mu_{it} + v_{it}$$

其中，α_2为大豆单产对价格反应的短期弹性，$\frac{\alpha_2}{\delta}$为大豆单产对价格反应的长期弹性。通过双对数变换能够解决异方差问题，因此对上式进行双对数变换可以得到：

$$lnq_{it} = \alpha_0 + \alpha_1 lnq_{i,\ t-1} + \alpha_2 lnp_{i\ \ t-1} + \sum_{j=3}^{l} \alpha_j lnz_{ijt} + \delta\mu_{it} + v_{it}$$

其中，α_0为截距，α_i为各个解释变量的短期弹性，在实证过程中采用固定效应模型进行回归。长期弹性的计算公式为：

$$E_i^{lr} = \frac{E_i^{sr}}{1-\alpha_1}$$

其中，E^{lr}为长期弹性系数，E^{sr}为短期弹性系数。

将大豆区域分为北方春季大豆区、黄淮海夏季大豆区、长江春夏大豆区。北方春季大豆区包括内蒙古、辽宁、吉林和黑龙江。黄淮海夏季大豆区包括安徽、河南、河北、陕西、山西、山东。长江春夏大豆区包括湖北、重庆、云南。

2. 变量设置

被解释变量以单产和种植面积两种方式表示。从而分析不同因素对单产和种植面积的影响。解释变量包括很多因素，主要有大豆价格、投入要素、自然灾害、灌溉面积、用工数等。

3. 数据来源

本章大豆生产的数据主要来源于2004—2018年《全国农产品成本收益资料汇编》《中国农村统计年鉴》。内容涉及中国三大大豆主产区的单产、种植面积、大豆价格、人工成本、用工数、化肥投入量、成灾面积、有效灌溉面积、农村人口、生产资料价格指数等。

其中单产和种植面积来源于《中国农村统计年鉴》。大豆价格、亩人工成本、亩用工数、化肥投入量、每亩净利润来自《全国农产品成本收益资料汇编》。大豆价格为每50千克大豆平均出售价格。成灾面积、有效灌溉面积和农村人口来自《中国农村统计年鉴》、各省（区、市）生产资料价格指数来自《中国统计年鉴》。

由表6-1中可以看到2004—2018年各大豆生产主要省（区、市）的单产和价格的平均值和标准差，按照种植面积的均值由大到小排序。种植面积位列前三位的为黑龙江、安徽、内蒙古。黑龙江的平均种植面积超过了其后面八位的面积总和。从大豆单产的情况可以看出，内蒙古的单产变化幅度最大，其次是辽宁。单产变化小的省（区、市）为重庆和山东，其他省（区、市）的单产变化都比较接近。从大豆价格上看，除了湖北和云南这两个价格变化相对较小的省（区、市）外，其他省（区、市）大豆价格的变化幅度相近。

表6-1　2004—2018年中国大豆生产主要省(区、市)单产、面积和价格描述性统计

省(区、市)	单产均值(斤)	种植面积均值(亩)	价格均值(元)	单产标准差	种植面积标准差	价格标准差
黑龙江	137.05	3072.09	178.04	12.18	487.25	40.89
安徽	130.20	887.98	191.09	13.76	46.84	43.84
内蒙古	112.67	676.95	180.89	37.36	115.96	40.21
河南	129.04	451.08	192.48	13.66	57.52	41.89
吉林	166.21	323.37	184.34	12.03	130.26	41.62
山西	148.55	201.40	197.02	17.80	11.81	39.38
陕西	120.53	194.20	193.34	12.62	82.91	35.72
湖北	156.05	177.70	162.30	12.66	8.63	13.29
山东	164.39	171.42	224.68	8.49	41.52	50.14
河北	168.10	163.19	211.63	14.07	61.26	42.21
辽宁	160.76	155.96	200.87	23.05	67.53	44.35
云南	122.97	125.60	178.90	5.78	23.34	14.31
重庆	113.37	98.45	238.72	7.21	5.05	37.52

数据来源:全国农产品成本收益年鉴

由表6-2可以看到许多对种植大豆有影响的因素,包括人工成本、用工数、施肥量、受灾面积、灌溉面积和收益水平等。从用工成本来看,内蒙古、黑龙江的用工成本均值低,并且变化的幅度小。而重庆的用工成本最高且变化幅度大。从用工数来看,云南和重庆的用工数较高且变化幅度大。而黑龙江的用工数最小,并且变化幅度也最小。

表6-2　2004—2018年中国大豆生产主要省(区、市)的各个因素的描述性统计

省(区、市)	统计量	人工成本(元)	用工数(时)	施肥量(千克)	受灾面积(亩)	收益(元)	灌溉面积(亩)
安徽	均值	168.19	4.35	1.69	538.18	62.03	3355.47
	标准差	66.59	1.36	0.27	381.81	97.14	1171.63

续表

省（区、市）	统计量	人工成本（元）	用工数（时）	施肥量（千克）	受灾面积（亩）	收益（元）	灌溉面积（亩）
重庆	均值	500.27	11.59	1.78	290.05	−96.41	581.46
	标准差	259.33	1.14	0.98	241.43	166.91	189.05
河北	均值	224.85	5.00	5.18	749.59	107.09	3978.42
	标准差	145.73	0.76	1.23	261.99	118.72	1335.26
黑龙江	均值	100.87	2.29	4.96	1216.68	17.73	3514.81
	标准差	39.98	0.54	0.42	714.97	80.58	1614.12
河南	均值	193.36	4.66	1.29	531.14	15.90	4457.89
	标准差	91.68	0.76	0.49	304.16	114.87	1479.62
湖北	均值	107.90	7.35	4.85	1158.50	77.20	2067.80
	标准差	46.95	4.17	1.13	374.06	16.83	4.53
吉林	均值	175.96	4.12	6.29	478.41	22.73	1438.65
	标准差	83.80	1.18	1.58	254.15	129.20	478.27
辽宁	均值	187.90	4.72	5.47	563.09	45.44	1336.20
	标准差	72.46	1.34	0.60	370.69	145.72	427.97
内蒙古	均值	100.46	3.12	3.61	1455.41	43.09	2583.68
	标准差	34.94	2.18	0.81	560.95	113.18	857.58
陕西	均值	276.36	6.27	4.58	465.55	7.37	1132.98
	标准差	154.49	0.62	0.51	190.45	75.45	362.02
山东	均值	251.28	5.61	3.59	556.64	183.38	4361.23
	标准差	144.24	0.29	0.41	271.97	146.13	1443.17
山西	均值	303.51	7.25	5.93	619.27	−24.37	1152.14
	标准差	149.12	1.47	0.95	240.84	118.22	378.23
云南	均值	231.23	15.23	3.84	916.33	20.00	1474.73
	标准差	66.34	4.43	0.61	493.99	15.50	9.24

数据来源：全国农产品成本收益年鉴

4. 供给弹性估计

（1）大豆单产实证结果分析

从两大大豆主产区的供给反应回归结果发现，黄淮海夏季大豆区域的上一期产量在0.05的水平下显著，而北方春季大豆区域的上一期单产则表现得并不显著。

表6-3　供给回归系数和大豆短期价格弹性

类别	北方春季大豆区		黄淮海夏季大豆区	
	单产（千克/亩）	种植面积（亩）	单产（千克/亩）	种植面积（亩）
上一期价格	0.210***	0.202	0.090***	0.114***
	−3.51	−0.99	−3.6	−2.8
时间	0.104**	0.364	0.020	−0.037
	−2.12	−1.78	−1.32	（−1.15）
劳动力投入	0.082	0.089	−0.029	0.033
	−1.45	−0.47	（−1.55）	−0.81
工作时间	−0.032	−0.483**	0.013	0.233***
	（−0.66）	（−2.05）	−0.38	−3.65
化肥使用量	0.014	−0.301	0.017	−0.229***
	−0.39	（−1.39）	−1.21	（−10.21）
上一期产量	0.259***	0.777***	0.446***	0.872***
	−6.5	−11.02	−28.32	−40.76

注：* $p < 0.1$，** $p < 0.05$，*** $p < 0.01$

两个主产区的价格对单产的作用都是正向的，并且是在0.01的水平下是显著的，在短期内上一期价格对单产的作用是北方春季大豆大于黄淮海夏季大豆，反映出当价格提高1%时，北方春季大豆区和黄淮海夏季大豆区的单产分别提高0.210%和0.090%，说明短期内价格的变动对大豆的增产作用为北方春季大豆区大于黄淮海夏季大豆区。而从表6-3中可以看到价格对单产的长期弹性中黄淮海夏季大豆区大于北方春季大豆区，说明从长期稳定的发展来看，黄淮海地区的单产对价格的敏感度更强。

从生产投入看，北方地区工作时间对单产的负面影响是显著的，且对单产的负面作用最大，反映出劳动力成本是影响大豆单产的重要因素，短期和长期的劳动投入的弹性绝对值均是东北区域大于黄淮海区域。黄淮海地区化肥投入量越多，对单产的作用越大，但是东北地区虽然呈现正向的作用，统计上并不显著，反映出黄淮海地区在生产大豆时投入的化肥更多，会对环境造成负面作用。

（2）大豆种植面积实证结果分析

北方春季大豆区和黄淮海夏季大豆区的种植面积受到上一年产量的影响在0.05的水平下是显著的，回归系数北方春季大豆区大于黄淮海夏季大豆区，反映出黄淮海夏季大豆区的种植面积受到上一年大豆产量的影响比较大。大豆价格对种植面积的影响十分显著，短期弹性分别为：北方春季大豆区的0.202和黄淮海夏季大豆区的0.114，反映出在短期时间内，北方春季大豆区的价格变化对产量的影响要大于黄淮海夏季大豆区的价格变化对产量的影响。而长期的弹性分别为：北方春季大豆区的0.906和黄淮海夏季大豆区的0.891。说明提高大豆价格会使得北方春季大豆区的大豆规模和黄淮海夏季大豆区的大豆规模增大。如表6-4所示。

表6-4 大豆长期价格弹性

类别	北方春季大豆区		黄淮海夏季大豆区	
	单产（千克/亩）	种植面积（亩）	单产（千克/亩）	种植面积（亩）
上一期价格	0.437	0.906	0.833	0.891
劳动投入	0.171	0.399	−0.271	0.256
工作时间	−0.067	−2.166	0.126	1.820
化肥投入量	0.029	−1.350	0.160	−1.789

劳动力投入对北方春季大豆区和黄淮海夏季大豆区的种植面积都没有显著的影响。从短期来看，工作时间对北方春季大豆区的影响不显著而对黄淮海夏季大豆区的种植面积有显著的正向影响。而且从长期来看，工作时间对黄淮海夏季大豆区的影响作用要高于北方春季大豆区的影响作用。从短期来看，化肥使用量对2个主产区均有显著的负向作用。由此说明减少化肥的投入对生产有正向的影响。从长期来看化肥使用量对北方春季大豆区的种植面积的影响为正，而对黄淮海夏季大豆区的影响为负。

（二）替代弹性估计——基于双对数模型

在一般的局部均衡的计算过程中都需要用到Armington替代弹性，利用佟仓松（2006）的双对数模型，根据回归分析得到中国进口大豆与国产大豆之间的短期替代弹性和长期替代弹性。

1. 估计方法

根据Armington假设，国内消费与进口产品之间存在替代弹性，其效用函数为CES函数。表示如下：

$$Q=\left(\delta_m M^{-\rho}+\delta_d D^{-\rho}\right)^{-\frac{1}{\rho}}$$

其中：Q表示消费者对商品组合的效用，M表示进口商品数量，D为国内消费的数量，δ表示份额，σ表示替代弹性。通过求解可以得到消费的边际替代率与价格之比相等：

$$\frac{\partial Q}{\partial M}/\frac{\partial Q}{\partial D}=\frac{\delta}{1-\delta}\left(\frac{D}{M}\right)^{1+\rho}=\frac{p_m}{p_d}$$

其中，p_m为进口需求价格，p_d为中国国内消费本国产品的价格。对上式两边分别取对数可以得到：

$$ln\frac{D}{M}=\sigma ln\frac{1-\delta}{\delta}+\sigma ln\frac{p_m}{p_d}$$

通过计算国内销售量与进口量的比值和国内销售价格与进口价格的比值，可以建立一个线性回归方程：

$$y=\alpha_0+\alpha_1 x$$

2. 数据来源

为了确定本国产品以及进口产品的替代弹性，可以通过模型推算得出。为了计算替代弹性，作者从美国农业部、中国海关数据以及联合国商品贸易数据库（http://comtrade.un.org/）获得1995—2018年中国从美国、巴西等国家进口的大豆产品的数量与价格，如表6-5所示。由于使用的局部均衡模型是建立在Armington假设的基础上的，因此需要确定的替代弹性也就是Armington替代弹性，本章根据佟仓松提出的方法估计进口大豆Armington替代弹性的大小。为了增加模型估计结果的稳定性，作者使用Armington替代弹性的正态分布作为使用参数的分布，并且确定了该弹性的一个置信区间。

表6-5 中国与世界不同国家之间大豆的贸易数量及价格

（单位：万吨，美元/千克）

年份	中国		美国		巴西		世界	
	数量	价格	数量	价格	数量	价格	数量	价格
2018	1578.00	0.61	1664.01	0.42	6608.43	0.44	8803.36	0.43
2017	1515.00	0.63	3285.30	0.42	5092.74	0.41	9553.42	0.41
2016	1353.00	0.63	3417.16	0.40	3820.53	0.41	8391.33	0.40
2015	1168.00	0.66	2841.31	0.44	4007.67	0.42	8168.97	0.43
2014	1201.00	0.73	3002.93	0.54	3200.55	0.59	7140.31	0.56
2013	1198.00	0.78	2223.78	0.60	3180.91	0.60	6337.79	0.60
2012	1278.00	0.79	2596.92	0.59	2389.13	0.60	5838.26	0.60
2011	1420.00	0.68	2222.68	0.57	2062.19	0.57	5245.28	0.57
2010	1491.00	0.65	2359.73	0.48	1858.72	0.44	5479.77	0.46
2009	1480.00	0.61	2180.92	0.43	1599.38	0.46	4255.16	0.44
2008	1514.00	0.61	1543.22	0.55	1165.31	0.62	3743.63	0.58
2007	1355.00	0.69	1156.79	0.37	1058.21	0.37	3081.66	0.37
2006	1552.00	0.42	988.35	0.28	1162.02	0.26	2823.69	0.27
2005	1600.00	0.43	1104.79	0.29	795.17	0.30	2659.00	0.29
2004	1701.00	0.47	1019.78	0.33	561.59	0.37	2023.00	0.34
2003	1507.00	0.49	829.31	0.27	647.02	0.26	2074.10	0.26
2002	1624.00	0.37	461.84	0.21	390.94	0.23	1131.44	0.22
2001	1511.00	0.32	572.64	0.21	316.03	0.20	1393.95	0.20
2000	1519.00	0.34	541.38	0.22	211.95	0.22	1041.91	0.22
1999	1406.00	0.33	244.47	0.21	86.01	0.20	431.86	0.21
1998	1496.00	0.38	175.00	0.25	94.12	0.25	319.25	0.25
1997	1456.00	0.50	236.65	0.29	43.99	0.31	287.59	0.29
1996	1302.00	0.43	85.97	0.29	5.27	0.33	110.75	0.29
1995	1328.00	0.43	14.39	0.27	0.70	0.31	29.39	0.26

数据来源：联合国商品贸易数据库

3. 估计结果

首先将进口数量与国内消费数量的比值取对数成为因变量，其次对国内大豆价格与进口大豆价格的比值取对数成为自变量。分别检验因变量与自变量进行ADF检验，发现均未能通过平稳性检验，但一阶差分的ADF检验显示二者都平稳。对自变量与因变量进行协整回归：

$$y_t = 1.21x_t + 0.74x_{t-1} + 0.45y_{t-1}$$

R方值为0.69，说明解释能力较好。回归系数的t值均显著。将上式整理得到长期弹性公式：

$$\Delta y_t = 1.21\Delta x_t - 0.55\left(y_{t-1} - 3.55x_{t-1}\right)$$

对上式的误差项进行ADF检验，均显示残差为平稳的。因此可以得出，中国与世界进口之间的短期弹性为1.21，长期弹性为3.55。

针对中国从美国进口大豆与国产大豆的替代弹性，首先将从美国进口的大豆数量与国内大豆消费量的比值取对数成为因变量，其次对国内大豆价格与美国进口大豆价格的比值取对数成为自变量。分别检验因变量与自变量进行ADF检验，发现未通过平稳性检验。对自变量与因变量进行协整回归：

$$y_t = 0.32x_t + 0.64x_{t-1} + 0.35y_{t-1}$$

R方值为0.69，说明解释能力较好。回归系数t值均显著。

针对中国从巴西进口大豆与国产大豆的替代弹性为：

$$y_t = 0.95x_t - 0.37x_{t-1} + 0.72y_{t-1}$$

R方值为0.64，说明解释能力较好。回归系数t值均显著。

针对中国从阿根廷进口的大豆与国产大豆的替代弹性为：

$$y_t = -0.9x_t - 0.9x_{t-1} + 0.77y_{t-1}$$

R方值为0.95，说明解释能力较好。回归系数t值均显著。

（三）转换弹性估计

1. 估计方法

假设国内销售的商品与出口商品之间存在替代关系，并且服从CET函数，CET函数方程表示如下：

$$S = \left(\xi_e E^{\phi} + \xi_d D^{\phi}\right)^{\frac{1}{\phi}}，\quad \left(\phi = \frac{\psi + 1}{\psi}，\ \psi \leqslant 1\right)，$$

其中，S代表国内总生产，E代表出口数量，D代表国内销售数量，ξ_e为出口的份额，ξ_d代表国内销售的份额。ψ为出口数量与国内销售数量之间的转换弹性。通过求解可以得到供给的边际替代率与价格之比相等：

$$\frac{\partial Q}{\partial M} / \frac{\partial Q}{\partial D} = \frac{\delta}{1-\delta}\left(\frac{D}{M}\right)^{1+\rho} = \frac{p_m}{p_d}$$

其中，p_m为进口需求价格，p_d为中国国内消费本国产品的价格。对上式两边分别取对数可以得到：

$$ln\frac{D}{M} = \sigma ln\frac{1-\delta}{\delta} + \sigma ln\frac{p_m}{p_d}$$

通过计算国内销售量与进口量的比值和国内销售价格与进口价格的比值，可以建立一个线性回归方程：

$$Y = \alpha_0 + \alpha_1 x$$

2. 数据来源

通过联合国商品贸易数据库和中国农业统计年鉴，获得1995—2018年的中国对外出口的数量以及价格数据。如表6-6所示。

表6-6　中国与世界之间大豆的出口数量及价格

（单位：万吨，美元/千克）

年份	中国		世界	
	数量	价格	数量	价格
2018	1578.00	0.61	13.39	0.75
2017	1515.00	0.63	11.22	0.81
2016	1353.00	0.63	12.72	0.85
2015	1168.00	0.66	13.36	0.94
2014	1201.00	0.73	20.71	0.96
2013	1198.00	0.78	20.90	0.97
2012	1278.00	0.79	32.01	0.87
2011	1420.00	0.68	20.83	0.78
2010	1491.00	0.65	16.36	0.72
2009	1480.00	0.61	34.66	0.68
2008	1514.00	0.61	46.51	0.75
2007	1355.00	0.69	45.65	0.43
2006	1552.00	0.42	37.90	0.39
2005	1600.00	0.43	39.65	0.43
2004	1701.00	0.47	33.46	0.43
2003	1507.00	0.49	26.75	0.33
2002	1624.00	0.37	27.59	0.28
2001	1511.00	0.32	24.84	0.31
2000	1519.00	0.34	21.08	0.30
1999	1406.00	0.33	20.44	0.30
1998	1496.00	0.38	16.99	0.37
1997	1456.00	0.50	18.57	0.39
1996	1302.00	0.43	19.17	0.35
1995	1328.00	0.43	37.51	0.27

数据来源：联合国商品贸易数据库和美国农业部数据库

3. 估计结果

首先将出口数量与国内生产用于国内消费的大豆数量的比值取对数成为因变量，其次对国内大豆价格与出口大豆价格的比值取对数成为自变量。分别对因变量与自变量进行ADF检验，发现均未能通过平稳性检验，但一阶差分的ADF检验显示二者都平稳。对自变量与因变量进行协整回归：

$$y_t = -0.27x_t + 0.13x_{t-1} + 1.01y_{t-1}$$

R方值为0.90说明解释能力很好，回归系数t值均显著。将上式整理得到长期弹性公式：

$$\Delta y_t = -0.27\Delta x_t + 0.01\left(y_{t-1} - 14x_{t-1}\right)$$

（四）贸易的弹性测算

有大量的文章通过计量方法来估计贸易弹性（Stern，Francis，1976； Khan和Goldstein，1985），但是估计出来的数值相差很大。Tokarick（2014）采用国际贸易的模型，配合着全面的数据来计算弹性，不需要使用计量方法。有大量文献利用GDP方程来估算世界农产品的进口价格弹性（Kohli，1991；Kee Hiau Looi等，2008；陶红军，2013）。本研究利用Tokarick的方法，利用2014年的GTAP数据分别计算：中国、美国、巴西的进口需求弹性和出口供给弹性。

1. 估计方法

本章将借鉴Tokarick（2014）的非实证方法来求解进口的供给弹性，进口需求通过进口中间投入产品的需求得到。首先假设一个经济体生产三种商品：①出口商品（E）。②进口商品（M）。③不进行贸易商品（N）。其次假设这三种商品的生产用到了劳动（L）并且是在各地区灵活流动的，以及不同地区的资本（K）和进口的中间产品（I）。假设每个商品的生产函数为规模报酬不变，即：

$$wa_{LE}+r_E a_{KE}+p_I a_{IE}=p_E$$

$$wa_{LM}+r_M a_{KE}+p_I a_{IM}=p_M$$

$$wa_{LM}+r_N a_{KN}+p_I a_{IN}=p_N$$

其中，p_E 为出口的国内价格，p_M 是进口的国内价格，p_N 为非贸易商品的价格，a_{ij} 为单位产出所需要的要素数量，w为工资率，r为资本收益率，p_I 为外商给定的进口中间产品的价格。假设劳动力和资本是充分使用的，即：

$$a_{KE}X_E=K_E$$

$$a_{KM}X_M=K_M$$

$$a_{KN}X_N=K_N$$

$$a_{LE}X_E+a_{LM}X_M+a_{LM}X_N=L$$

其中，K为资本的使用数量，L为劳动力禀赋，X为产出。

通过对以上模型进行对数线性化处理，可以得到：

$$\hat{w}\theta_{LE}+\hat{r}_E\theta_{KE}+\hat{p}_I\theta_{IE}=\hat{p}_E$$

$$\hat{w}\theta_{LM}+\hat{r}_M\theta_{KM}+\hat{p}_I\theta_{IM}=\hat{p}_M$$

$$\hat{w}\theta_{LN}+\hat{r}_N\theta_{KN}+\hat{p}_I\theta_{IN}=\hat{p}_N$$

$$\lambda_{KE}\hat{X}_E=\hat{K}_E-\lambda_{KE}\hat{a}_{KE}$$

$$\lambda_{KM}\hat{X}_M=\hat{K}_M-\lambda_{KM}\hat{a}_{KM}$$

$$\lambda_{KN}\hat{X}_N=\hat{K}_N-\lambda_{KN}\hat{a}_{KN}$$

$$\lambda_{LE}\hat{X}_E+\lambda_{LM}\hat{X}_M+\lambda_{LN}\hat{X}_N=\hat{L}-\hat{a}_{LE}\lambda_{LE}-\hat{a}_{LM}\lambda_{LM}-\hat{a}_{LN}\lambda_{LN}$$

其中，θ_{ij} 为要素i在生产商品j的成本份额。λ_{ij} 是要素供给的比例，并且满足：$\sum_i \theta_{ij}=1$；$\sum_j \lambda_{ij}=1$。

对于每个 a_{ij}，每单位产出的要素需求是投入产品价格的函数：$a_{ij}=a_{ij}\left(w, r_j \quad p_I\right)$。同时，$a_{ij}$ 也是劳动力、资本和进口投入之间的替代弹性的函数。假设三个要素之间的替代弹性相等，则根据替代弹性的定义有：

$$\sigma_j=\frac{\hat{a}_{Kj}-\hat{a}_{Lj}}{\hat{w}-\hat{r}_j}$$

$$\sigma_j=\frac{\hat{a}_{Kj}-\hat{a}_{Ij}}{\hat{p}_I-\hat{r}_{Kj}}$$

$$\sigma_j=\frac{\hat{a}_{Lj}-\hat{a}_{Ij}}{\hat{p}_I-\hat{w}}$$

成本最小化需要：

$$\theta_{LE}\hat{a}_{LE}+\theta_{KE}\hat{a}_{KE}+\theta_{IE}\hat{a}_{IE}=0$$

$$\theta_{LM}\hat{a}_{LM}+\theta_{KM}\hat{a}_{KM}+\theta_{IM}\hat{a}_{IM}=0$$

$$\theta_{LN}\hat{a}_{LN}+\theta_{KN}\hat{a}_{KN}+\theta_{IN}\hat{a}_{IN}=0$$

通过以上的公式可以求得$\hat{a}_{ij}$，作为各要素价格，替代弹性以及成本份额的函数：

$$\hat{a}_{LE}=-\sigma_E\left(\hat{w}-\hat{r}_E\right)\theta_{KE}-\theta_{IE}\sigma_E\left(\hat{w}-\hat{p}_I\right)$$

$$\hat{a}_{KE}=\sigma_E\left(\hat{w}-\hat{r}_E\right)\theta_{LE}-\theta_{IE}\sigma_E\left(\hat{p}_I-\hat{r}_E\right)$$

$$\hat{a}_{IE}=\sigma_E\left(\hat{w}-\hat{p}_I\right)\theta_{LE}-\theta_{KE}\sigma_E\left(\hat{r}_E-\hat{p}_I\right)$$

$$\hat{a}_{LM}=-\sigma_M\left(\hat{w}-\hat{r}_M\right)\theta_{KM}-\theta_{IM}\sigma_M\left(\hat{w}-\hat{p}_I\right)$$

$$\hat{a}_{KM}=\sigma_M\left(\hat{w}-\hat{r}_M\right)\theta_{LM}-\theta_{IM}\sigma_M\left(\hat{p}_I-\hat{r}_M\right)$$

$$\hat{a}_{IM}=\sigma_M\left(\hat{w}-\hat{p}_I\right)\theta_{LM}-\theta_{KM}\sigma_M\left(\hat{r}_M-\hat{p}_I\right)$$

$$\hat{a}_{LN}=-\sigma_N\left(\hat{w}-\hat{r}_N\right)\theta_{KN}-\theta_{IN}\sigma_N\left(\hat{w}-\hat{p}_I\right)$$

$$\hat{a}_{KN}=\sigma_N\left(\hat{w}-\hat{r}_N\right)\theta_{LN}-\theta_{IN}\sigma_N\left(\hat{p}_I-\hat{r}_N\right)$$

$$\hat{a}_{IN}=\sigma_N\left(\hat{w}-\hat{p}_I\right)\theta_{LN}-\theta_{KN}\sigma_N\left(\hat{r}_N-\hat{p}_I\right)$$

通过方程求解可以得到，出口供给弹性为 $\frac{\hat{X}_E}{\hat{p}_E}$，再通过出口商品的生产方程计算得到 $\hat{X}_E=F\left(\hat{L},\hat{K}_E\ \hat{K}_M\ \hat{K}_N\ \hat{p}_e\ \hat{p}_m\ \hat{p}_t\right)$，以及利用 p_E 可以推导得到出口供给弹性为：

$$\frac{\hat{X}_E}{\hat{p}_E}=\frac{\lambda_{LE}\sigma_E\theta_{KN}\theta_{IE}\sigma_E+\lambda_{LM}\sigma_M\theta_{KM}\left(1-\theta_{IM}\right)\sigma_E\left(1-\theta_{KE}\right)+\lambda_{LN}\sigma_N\theta_{KM}\left(1-\theta_{IN}\right)\sigma_E\left(1-\theta_{KE}\right)}{\lambda_{LE}\sigma_E\theta_{KM}\left(1-\theta_{IE}\right)+\lambda_{LM}\sigma_M\theta_{KM}\left(1-\theta_{IM}\right)+\lambda_{LN}\sigma_N\theta_{KE}\left(1-\theta_{IN}\right)}$$

对于整体经济来说，总需求为：$M_I=\sum_j M_{Ij}$，$M_{Ij}=a_{Ij}X_j$

因此可以得到：$\hat{M}_I=\lambda_{IE}\hat{M}_{IE}+\lambda_{IM}\hat{M}_{IM}+\lambda_{IN}\hat{M}_{IN},\hat{M}_{Ij}=a_{Ij}+\hat{X}_j$

通过代入 a_{Ij} 和 X_j 的结果，可以得到 M_I 的结果。因此可以求得需求弹性 $\frac{\hat{M}_I}{\hat{p}_I}$ 为：

$$\frac{\hat{M}_I}{\hat{p}_I}=\frac{1}{\lambda_{LE}\sigma_E\theta_{KE}\theta_{KN}\left(1-\theta_{IE}\right)+\lambda_{LM}\sigma_M\theta_{KE}\theta_{KN}\left(1-\theta_{IM}\right)+\lambda_{LN}\sigma_N\theta_{KE}\theta_{KM}\left(1-\theta_{IN}\right)}$$

$$\left\{\begin{array}{c} -\lambda_{IE}[\sigma_E\lambda_{LE}\sigma_E\theta_{KE}\theta_{KN}+\sigma_E\lambda_{LM}\sigma_M\theta_{KM}(1-\theta_{IM}-\theta_{LE})+\sigma_E\lambda_{LN}\sigma_N\theta_{KN}(1-\theta_{IN}-\theta_{LE})] \\ -\lambda_{IM}[\sigma_M\lambda_{LE}\sigma_E\theta_{KN}(1-\theta_{IE}-\theta_{LM})+\sigma_M\lambda_{LM}\sigma_M\theta_{KE}\theta_{KN})+\sigma_M\lambda_{LN}\sigma_N\theta_{KE}(1-\theta_{IN}-\theta_{LM})] \\ -\lambda_{IN}[\sigma_N\lambda_{LE}\sigma_E\theta_{KM}(1-\theta_{IE}-\theta_{LN})+\sigma_N\lambda_{LM}\sigma_M\theta_{KE}(1-\theta_{IM}-\theta_{LN})+\sigma_N\lambda_{LN}\sigma_N\theta_{KE}\theta_{KM}] \end{array}\right\}$$

2. 数据来源

利用GTAP2014年的87个国家的数据库，其中包括56个部门的劳动力、资本以及进口数据计算替代弹性。首先将这37个部门加总成3个部门（出口部门、进口部门和非贸易部门）。其次将37个部门之间的替代弹性加总成3个部门的替代弹性。最后计算出每个国家的 λ 和 θ ，并通过上面的替代弹性公式计算弹性。

3. 估计结果

通过计算中国、美国、巴西和阿根廷的进口需求和出口供给弹性可以得到中国大豆的进口需求弹性和出口供给弹性。如表6-7所示：中国的进口需求弹性为−5.88，出口供给弹性为7.52；美国的进口需求弹性为−5.73，出口供给弹性为6.41；巴西的进口需求弹性为−4.95，出口供给弹性为3.96；阿根廷的进口需求弹性为−5.18，出口供给弹性为3.84。

表6-7　中国及其他国家大豆的进口需求弹性和出口供给弹性

国家	进口需求弹性	出口供给弹性
中国	−5.88	7.52
美国	−5.73	6.41
巴西	−4.95	3.96
阿根廷	−5.18	3.84

四、其他参数设置

通过对模型的校准得到美国、巴西和国产大豆CES权重，以及国产大豆出口的CET权重和国产大豆国内销售CET权重（见表6-8）。

表6-8　其他参数设置

参数名称	数值	参数名称	数值
美国大豆CES权重	0.28	美国进口与中国的替代弹性	0.34
巴西大豆CES权重	0.30	巴西进口与中国的替代弹性	0.78
国产大豆CES权重	0.07	东北春大豆供给弹性	0.83
大豆进口关税	3	黄淮海夏季大豆供给弹性	0.44
大豆出口退税	0	美国进口供给弹性	6.41
国产大豆出口CET权重	0.0005	巴西进口供给弹性	3.96
国产大豆国内销售CET权重	0.97	国产大豆与出口转换弹性	0.53
国内总需求弹性	−5.88	出口需求弹性	7.52

不同国家的替代弹性：Feenstra（2014）测算不同产品的替代弹性，其中食品的替代弹性平均值为4.08。柯孔林等（2017）在这基础上利用2006—2015年中美、中国与其他国家大豆的贸易数据、价格，构建双对数回归模型计算不同国家替代弹性为4.4，将替代弹性作为正态分布。孟东梅、姜绍政（2013）利用1992—2001年数据计算Armington替代弹性为3.37。谷强平等（2015）利用1994—2013年数据测算得到短期替代弹性为1.72，长期替代弹性为4.5。

中国大豆的供给弹性：马英辉（2018）测算的供给弹性在试点地区为0.86，非试点地区为0.23。陈永福（2004）以及美国食品和农业政策研究中心（FAPPI，2011）估计中国大豆供给弹性为0.865～0.45。司伟、李雷（2013）估计东北、黄淮海和其他地区的供给弹性为0.98、0.44、0.30。

中国大豆的需求弹性和进口供给弹性：Tokarick（2014）中国大

豆的需求弹性为短期0.44，长期0.61。美国对中国的出口供给弹性为短期1.56，长期2.14。柯孔林等（2017）对巴西和阿根廷借鉴估计方法得出对中国出口的供给弹性为[1.49, 1.64]。赵翼虎、常向阳（2019）通过实证分析得到美国、巴西、阿根廷对中国大豆出口的供给弹性的均值短期分别为：1.0237、0.123、0.506，长期弹性分别为：0.809、0.095、0.392，而中国的需求弹性范围为：0.14～1.51。

五、情景方案

本研究建立在对于转基因大豆、非转基因大豆的无差异假设下，因此它们的市场价格是相同的。而在种植方面，由于使用转基因大豆相比种植非转基因大豆来说增强了技术进步，因此对于生产来说是正向影响。由于本文目前并不清楚具体在种植转基因大豆之后的真实技术进步，因此本文对不同的全要素生产率进行了假设，设计5种不同方案。通过5种不同的全要素生产率分析对大豆的国内市场和进出口贸易的影响。根据Qaim和Traxler（2015）的发现，耐除草剂转基因大豆能够使全要素增长率增加10%。由此，本章将5种不同的方案设计成分别为全要素生产率增加2%、4%、6%、8%、10%。同时，对转基因大豆的种植面积扩大的比例进行分情况模拟，根据2019年农业农村部发布的《大豆振兴计划实施方案》，到2025年大豆种植面积达到1.4亿亩的目标，相比于2018年1.2亿亩的种植面积上升了16.7%。因此，分别以大豆种植面积扩大3%、6%、9%、12%、15%作为5个面积方案。在种植转基因大豆的情况下，大豆种植面积扩大3%、6%、9%、12%、15%作为5

个转基因面积方案。对第五章提到的进口大豆的交易成本造成的进口价格上升进行分类模拟，分别以进口价格上涨5%、10%、15%、20%、25%作为5个不同进口转基因大豆方案。

六、模拟分析

（一）模拟结果

本节主要分析的是不同技术进步率对于国内大豆市场以及进出口贸易的影响，分别从混合商品数量、生产供给数量、进口数量、出口数量、国内生产销售数量、进口价格、国内生产销售价格、混合商品价格、出口价格、生产价格的变化等来分析。在分别对生产函数的全要素生产率增加2%、4%、6%、8%、10%后，观察研究变量的变化情况。在新的变量值与技术进步率不变的情况下，对变量值的增长率来进行分析。具体模拟结果如表6-9所示。

表6-9　全要素生产率模拟结果

（单位：%）

变量	TFP方案1	TFP方案2	TFP方案3	TFP方案4	TFP方案5
混合商品数量	−0.80	−1.50	−2.30	−3.00	−3.70
生产供给数量	1.70	3.30	5.00	6.70	8.30
进口数量	−0.50	−0.90	−1.40	−1.80	−2.20
出口数量	0.20	0.30	0.50	0.70	0.80
国内生产销售数量	−2.50	−4.90	−7.20	−9.40	−11.50
进口价格	−0.07	−0.10	−0.20	−0.30	−0.30
国内生产销售价格	1.30	2.60	3.90	5.20	6.40
混合商品价格	0.10	0.30	0.40	0.50	0.60
出口价格	0.02	0.04	0.06	0.08	0.10
生产价格	−0.70	−1.30	−2.00	−2.60	−3.20

可以看到由于技术进步导致了国内市场和进出口贸易的改变：

模拟方案1：当技术进步率增加2%的时候，国产大豆的生产供给量增加1.7%，生产价格减少0.7%；同时由于国产大豆的供给量增加，而进口与国内生产又存在替代关系，因此导致了进口数量也同时减少0.5%，达到9758.99万吨。并且随着替代弹性的增加，出口数量的增加幅度更高。进口需求的减少也导致了进口价格减少了0.07%；由于国内大豆的供给量增加，导致了出口数量的增加，通过国内生产与出口的替代关系，导致了出口数量增加了0.2%，达到了13.02万吨。并且随着转换弹性的增加，出口数量的增加幅度更大。出口供给的增加也导致了出口价格增加了0.02%。而国内市场的大豆均衡数量减少了0.8%，国内市场的大豆的均衡价格也增加了0.1%。

模拟方案2：当技术进步率增加4%的时候。国产大豆的供给量增加3.3%，生产价格减少1.3%；由于国产大豆的供给量增加导致了进口数量减少0.9%，达到8723.77万吨，进口价格也减少了0.1%；出口数量增加了0.3%，达到13.03万吨，出口价格也增加了0.04%；而国内市场的大豆均衡数量减少了1.5%，国内市场的大豆的均衡价格也增加了0.3%。

模拟方案3：当技术进步率增加6%的时候。国产大豆的供给量增加5.0%，生产价格减少了2.0%；由于国产大豆的供给量增加导致了进口数量减少1.4%，达到8679.76万吨，进口价格也减少0.2%；出口数量增加了0.5%，达到13.07万吨，出口价格也增加了0.06%；而国内市场的大豆均衡数量减少了2.3%，国内市场的大豆的均衡价格也增加了0.4%。

模拟方案4：当技术进步率增加8%的时候。国产大豆的供给量增加6.7%，生产价格减少了2.6%；由于国产大豆的供给量增加导致了进口数量减少了1.8%，达到8644.55万吨，进口价格也减少0.3%；出口数量增加了0.7%，达到13.09万吨，出口价格也增加了0.08%；而国内市场的大豆均衡数量减少了3.0%，国内市场的大豆的均衡价格也增加了0.5%。

模拟方案5：当技术进步率增加10%的时候。国产大豆的供给量增加8.3%，生产价格减少了3.2%。由于国产大豆的供给量增加导致了进口数量减少了2.2%，达到86009.33万吨，进口价格也减少了0.3%；出口数量增加了0.8%，达到13.10万吨，出口价格也增加了0.1%。而国内市场的大豆均衡数量减少了3.7%，国内市场的大豆的均衡价格也增加了0.6%。

针对非转基因大豆种植面积扩大情况的模拟结果，通过对比由于种植面积扩大而使得各个变量的改变，并计算其增长率，得到的模拟结果如表6-10所示。

表6-10　非转基因大豆种植面积模拟结果

（单位：%）

变量	面积方案1	面积方案2	面积方案3	面积方案4	面积方案5
混合商品数量	−1.20	−2.30	−3.30	−4.30	−5.30
生产供给数量	2.50	5.00	7.50	10.00	12.40
进口数量	−0.70	−1.40	−2.00	−2.60	−3.20
出口数量	0.20	0.50	0.70	1.00	1.20

续表

变量	面积方案1	面积方案2	面积方案3	面积方案4	面积方案5
国内生产销售数量	−3.70	−7.20	−10.40	−13.50	−16.30
进口价格	−0.10	−0.20	−0.30	−0.40	−0.50
国内生产销售价格	2.00	3.90	5.80	7.70	9.50
混合商品价格	0.20	0.40	0.60	0.80	0.90
出口价格	0.03	0.06	0.10	0.10	0.20
生产价格	−1.00	−2.00	−2.90	−3.80	−4.70

非转基因大豆种植面积方案1：当大豆种植面积增加3%时。国产大豆的生产供给量增加2.5%，生产价格减少1.0%；同时由于国产大豆的供给量增加，而进口与国内生产又存在替代关系，因此导致了进口数量也同时减少0.7%，达到8741.38万吨。并且随着替代弹性的增加，出口数量的增加幅度更大。进口数量的增加也导致了进口价格减少了0.1%；由于国内大豆的供给量增加，导致了出口数量的增加，通过国内生产与出口的替代关系，导致了出口数量增加0.2%，达到了13.03万吨。并且随着转换弹性的增加，出口数量的增加幅度更大。出口数量的增加也导致出口价格增加0.03%。而国内市场的大豆均衡数量减少了1.2%，国内市场的大豆的均衡价格也增加0.2%。

非转基因大豆种植面积方案2：当大豆种植面积增加6%时。国产大豆的供给量增加5.0%，生产价格减少2.0%。由于国产大豆的供给量增加导致了进口数量减少1.4%，达到8679.94万吨，进口价格也减少了0.2%；出口数量增加了0.5%，达到13.07万吨，出口价格也增加了0.06%。而国内市场的大豆均衡数量减少了2.3%，国内市场的大豆的均衡价格也增加0.4%。

非转基因大豆种植面积方案3：当大豆种植面积增加9%时。国产大豆的供给量增加7.5%，生产价格减少了2.9%。由于国产大豆的供给量增加导致了进口数量减少了2.0%，达到8574.12万吨，进口价格也减少0.3%；出口数量增加了0.7%，达到13.09万吨，出口价格也增加了0.1%。而国内市场的大豆均衡数量减少了3.3%，国内市场的大豆的均衡价格也增加0.6%。

非转基因大豆种植面积方案4：当大豆种植面积增加12%时。国产大豆的供给量增加10.0%，生产价格减少了3.8%。由于国产大豆的供给量增加导致了进口数量减少了2.6%，达到8574.12万吨，进口价格也减少0.4%；出口数量增加了1.0%，达到13.13万吨，出口价格也增加了0.1%。而国内市场的大豆均衡数量减少了4.3%，国内市场的大豆的均衡价格也增加0.8%。

非转基因大豆种植面积方案5：当大豆种植面积增加15%时。国产大豆的供给量增加12.4%，生产价格减少了4.7%。由于国产大豆的供给量增加导致了进口数量减少了3.2%，达到8521.30万吨，进口价格也减少0.5%；出口数量增加了1.2%，达到13.16万吨，出口价格也增加了0.2%。而国内市场的大豆均衡数量减少了5.3%，国内市场的大豆的均衡价格也增加0.9%。

针对不同的转基因大豆种植面积扩大情况的模拟结果。通过对比种植转基因大豆种植面积扩张的情况，来计算各个变量的增长率。得到的模拟结果如表6-11所示。

表6-11　转基因大豆种植面积模拟结果

（单位：%）

变量	GM面积1	GM面积2	GM面积3	GM面积4	GM面积5
混合商品数量	−4.7	−5.8	−6.7	−7.7	−8.6
生产供给数量	11	13.8	16.5	19.1	21.8
进口数量	−2.9	−3.5	−4.1	−4.7	−5.2
出口数量	1.1	1.3	1.6	1.9	2.1
国内生产销售数量	−14.7	−17.8	−20.6	−23.2	−25.7
进口价格	−0.5	−0.6	−0.7	−0.7	−0.8
国内生产销售价格	8.50%	10.5	12.5	14.5	16.5
混合商品价格	0.8	1	1.2	1.4	1.5
出口价格	0.1	0.2	0.2	0.2	0.3
生产价格	−4.2	−4.8	−6	−6.9	−7.7

转基因大豆种植面积方案1：当大豆种植面积增加3%，且假设均为转基因大豆时。国产大豆的生产供给量增加11.0%，生产价格减少4.2%；同时由于国产大豆的供给量增加，而进口与国内生产又存在替代关系，因此导致了进口数量也同时减少2.9%，达到8547.71万吨。并且随着替代弹性的增加，出口数量的增加幅度更大。进口数量的增加也导致了进口价格减少了0.5%。由于国内大豆的供给量增加，导致了出口数量的增加，通过国内生产与出口的替代关系，导致了出口数量增加了1.1%，达到了13.14万吨。并且随着转换弹性的增加，出口数量的增加幅度更大。出口数量的增加也导致了出口价格增加了0.1%。而国内市场的大豆均衡数量减少了4.7%，国内市场的大豆的均衡价格也增加0.8%。

转基因大豆种植面积方案2：当大豆种植面积增加6%，且假设均为转基因大豆时。国产大豆的供给量增加13.8%，生产价格减少4.8%。由于国产大豆的供给量增加导致了进口数量减少3.5%，达到8494.90万吨，进口价格也减少了0.6%；出口数量增加了1.3%，达到13.17万吨，出口价格也增加了0.2%。而国内市场的大豆均衡数量减少了5.8%，国内市场的大豆的均衡价格也增加1.0%。

转基因大豆种植面积方案3：当大豆种植面积增加9%，且假设均为转基因大豆时。国产大豆的供给量增加16.5%，生产价格减少了6%。由于国产大豆的供给量增加导致了进口数量减少4.1%，达到8442.08万吨，进口价格也减少0.7%；出口数量增加了1.6%，达到13.21万吨，出口价格也增加了0.2%。而国内市场的大豆均衡数量减少了6.7%，国内市场的大豆的均衡价格也增加1.2%。

转基因大豆种植面积方案4：当大豆种植面积增加12%，且假设均为转基因大豆时。国产大豆的供给量增加19.1%，生产价格减少了6.9%。由于国产大豆的供给量增加导致了进口数量减少4.7%，达到8389.26万吨，进口价格也减少0.7%；出口数量增加了1.9%，达到13.25万吨，出口价格也增加了0.2%。而国内市场的大豆均衡数量减少了7.7%，国内市场的大豆的均衡价格也增加1.4%。

转基因大豆种植面积方案5：当大豆种植面积增加15%，且假设均为转基因大豆时。国产大豆的供给量增加21.8%，生产价格减少了7.7%。由于国产大豆的供给量增加导致了进口数量减少5.2%，达到8345.24万吨，进口价格也减少0.8%；出口数量增加了2.1%，达到13.27万吨，出口价格也增加了0.3%。而国内市场的大豆均衡数量减少了

8.6%，国内市场的大豆的均衡价格也增加1.5%。

对于进口转基因大豆交易成本的模拟结果如表6-12所示。

交易成本方案1：当进口转基因大豆的交易成本为价格的5%时。进口转基因大豆的价格增加了2%，这导致了进口转基因大豆的数量减少17%，达到7306.5万吨。由于进口转基因大豆的供给量减少，而进口与国内生产又存在替代关系，因此导致了国内生产供给量增加6.6%，生产价格减少6.5%。由于国内大豆的供给量增加，导致了出口数量的增加，通过国内生产与出口的替代关系，导致了出口数量减少5.9%，达到了12.2万吨。并且随着转换弹性的增加，出口数量的增加幅度更大。出口数量的增加也导致了出口价格降低0.08%。而国内市场的均衡数量减少了18.9%，国内市场的大豆均衡价格也增加3.6%。

表6-12 进口转基因大豆交易成本模拟方案结果

（单位：%）

变量	交易成本方案1	交易成本方案2	交易成本方案3	交易成本方案4	交易成本方案5
混合商品数量	−18.90	−31.20	−41.20	−49.30	−56.10
生产供给数量	6.60	5.00	3.50	2.10	0.70
进口数量	−17.00	−28.90	−38.70	−46.80	−53.60
出口数量	−5.90	−11.90	−17.20	−22.00	−26.30
国内生产销售数量	−29.40	−43.10	−53.70	−61.90	−68.40
进口价格	2.00	4.30	6.50	8.70	10.90
国内生产销售价格	13.60	20.80	28.10	35.50	43.00
混合商品价格	3.60	6.60	9.40	12.30	15.00
出口价格	−0.80	−1.70	−2.50	−3.20	−4.00
生产价格	−6.50	−9.40	−12.20	−14.70	−17.10

交易成本方案2：当进口转基因大豆的交易成本为价格的10%时。进口转基因大豆价格增加了4.3%，这导致进口转基因大豆数量减少28.9%，达到6225.9万吨。由于进口转基因大豆的供给量减少，而进口与国内生产又存在替代关系，因此导致了国内生产供给量增加5%，生产价格降低9.4%。由于国内大豆的供给量增加，导致了出口数量的增加，通过国内生产与出口的替代关系，导致了出口数量减少11.9%，达到了11.5万吨。并且随着转换弹性的增加，出口数量的增加幅度更大。出口数量的增加也导致了出口价格降低1.7%。而国内市场的均衡数量减少了31.2%，国内市场的大豆均衡价格也增加6.6%。

交易成本方案3：当进口转基因大豆的交易成本为价格的15%时。进口转基因大豆价格增加了6.5%，这导致进口转基因大豆数量减少38.7%，达到5396.2万吨。由于进口转基因大豆的供给量减少，而进口与国内生产又存在替代关系，因此导致了国内生产供给量增加3.5%，生产价格降低12.2%。由于国内大豆的供给量增加，导致了出口数量的增加，通过国内生产与出口的替代关系，导致了出口数量减少17.2%，达到了10.8万吨。并且随着转换弹性的增加，出口数量的增加幅度更大。出口数量的增加也导致了出口价格降低2.5%。而国内市场的均衡数量减少了41.2%，国内市场的大豆均衡价格也增加9.4%。

交易成本方案4：当进口转基因大豆的交易成本为价格的20%时。进口转基因大豆价格增加了8.7%，这导致进口转基因大豆数量减少46.8%，达到4683.2万吨。由于进口转基因大豆的供给量减少，而进口与国内生产又存在替代关系，因此导致了国内生产供给量增加2.1%，生产价格降低14.7%。由于国内大豆的供给量增加，导致了出口数量的增加，通过国内生产与出口的替代关系，导致了出口数量减少22%，达到了10.1万吨。并且随着转换弹性的增加，出口数量的增加幅度更大。出口数量的增加也导致了出口价格降低3.2%。而国内市场的均衡数量减少了49.3%，国内市场的大豆均衡价格也增加12.3%。

交易成本方案5：当进口转基因大豆的交易成本为价格的25%时。进口转基因大豆价格增加了10.9%，这导致进口转基因大豆数量减少53.6%，达到4084.6万吨。由于进口转基因大豆的供给量减少，而进口与国内生产又存在替代关系，因此导致了国内生产供给量增加0.7%，生产价格降低17.1%。由于国内大豆的供给量增加，导致了出口数量的增加，通过国内生产与出口的替代关系，导致了出口数量减少了26.3%，达到了9.5万吨。并且随着转换弹性的增加，出口数量的增加幅度更大。出口数量的增加也导致了出口价格降低4%。而国内市场的均衡数量减少了56.1%，国内市场的大豆均衡价格也增加15%。

（二）敏感性分析

为了分析国内的大豆生产和出口大豆之间的转换弹性以及进口大豆与国内大豆需求之间的替代关系对于技术进步的效果影响，本章在构建局部均衡模型的过程中，使用了实证测算的替代弹性和转换弹性。为了使得模拟更加稳健，本节利用不同的替代弹性和转换弹性对模拟效果进行分析。同时本节还对生产弹性的区间以及进口供给弹性和出口需求弹性进行敏感性分析。

1. 替代弹性和转换弹性的敏感性分析

首先，根据前文所测算的替代弹性和转换弹性的区间每隔相同的间隔取值。目前的文献对于替代弹性的测算集中在1.75。本节在分析替代弹性的敏感性的问题上将替代弹性的取值定在[1.5，2.5]，并且每隔0.25取值。通过表6–13可以看出，不同的替代弹性下，技术进步对于市场的影响结果。

表6–13　替代弹性敏感性分析模拟

（单位：%）

变量	1.5	1.75	2	2.25	2.5
混合商品数量	−6.70	−7.90	−9.40	−11.40	−14.20
生产供给数量	16.60	16	15.20	14	12.20
进口数量	−4.10	−4.40	−4.80	−5.40	−6.20
出口数量	1.70	−0.40	−3.40	−7.50	−13.80
国内生产销售数量	−20.40	−25.80	−32.80	−41.80	−53.80
进口价格	−0.70	−0.70	−0.80	−0.90	−1.00
国内生产销售价格	12.50	14.80	18.00	23.00	31.40
混合商品价格	1.20	1.40	1.70	2.10	2.60
出口价格	0.20	−0.60	−0.50	−1.00	−2.00
生产价格	−6.00	−7	−8.30	−10.30	−13.40

结果显示，随着替代弹性的增加，由于技术进步导致的进口数量减少的幅度也会随之增加。同时国内消费的减少数量也会随之增加。

根据目前的文献转换弹性基本上定为0.3。本文测算的转换弹性在0.53。因此本节在对转换弹性进行敏感性分析时，设定转换弹性的区间在[0.2, 0.6]，每隔0.1取一个值进行模拟，如表6-14所示。通过对模拟结果的分析来判断转换弹性的敏感性。

结果显示，随着转换弹性的变大，由于技术进步带来的大豆出口会增加，同时国内消费者的消费量的下降幅度会缩小。

表6-14　转换弹性敏感性分析模拟

（单位：%）

变量	0.2	0.3	0.4	0.5	0.6
混合商品数量	−9.70	−5.60	−3.90	−3.00	−2.50
生产供给数量	20.00	21.70	22.40	22.90	23.20
进口数量	−5.90	−3.40	−2.40	−1.80	−1.50
出口数量	3.70	4.00	5.10	5.50	5.70
国内生产销售数量	−28.90	17.20	−12.30	−9.60	−7.80
进口价格	−1.00	−0.50	−0.40	−0.30	−0.20
国内生产销售价格	19.10	10.10	6.90	5.30	4.20
混合商品价格	1.80	1.00	0.70	0.50	0.40
出口价格	0.90	0.50	0.70	0.70	0.70
生产价格	−8.30	−5.60	−4.30	−3.60	−3.00

2. 出口供给弹性和进口需求弹性的敏感性分析

从以往的文献来看出口弹性在7.52，因此本节将出口弹性定在[5, 8]的区间范围，并且每隔1取一个出口弹性值进行模拟分析。如表6-15所示，通过模拟结果来分析出口弹性的敏感性。结果表明，随着出口弹性的增大，对于各种变量的影响几乎不存在。因此出口弹性对模型的影响较稳定。

通过以往研究得到一般使用的进口弹性为6.41。因此本节选取用于分析进口弹性敏感性的弹性区间为[4, 7]，并且按照每隔1选取一个进口弹性进行模拟分析。如表6-16所示，通过模拟结果来分析进口弹性的敏感性。结果显示，随着进口弹性的增大，进口数量的下降程度增加。国内消费者的消费数量逐渐减少。

表6-15　出口弹性敏感性分析

（单位：%）

变量	5	6	7	8
混合商品数量	−6.80	−6.80	−6.80	−6.80
生产供给数量	16.50	16.50	16.50	16.50
进口数量	−4.10	−4.10	−4.10	−4.10
出口数量	1.40	1.50	1.60	1.60
国内生产销售数量	−20.70	−20.70	−20.70	−20.70
进口价格	−0.70	−0.70	−0.70	−0.70
国内生产销售价格	12.60	12.60	12.60	12.60
混合商品价格	1.20	1.20	1.20	1.20
出口价格	0.30	0.30	0.20	0.20
生产价格	−6.00	−6.00	−6.00	−6.00

表6-16　进口弹性敏感性分析

（单位：%）

变量	4	5	6	7
混合商品数量	−5.80	−6.20	−6.60	−7
生产供给数量	16.70	16.60	16.60	16.50
进口数量	−3.20	−3.60	−4	−4.30
出口数量	2.00	1.80	1.70	1.50
国内生产销售数量	−19.60	−20.10	−20.50	−20.90
进口价格	−0.80	−0.70	−0.70	−0.60
国内生产销售价格	12.10	12.30	12.50	12.70
混合商品价格	1.00	1.10	1.20	1.20
出口价格	0.30	0.20	0.20	0.20
生产价格	−5.80	−5.90	−6	−6.10

3. 生产供给弹性和混合商品需求弹性的敏感性分析

通过以往研究得到一般使用的生产供给弹性为0.47。因此本节选取用于分析进口弹性敏感性的弹性区间为[0.2, 0.8]，并且按照每隔0.2选取一个生产弹性进行模拟分析。如表6-17所示，通过模拟结果来分析生产供给弹性的敏感性。

表6-17 生产供给弹性敏感性分析

（单位：%）

变量	0.2	0.4	0.6	0.8
混合商品数量	−7.40	−6.90	−6.50	−6.10
生产供给数量	18.40	17.00	15.80	14.70
进口数量	−4.50	−4.20	−4.00	−3.70
出口数量	1.80	1.70	1.50	1.40
国内生产销售数量	−22.50	−21.10	−19.90	−18.80
进口价格	−0.70	−0.70	−0.60	−0.60
国内生产销售价格	13.90	12.90	12	11.20
混合商品价格	1.30	1.20	1.20	1.10
出口价格	0.25	0.20	0.20	0.20
生产价格	−6.60	−6.20	−5.80	−5.40

结果表明，随着生产供给弹性的增加，生产供给数量减少，生产价格的减少程度放缓。出口数量也在减少。消费者的消费量的减小幅度下降。

通过以往研究得到一般使用的混合商品需求弹性为−5.88。因此本节选取分析进口弹性敏感性的弹性区间为[−3, −7]，并且按照每隔1选取一个混合商品需求弹性进行模拟分析。如表6-18所示，通过模拟结果来分析混合商品需求弹性的敏感性。结果表明，随着混合商品需求弹性的增加，消费者的消费量下降幅度逐渐增大。大豆的市场价格也在逐渐降低。

表6-18　混合商品需求弹性敏感性分析

（单位：%）

变量	−3	−4	−5	−6	−7
混合商品数量	−3.80	−4.80	−5.90	−6.90	−7.80
生产供给数量	17	16.80	16.70	16.50	16.40
进口数量	−1.60	−2.50	−3.40	−4.20	−5.00
出口数量	3.40	2.70	2.10	1.50	1.00
国内生产销售数量	−16	−17.70	−19.40	−20.90	−22.20
进口价格	−0.20	−0.40	−0.50	−0.70	−0.80
国内生产销售价格	10.70	11.40	12.10	12.70	13.20
混合商品价格	1.30	1.30	1.20	1.20	1.20
出口价格	0.40	0.40	0.30	0.20	0.10
生产价格	−5.20	−5.50	−5.80	−6.10	−6.30

七、本章小结

本章通过建立包含进口、出口和国内生产销售的局部均衡来推导种植转基因大豆后对中国大豆贸易的改变。根据Armington假设将国内生产和进口从完全替代变为常替代弹性关系，并且基于转换函数加入出口与国内销售之间的常替代弹性关系，使得整个大豆贸易更加灵活，有助于对中国大豆贸易的模拟分析。

研究通过测算各种不同的弹性系数，为建立局部均衡提供了支撑。测算包括了北方春季大豆区的供给弹性、黄淮海夏季大豆区的供给弹性、国内需求弹性、进口供给弹性、出口需求弹性、进口和国内销售的替代弹性以及出口和国内销售的转换弹性。

首先，以全要素生产率增加设定五种模拟情景。以情景一为例，当技术进步率增加2%时，将导致国产大豆的生产供给量增加1.7%，生产价格减少0.7%。一方面，国产大豆的供给量增加，而进口与国内生产又存在替代关系，导致了进口数量也同时减少0.5%，达到9758.99万吨。并且随着替代弹性的增加而进口数量减少的幅度更大，而进口数量的减少将导致进口价格下降0.07%。另一方面，国内大豆的供给量增加，导致了出口数量的增加，通过国内生产与出口的替代关系计算得出，大豆的出口数量为13.02万吨，增加了0.2%。并且随着转换弹性的增加，出口数量的增加幅度更大，而出口供给的增加也导致出口价格上涨了0.02%。最终导致国内市场的大豆均衡数量减少了0.8%，国内市场的大豆的均衡价格也增加0.1%。

其次，非转基因大豆种植面积增加设定5种模拟情景。以情景一为例，当大豆种植面积增加3%时，将导致国产大豆的生产供给量增加2.5%，生产价格降低1.0%。一方面，国产大豆的供给量增加，而进口与国内生产又存在替代关系，将导致进口数量减少0.7%，达到8741.38万吨，并且随着替代弹性的增加，进口数量减少的幅度更大，而进口数量的减少将导致进口价格下降0.1%。另一方面，国内大豆的供给量增加，将导致出口数量增加，通过国内生产与出口的替代关系计算得出，大豆出口数量为13.03万吨，增长0.2%；并随着转换弹性的增加，出口数量的增长幅度会更大，而出口数量的增加也导致了出口价格上涨0.03%。最终导致国内市场的大豆均衡数量减少了1.2%，国内市场的大豆的均衡价格增加0.2%。

再次，转基因大豆种植面积增加设定五种模拟情景。以情景一为例，当大豆种植面积增加3%，且均为转基因大豆时，国产大豆的生产供给量增加11.0%，生产价格减少4.2%。一方面，国产大豆的供给量增加，而进口与国内生产又存在替代关系，将导致进口数量减少2.9%，为8547.71万吨，并且随着替代弹性的增加，进口数量减少的幅度更大，而进口数量的减少也导致进口价格下降了0.5%。另一方面，国内大豆的供给量增加，将导致出口数量增加，通过国内生产与出口的替代关系计算得出，大豆出口数量为13.14万吨，增加了1.1%，并且随着转换弹性的增加而出口数量的增加幅度会更大，出口数量的增加也导致了出口价格上涨0.1%。最终导致国内市场的大豆均衡数量减少了4.7%，国内市场的大豆的均衡价格也增加0.8%。

最后，对进口转基因大豆的交易成本增加设定5中模拟情景。以情景一为例，当进口转基因大豆的交易成本为价格的5%时，进口转基因大豆的价格增加了2%，这导致了进口转基因大豆的数量减少17%，达到7306.5万吨。由于进口转基因大豆的供给量减少，而进口与国内生产有存在替代关系，因此导致了国内生产供给量增加6.6%，生产价格降低6.5%。通过国内生产与出口的替代关系，出口数量减少了5.9%，达到了12.2万吨。并且随着转换弹性的增加出口数量的降低幅度更大。出口数量的减少也导致了出口价格减少了0.08%。最终导致国内市场的均衡数量减少了18.9%，国内市场的大豆均衡价格也增加3.6%。

第七章 结论及政策建议

一、主要结论

本研究主要针对耐除草剂转基因大豆产业化过程中将面临的生产者福利、消费者福利以及进出口贸易等问题进行研究。具体包括种植转基因大豆对生产者的福利影响、转基因大豆产业化对消费者的福利影响以及国产转基因大豆对中国大豆贸易和中国大豆市场的影响。本文将这些实际问题转化成相应的经济学语言，并在新古典主义理论体系下进行相关理论推导和模型构建，同时利用实验模型进行实证分析和情景模拟，从而构建整个文章研究的产业经济学分析框架。首先，通过对中国及世界大豆情况的统计描述，总结中国大豆产业面临的困境，以及能够借鉴的国际经验，从而找出适合中国大豆产业发展的道路。其次，通过农户模型和实证分析讨论了农户对转基因大豆的种植意愿，以及种植转基因大豆给农户带来的福利变化。再次，通过理论推导，借助不同转基因标签的规制，分析了国产转基因大豆给消费者福利带来的改变。最后，通过建立“进口—国内消费—出口”的局部均衡模型，分析中国种植转基因大豆对中国大豆进出口贸易的影响。通过这三方面的研究，得出如下结论。

（一）中国大豆产业面临的问题

通过对中国大豆生产、进口、出口、消费的变化进行分析，并与全球大豆的生产、贸易和消费数据进行对比可以看出，中国大豆产业面临的巨大困难在于：①中国传统大豆的生产力水平提高缓慢，产量低、生产成本高，在市场上没有竞争力。②加入WTO后，中国大豆直接面对国际市场的竞争压力，对中国大豆产业造成较大的冲击。③从美国、巴西和阿根廷等三个转基因大豆生产大国的数据可以看出，转基因大豆能够显著提高大豆单产水平，而中国的非转基因大豆单产明显跟不上世界的平均大豆单产水平，并且差距越来越大。④中国对大豆巨大的消费需求，也导致中国对国际大豆市场的严重依赖，而这种依赖在逆全球化和突发全球性的新冠疫情的背景下提高了中国大豆的贸易风险，对中国的大豆市场和大豆产业的发展都是一种极为不利的因素。为解决当前中国大豆面临的痛点，本文对中国转基因大豆产业化发展进行分析，并提出了相应的经济学问题：一是中国大豆生产者的转基因大豆种植意愿以及种植转基因大豆所带来的福利改变；二是国产转基因大豆给中国大豆消费者带来的福利改变；三是中国生产转基因大豆后将如何改变中国对进口大豆的依赖。

（二）种植转基因大豆能够增加生产者福利

从第四章的分析结果可以看出，通过对大豆主产区366户农户的问卷调查以及实证分析可知，在整个大豆种植链条的各个环节中，农户对除草剂使用次数的支付意愿最高，其次为是否免耕，再次为增加产量。支付意愿最低要素为大豆种子的价格和使用不同种类除草剂的数量。本文除了分析种植链条上各环节的特征对农户偏好的影响外，还对农户自身的个人特征进行了分析。结果显示，农户的非农收入以及家庭人数对农户的决策有显著影响。

同时，本书还分别考虑了不同规模农户在种植决策中的影响因素。从小规模农户的种植决策影响因素来看，一方面，农户种植属性中，大豆价格、除草剂使用次数、是否免耕以及大豆产量都是显著的影响变量，而不同种类除草剂数量的影响并不显著。另一方面，农户个人属性中，家庭人数，家庭劳动力人数，非农收入的影响非常显著，而农业收入的影响并不显著。从中等规模农户的种植决策影响因素看，一方面，农户种植属性中，种子价格、除草剂使用次数、是否免耕以及大豆产量都是显著的影响变量，而不同种类除草剂数量的影响不显著。另一方面，农户个人属性中，家庭劳动力人数和农业收入都是显著变量。从大规模农户的种植决策影响因素来看，一方面，农户种植属性中，种子价格和除草剂使用次数都是显著变量，而不同种类除草剂数量、是否免耕以及产量都不是显著影响因素。另一方面，农户个人属性中的主要影响因素为家庭人数、农业收入和非农收入。此外，对不同规模农户的支付意愿分析发现，小规模农户支付意愿最高的种植因素为是否免耕，其次为除草剂使用次数，支付意愿最低的因素为不同种类除草剂数量和大豆产量；中等规模农户支付意愿最高的种植因素为除草剂使用次数，其次为是否免耕，支付意愿最低的因素为不同种类除草剂数量和大豆产量；大规模农户支付意愿最高的种植因素为除草剂使用次数，而对其他种植因素的支付意愿都很少。总之，三种不同规模的农户对降低除草剂使用次数的支付意愿均较大，说明农户对于减少除草剂使用次数更为迫切。

此外，从转基因大豆的福利分析可以看出，相比于传统大豆的种植方式，转基因大豆提供的种植方式能够显著增加生产者的福利。农户对转基因大豆所展现出来的能够减少除草次数、适于免耕以及增加产量的属性表现了很强的偏好，因此，相比于传统大豆，农户更加倾向于种植转基因大豆。

（三）国产转基因大豆产业化能够增加消费者福利

从第五章的分析结果来看，基于不同的转基因标识制度，比较国产转基因大豆产业化后与产业化前消费者福利的变化。并且讨论了在不同标签的规制下，转基因大豆产业化对消费者福利的影响。与国产转基因大豆产业化之前的基准情况相比，种植转基因大豆后，针对不同的转基因标签规制环境得到的结果如下：

①在严格区分国产转基因大豆和进口转基因大豆的规制条件下，如果市场上分别存在国产转基因大豆、进口转基因大豆以及非转基因大豆三种相互可替代的大豆产品时，相较于国产转基因大豆产业化之前，国产转基因大豆产业化使得消费者和种子供应商的福利都严格增加，并且随着国产转基因大豆交易成本的增加而增加。同时，消费者对于进口转基因和国产转基因大豆二者厌恶程度之间的差距越小，消费者福利越大。如果市场上只存在国产转基因大豆和非转基因大豆时，消费者福利也会严格增加，并且随着消费者对国内种植转基因大豆与非转基因大豆或者进口转基因大豆和非转基因大豆的厌恶系数

之间的差距越小，消费者福利的增幅越大，但消费者福利会随着国产转基因大豆交易成本的增加而减少。

②在不区分国产转基因大豆和进口转基因大豆的规制条件下，国产转基因大豆产业化后，消费者福利的变化取决于消费者对于进口转基因大豆和国产转基因大豆厌恶系数的大小以及进口转基因大豆与国产转基因大豆的市场份额。消费者福利提高的充分条件为消费者对进口转基因大豆与非转基因大豆厌恶系数之差的权重下，非转基因大豆的最终价格与不区分情况下的转基因大豆的最终价格之差的平方值要大于不区分的转基因大豆与非转基因大豆厌恶系数之差的权重下，非转基因大豆的最终价格与转基因大豆的最终价格之差的平方值。因此，当进口转基因大豆的份额越小或者消费者对于国产转基因大豆和进口转基因大豆厌恶系数之间的差距越小的时候，福利正向变化的幅度越大。

③在不区分国产转基因大豆、进口转基因大豆以及非转基因大豆的规制条件下。国产转基因大豆产业化后，消费者福利变化取决于消费者对进口转基因大豆与国产转基因大豆厌恶系数的差值、进口转基因大豆与非转基因大豆厌恶系数的差值、国内转基因大豆的市场份额以及进口转基因大豆的市场份额。此时，消费者福利增长的充分条件，为权重下替代产品的最终价格与混合下的转基因大豆的最终价格之差的平方值，要大于权重下替代产品与非转基因大豆最终价格之差的平方值加上权重下非转基因大豆最终价格与转基因大豆最终价格之差的平方值。因此，当国产转基因大豆的份额越大，消费者对国产

转基因大豆与非转基因大豆厌恶系数之间的差距越小，进口转基因大豆的份额越小，消费者对非转基因大豆厌恶系数越小时，消费者福利正向变化的幅度越大。

（四）转基因大豆的生产能够减少对进口大豆的依赖

从第六章的分析结果来看，通过对不同情景模拟分析国产大豆产业化后对中国的大豆市场以及大豆贸易的影响。在不区分转基因大豆和非转基因大豆的规制条件下，分别从提高国产大豆的全要素生产率、增加非转基因大豆的种植面积、增加转基因大豆的种植面积、增加进口转基因大豆的交易成本四个方面对中国大豆进出口贸易进行分析。

首先，设定五种国产大豆全要素生产率增加的模拟情景。以情景一为例，当技术进步率增加2%的时，将导致国产大豆的生产供给量增加1.7%，生产价格减少0.7%。由于进口大豆与国产大豆存在替代关系，因此，随着国产大豆的供给量增加，大豆的进口数量也同时减少0.5%，降至9758.99万吨，并且随着进口替代弹性的增加，进口数量的降幅会越来越大。此外，进口数量的减少将导致进口价格下降0.07%。

其次，设定五种传统大豆种植面积的模拟情景。以情景一为例，当大豆种植面积增加3%时，将导致国产大豆的生产供给量增加2.5%，生产价格减少1.0%。由于进口大豆与国产大豆存在替代关系，因此，随着国产大豆的供给量增加，将导致进口数量减少0.7%，降至8741.38万吨，并且随着进口替代弹性的增加，进口数量的降幅会加大。此外，进口数量的减少将导致进口价格下降0.1%。

再次，设定五种转基因大豆种植面积增加的模拟情景。以情景一为例，当国产转基因大豆的种植面积增加3%时，国产大豆的供给总量将增加11.0%，生产价格将减少4.2%。由于进口大豆与国产大豆存在替代关系，因此，随着国产大豆的供给量增加，将导致了进口数量减少2.9%，降至8547.71万吨，并且随着进口替代弹性的增加，进口数量的降幅会加大。此外，进口数量的减少将导致进口价格下降0.5%。

最后，设定五种进口转基因大豆交易成本的模拟情景。以情景一为例，当进口转基因大豆的交易成本为价格的5%时，进口转基因大豆的价格增加了2%，这导致了进口转基因大豆的数量减少17%，达到7306.5万吨。由于进口大豆与国产大豆存在替代关系，因此，随着进口转基因大豆的供给量减少，国产大豆的供给量会增加6.6%，生产价格降低6.5%。此外，国内大豆的供给量增加，也将导致出口数量的增加，并且随着转换弹性的增加，出口数量的增加幅度更大。出口数量的增加也导致出口价格降低了0.08%，最终导致国内市场的均衡数量减少了18.9%，而国内市场的大豆均衡价格增加3.6%。

总的来说，以上四种模拟情景从整体上描述了中国如何通过种植转基因大豆来应对国际贸易摩擦背景下我国对大豆进口的依赖。首先，从全要素生产率来看，种植转基因大豆能够提高大豆的产量；其次，从贸易摩擦的角度来看，增加进口转基因大豆的交易成本后，国内大豆市场在均衡时需要增加6.6%的国内大豆供给；再次，在扩大种植转基因大豆后，大豆供给量能够增加11%，因此能够使得在出现贸易摩擦时我国大豆市场能够达到最优的均衡状态。最后，目前非转基因大豆的种植无法达到转基因大豆种植带来的产量增长，且抵御贸易风险冲击的生产能力不足。

二、政策建议

实现转基因大豆产业化，提高大豆产业竞争力仍需加大政策支持力度。具体政策建议：

①继续加大转基因大豆品种科技创新的力度。近10年来，每年的中共中央1号文件都将发展转基因技术作为重要任务作出部署，特别是国家重大科技专项“转基因生物新品种培育”将转基因大豆作为重点研发任务，在科技人员的共同努力下，取得了一系列重大进展。但与美国、巴西、阿根廷相比，中国的研究起步晚，研究的人力、物力和财力投入都有一定差距，尤其是多基因复合性状的研究还不多。建议国家财政在原有的基础上持续不断加大投入，鼓励科研单位和企业的密切合作，共同推进转基因大豆的产业化应用。重点要在自主知识产权的基因、技术、产品上取得突破，不仅要“赶”，而且要在“超”上作出战略安排。

②加快实现国产转基因大豆的产业化，扩大转基因大豆的种植面积，提高大豆单产。从单产和面积两个方面促进国产大豆的生产力发展，进而降低大豆进口的对外依存度，防御外在风险。

③完善有利于转基因大豆产业化的政策法规。转基因大豆产业化涉及多方面的政策法规。包括科技创新、安全评价、知识产权保护、

品种审定、标识管理等多方面的政策法规。只有这些政策法规相互衔接，才能保证转基因大豆产业化的顺利实现。并且需要相关管理部门的通力合作，研究制定出能够实现不同政策法规衔接协调的具体措施或者修订相关政策法规条款。

参考文献

[1] Alston J. M. et al., *Science under Scarcity – Principles and Practice of Agricultural Research Evaluation and Priority Setting*, Ithaca, NY, 1995.

[2] Alston J. M. et al., *A meta-analysis of the returns to agricultural R&D*, 2015.

[3] Chatterjee A. et al., "Trade and Distributional Impacts of Genetically Modified Crops in India: A CGE Analysis", *Margin the Journal of Applied Economic Research*, 2016, 10(3): 381-407.

[4] Sobolevsky A. and Lapan M. H., "Genetically Modified Crops and Product Differentiation: Trade and Welfare Effects in the Soybean Complex", *American Journal of Agricultural Economics*, 2005, 87(3): 621-644.

[5] American Dietetic Association, "American Dietetic Association/ Commission on Dietetic Registration code of ethics for the

profession of dietetics and process for consideration of ethics issues", *Journal of the American Dietetic Association*, 2009, 109(8): 1461-7.

[6] Anand A. et al., "Consumer Response to Information and Second-Generation Genetically Modified Food in India", *Journal of Agricultural & Food Industrial Organization*, 2007. 5(1): 1138-1138.

[7] Armington P. S., "A Theory of Demand for Products Distinguished by Place of Production", *Imf Economic Review*, 1969, 16(1): 159-178.

[8] ARMINGTON P., "The geographic pattern of trade and the effects of price changes", *IMF Economic Review*, 1969, 16(2): 179-201.

[9] Blanco-Canqui H. and Lal R., "Crop Residue Removal Impacts on Soil Productivity and Environmental Quality", *Critical Reviews in Plantences*, 2009, 28(3): 139-163.

[10] Boccia F., "Consumer Perception: An Analysis on Second Generation Genetically Modified Foods", *Nutrition & Foodence*, 2016, 46(5): 637-646.

[11] Bongoni R., "East versus West: Acceptance of GM Foods by European and Asian Consumers", *Nutrition & Foodence*, 2016, 46(5): 628-636.

[12] Bernard J. C. et al., "Performance Results and Characteristics of Adopters of Genetically Engineered Soybeans in Delaware", *Agricultural & Resource Economics Review*, 2004, 33(2): 282–292.

[13] Bradley K. W. and Sweets L. E., "Influence of Glyphosate and Fungicide Coapplications on Weed Control, Spray Penetration, Soybean Response, and Yield in Glyphosate-Resistant Soybean", *Agronomy Journal*, 008, 100(5): 1360-1365.

[14] Bradley K. W. et al., "Influence of Glyphosate Tank-mix Combinations and Application Timings on Weed Control and Yield in Glyphosate-resistant Soybean", *Crop Management*, 2007, 6(1): 1-9.

[15] Boyle, K. P., *The Economics of On-site Eonservation Tillage.*, West National Technology Support Center Technical Note, September, Econ 101.01. U.S. Department of Agriculture–Natural Resources Conservation Service, Portland, OR. August 2, 2009.

[16] Baker, C. J. et al., *No–tillage seeding: Science and practice.* Oxford, UK: CABI Publishing, 1996.

[17] Baker, C. J. et al., *No-tillage seeding in conservation agriculture*, 2nd ed. Oxford, UK: CABI Publishing/UN-FAO, 2007.

[18] Barfoot P. and Brookes G., *Global Impact of Biotech Crops:*

Socio-Economic and Environmental Effects, 1996-2014, 2016.

[19] Bullock, D. S. and E.I. Nitsi., "Roundup Ready Soy-bean Technology and Farm Production Costs: Measuring the Incentive to Adopt", *American Behavioral Scientist*, 2001, 44(8): 1283-1301.

[20] Binswanger H.P., "The Measurement of Technical Change Biases with Many Factors of Production", *American Economic Review*, 1974, 64(6): 964-76

[21] Binswanger H.P., "The Role of Sectoral Technical Change in Development: Japan, 1880-1965", *American Journal of Agricultural Economics*, 1975, 57(2): 269-278.

[22] Binswanger H.P., "Village level studies as a locus for research and technology adaptation", *International Crops Research Institute for the Semi-Arid Tropics*, 1979(8): 16-17.

[23] Becker G. S., "A Theory of the Allocation of Time", *Economic Journa*l, 1965, 75(9): 493-517.

[24] Barnum H. N. and Squire L., "An Econometric Application of the Theory of the Farm-household", *Journal of Development Economics*, 2006, 6(1): 79-102.

[25] Boltuck, R., *Assessing the Effects on the Domestic Industry of Price Dumping*, in Policy Implications of Antidumping Measures, Edited by P.K.M. Tharakan, Amsterdam: North-

Holland, 1991.

[26] Cerdeira A. L. and Duke S. O., "The Current Status and Environmental Impacts of Glyphosate-resistant Crops:A Review", *Journal of Environmental Quality*, 2006, 35(5): 1633.

[27] Carpenter J. and Gianessi L., "Herbicide Tolerant Soybeans: Why Growers are Adopting Roundup Ready Varieties", *Agbioforum*, 1999, 2(2).

[28] Noussair C. et al., "Do Consumers Really Refuse to Buy Genetically Modified Food? ", *The Economic Journal*, 2004, 114(492): 102-120.

[29] Cattaneo M. et al., "Farm-scale evaluation of the impacts of transgenic cotton on biodiversity, pesticide use, and yield", *Proc Natl Acad*, USA, 2006, 103(20): 7571-7576.

[30] Chase, C.A. and M.D. Duffy, "An economic analysis of the Nashua tillage study: 1978–1987", *Journal of Production Agriculture*, 1991, 4(1): 91–98.

[31] Corrigan, K.A. and R.G. Harvey, "Glyphosate with and without residual herbicides in no-till glyphosate-resistant soybean (Glycine max) ", *Weed Technology*, 2000, 14(3): 569–577.

[32] Chiam C. C., "Stated Preference Method in Economic Valuation", *American Journal of Business and Society*, 2018, 3(1): 1-10.

[33] Chayanov, A.V., *The Theory of Peasant Economy*, ed. By D. Thorner et al., Homewood, Illinois:Richard D. Irwin, 1966.

[34] Yao C Y., "Local versus Global Separability in Agricultural Household Models: The Factor Price Equalization Effect of Land Transfer Rights", *American Journal of Agricultural Economics*, 2002, 84(3): 702-715.

[35] Duke SO et al., *Herbicides: Glyphosate, in Encyclopedia of Agrochemicals*, ed.By JR Plimmer, DW Gammon and NN Ragsdale. John Wiley & Sons, Inc., NewYork, NY, 2003.

[36] Don R., Wauchope, Tammara L, Estes, Richard, Allen. "Microscopy Today", *MTO*, 2010, 18(2): F1-F4.

[37] Dibden J. et al., "Harmonising the Governance of Farming Risks: Agricultural Biosecurity and Biotechnology in Australia", *Australian Geographer*, 2011, 42(2): 105-122.

[38] Davison J. and Yves Bertheau, "Key Issues and Open Questions in GMO Controls", *Global Issues in Food Science & Technology*, 2006: 353-365.

[39] Desquilbet M. and Poret S., "How do GM/non-GM Coexistence Regulations Affect Markets and Welfare? ", *European Journal of Law & Economics*, 2014, 37: 51-82.

[40] Dalley, C.D.et al., "Effect of Glyphosate Application Timing and Row Spacing on Weed Growth in Corn (Zea mays) and

Soybean (Glycine max) ", *Weed Technology*, 2004, 18(1): 177–182.

[41] Downs H. W. and Hansen R. W., "Estimating Farm Fuel Requirements", *Colorado State University Extension*, 2009, 5(6): 1-3.

[42] Narayanan G. et al., *Global Trade, Assistance and Production:the GTAP 6 Data Base.,* Center for Global Trade Analysis, Purdue University, 2008.

[43] Dixit A. and Norman V., "Theory of International Trade. A Dual, General Equilibrium Approach", *Journal of International Economics*, 1985, 12(3): 385-388.

[44] Edwards, W.M., *Effects of Tillage and Residue Management on Water for Crops.,* in Crop Residue Management to Reduce Erosion and Improve Soil Quality: Appalachia and Northeast Region. R.L. Blevins and W.C. Moldenhauer,(eds). Conservation Research Report No. 41. U.S. Dept. Of Agriculture, Agricultural Research Service, 1995.

[45] Erkan K et al., "Investigation of Ecotoxicaological Effects of 2, 4-D Acid Herbicide on the Ecosystem", *World Applied Science Journal*, 2011, 14: 126-135.

[46] Ervin, C.A. and D.E., Ervin. "Factors Affecting the Use of Soil Conservation Practices: Hypothesis, Evidence, and Policy

Implications", *Land Economics*, 1982, 58(3): 277-292.

[47] Fernandez-Cornejo J. et al., "Economic and Environmental Impacts of Herbicide Tolerant and Insect Resistant Crops in the United States", *In the Economic and Environmental Impacts of Agbiotech: A Global Perspective. New York: Kluwer Academic/ Plenum Publishers,* 2003: 63–88.

[48] Fulton M. and Giannakas K., "Inserting GM Products into the Food Chain: The Market and Welfare Effects of Different Labeling and Regulatory Regimes", *American Journal of Agricultural Economics*, 2004.

[49] Flavio Boccia, "Consumer Perception: An Analysis on Second Generation Genetically Modified Foods", *Nutrition & Food Science*, 2016, 46(5): 637-646.

[50] Fernandez-Cornejo et al., "Farm-level Effects of Adopting Herbicide-Tolerant Soybeans in the U.S.A", *Journal of Agricultural & Applied Economics,* 2002.34(1): 149–163.

[51] Fernandez-Cornejo J. and Mcbride W. D., *Adoption of Bioengineered Crops,* Agricultural Economic Reports, 2002.

[52] Fernandez-Cornejo J. et al., "Technology Adoption and Off-Farm Household Income:The Case of Herbicide-Tolerant Soybeans", *Journal of Agricultural & Applied Economics*, 2005, 37(03): 549-563.

[53] Fernandez-Cornejo J., *Adoption of Genetically Engineered Crops in the U.S.*, U.S. Department of Agriculture, Economic Research Service, 2005.

[54] Francois J.F. and K.H. Hall, *COMPAS: Commercial Policy Analysis System,* Washinton, D.C.: U.S. International Trade Commission, 1993.

[55] FRANCOIS J. and HALL H., *Applied Methods for Trade Policy Analysis: Partial Equilibrium Modeling.,* Cambridge: Cambridge University Press, 1997.

[56] Robert Feenstra et al., *In Search of the Armington Elasticity*, No 9951, CEPR Discussion Papers, C.E.P.R. Discussion Papers, 2014.

[57] FAPRI, ElasticityDatabase[EB/OL], http://www.fapri.iastate.edu/tools/elasticity.aspx.

[58] Frankel J. A. et al., "Slow Passthrough Around the World: A New Import for Developing Countries? ", *SSRN Electronic Journal*, 2005.

[59] Geoffrey et al., "Agricultural Biotechnology: The Promise and Prospects of Genetically Modified Crops", *Journal of Economic Perspectives*, 2014, 28(1): 99-120.

[60] Giannakas K., "Market and Welfare Effects of Second-Generation, Consumer-Oriented GM Products", *American Journal of Agricultural Economics*, 2008,90(1): 152-171.

[61] Giannakas K. and Yiannaka A., "The Market Potential of a New High-Oleic Soybean: An Ex Ante Analysis", *Agbioforum*, 2004, 7(3).

[62] George Gaskell, "Agricultural Biotechnology and public attitudes in the European Union", *Agbioforum*, 2000, 3(2).

[63] Gaskell G et al., "GM Foods and the Misperception of Risk Perception"., *Risk Analysis*, 2010, 24(1): 185-194.

[64] Gardner J. G. and Nelson C. H., *Genetically Modified Crops and Labor Savings in US Crop Production,* 2007 Annual Meeting, February 4-7, 2007, Mobile, Alabama, Southern Agricultural Economics Association, 2009.

[65] Gronau, R., "Leisure, Home Production and Work-The Theory of the Allocation of Time Revisited", *J. Pol. Econ.,* 1977, 85: 1099-1124.

[66] Gronau, R., "Home Production-A Survey", *In Handbook of Labor Economics, eds., O.Ashenfelter and R. Layard, Amsterdam, Elsevier SP*, 1986: 273-303.

[67] Huffman W. E. et al., "The effects of prior beliefs and learning on consumers' acceptance of genetically modified foods", *Journal of Economic Behavior & Organization*, 2007, 63(1): 193-206.

[68] Hoban, T.J., "Consumer acceptance of biotechnology: an

international perspective", *Nature Biotechnology,* 1997, 15: 232–234.

[69] Huffman, Wallace E et al., "Consumer Willingness to Pay for Genetically Modified Food Labels in a Market with Diverse Information: Evidence from Experimental Auctions", *Journal of Agricultural & Resource Economics*, 2003, 28(3): 481-502.

[70] Huffman, Wallace E. and Tegene, Abebayehu, *Public Acceptance of and Benefits from Agricultural Biotechnology: A Key Role for Verifiable Information*, Staff General Research Papers Archive 10435, Iowa State University, Department of Economics, 2002.

[71] Huffman W. E. et al., *The Value to Consumers of GM Food Labels in a Market with Asymmetric Information: Evidence from Experimental Auctions,* 2001 Annual Meeting, August 5-8, Chicago, IL, American Agricultural Economics Association (New Name 2008: Agricultural and Applied Economics Association), 2001.

[72] Huffman, Wallace, *Consumer Acceptance of Genetically Modified Foods: Traits,Labels and Diverse Information. Iowa State University*, Department of Economics,Staff General Research Papers, 2010.

[73] Hu,W.Y., and K. Chen, "Can Chinese Consumers Be Persuaded?

The Case of Genetically Modified Vegetable Oil", *AgBioForum*, 2004, 7(3): 24-132.

[74] Harman, W.L. et al., "No-till technology:Impacts on farm income, energy use and groundwater depletion in the plains", *Western Journal of Agricultural Economics,* 1985, 10(1): 134–146.

[75] Huffman, W.E., "Farm and Off-Farm Work Decisions:The Role of Human Capital", *Revue of Economics and Statistics*, 1980, 62(1): 14-24.

[76] Huffman, Wallace E., *Agricultural Household Models: Survey and Critique*, Staff General Research Papers Archive 11008, Iowa State University, Department of Economics, 1991.

[77] Jayson L. Lusk et al., "A Meta-Analysis of Genetically Modified Food Valuation Studies", *Journal of Agricultural & Resource Economics*, 2005, 30(1): 28-44.

[78] Jones, Ronald, "The structure of simple general equilibrium models", *Journal of Political Economy*, 1965, 73(12), 557-72.

[79] Anderson K. and Jackson L. A., "GM crop technology and trade restraints:economic implications for Australia and New Zealand", *The Australian Journal of Agricultural and Resource Economics*, 2005, 49(3): 263-281.

[80] Anderson K. et al., "Genetically modified rice adoption:implications for welfare and poverty alleviation", *Policy Research Working*

Paper Series, 2004.

[81] Kjaer GA et al., "Leaching of glyphosate and aminophosphonic acid from Danish agricultural field sites", *Environ Qual.*2005, 34: 608–620.

[82] Krishna V. V. and Qaim M., "Potential impacts of Bt eggplant on economic surplus and farmers' health in India", *Agricultural Economics*, 2008, 38(2): 167-180.

[83] Kuroda, Yoshimi and Pan Yotopoulos, "A Microeconomic Analysis of Production Behavior of the Farm household in Japan:A Profit Function Approach", *The Economic Review (Japan)*, 1978, 29: 115-129.

[84] Kee, Haui Looi et al., "Import demand elasticities and trade distortions", *Review of economics and statistics*, 2008, 90(4), 666-682.

[85] Khan,Mohsin, and Morris Goldstein, "Income and Price Effects in Foreign Trade", in *Handbook of International Economics*, Edited by Ronald Jones and Peter Kenen, 1985, 2: 1041-1105.

[86] Kohli U., "Technology, Duality, and Foreign Trade: the GNP Function Approach to Modeling Imports and Exports", *Asean Economic Bulletin*, 1995, 14(2): 150-158.

[87] Lusk, J.L. and Schroeder T.C., "Auctions Bids and Shopping Choices", *Advances in Economic Analysis & Policy*, 2006, 6(1):

1539-1539.

[88] Lusk J. et al., "Modified Corn: A Comparison of Consumers in France, Germany, the United Kingdom, and the United States", *American Journal of Agricultural Economics*, 2003, 85(1) 16-29.

[89] Li, Q. et al., "Consumer Attitudes Toward Genetically Modified Foods in Beijing, China", *AgBioForum*, 2002, 5(4): 147-152.

[90] Lichtenberg, E., and D. Zilberman. "The econometrics of damage control—why specification matters", *American Journal of Agricultural Economics*, 1986, 68(2): 261–273.

[91] Lusk J.L. and Schroeder T.C., "Are Choice Experiments Incentive Compatible? A test with Quality Differentiated Beef Steaks", *American Journal of Agricultural Economics*, 2004 86(2): 467-482.

[92] Lancaster K.J., "A new approach to consumer theory", *The Journal of Political Economy*,1996, 74(2): 132-157

[93] Lau, Lawrence J. et al., "The Linear-Logarithmic Expenditure System: An Application to Consumption-Leisure Choice", *Econometric*, 1978, 46: 843-867.

[94] Moschini, G. and Lapan, H., "Intellectual Property Rights and The WelfareEffects of Agricultural R&D", *American Journal of Agricultural Economics,* 1997, 79(4), 1229–1242.

[95] Mensah, Edwin, "Factors that Affect the Adoption of Roundup Ready Soybean Technology in the U.S. ", *Journal of Economic Development and Business Policy*, 2007, 1(11): 90-121.

[96] Malik J M et al., "The Herbicide Glyphosate", *Biofactors*, 1989, 2(1): 17-25.

[97] Martinez-Poveda A. et al., "Consumer-perceived Risk Model for The Introduction of Genetically Modified Food in Spain", *Food Policy*, 2009, 34(6): 519-528.

[98] Malyska A. et al., "The Role of Public Opinion in Shaping Trajectories of Agricultural Biotechnology", *Trends in Biotechnology*, 2016: 530-534.

[99] Rousu M. et al., "Estimating the Public Value of Information: Genetically Modified Foods", *Staff General Research Papers Archive*, 2004.

[100] Matthew Rousu et al., "Are United States Consumers Tolerant of Genetically Modified Foods? ", *Review of Agricultural Economics*, 2004, 26(1): 19-31.

[101] Matthew C. Rousu and Jayson Lusk, "Valuing Information on GM Foods in a WTA market: What Information is Most Valuable? ", *AgBioForum*, 2009, 12(2): 226-231.

[102] Mulugeta, D., and C.M. Boerboom, "Critical time of weed removal in glyphosate-Resistant Glycine max", *Weed Science*,

2000, 48(1):35–42.

[103] McBride, W.D., and H. El-Osta, "Impacts of the Adoption of Genetically Engineered Crops on Farm Financial Performance", *Journal of Agricultural and Applied Economics*, 2002, 34(1):175-191.

[104] Mishra A.K. et al., *Income, Wealth and the Economic Well-Being of Farm Households*, Agricultural Economic Report 812. U.S. Department of Agriculture, ERS, Washington, DC, 2002.

[105] McFadden D., "Conditional Logit Analysis of Qualitative Choice Behavior", *Frontiers in Econometrics*, 1974, 1(2): 105-142.

[106] Michael, R. and G.S. Becker, " On the New Theory of Consumer Behavior", *Swedish Journal of Economics*, 1973, 75: 378-395.

[107] Muth R. F., "The Derived Demand Curve for A Productive Factor and The Industry Supply Curve", *Oxford Economic Papers*, 1964, 16(10): 221-234.

[108] Nelson G. C. and Pinto A. D., "GMO Adoption and Nonmarket Effects". *Genetically Modified Organisms in Agriculture*, 2001: 59-79.

[109] Noussair, C. et al., "Do Consumers Not Care About Biotech Foods or Do They Just Not Read the Labels? ". *Economics Letters*, 2001, 75(1): 47-53.

[110] Plencovich, María Cristina, "The Impact of Genetically Engineered Crops on Farm Sustainability in the United

States". *Journal of Agricultural Education & Extension*, 2012, 18(5): 543-546.

[111] Nakajim, Chihiro, *Subsistence and Commercial Family Farms:Some Theoretical Models of Subjective Equilibrium.* in Subsistence Agriculture and Economic Development, ed. By C.F.Wharton. Chicago: Aldine. 1968.

[112] Nerlove M., "Estimates of the Elasticities of Supply of Selected Agricultural Commodities", *Journal of Farm Economics*, 1956, 38(2):496-509.

[113] Okamura H. et al., "Algal growth inhibition by river water pollutantsin the agricultural area around lake biwa, Japan", *Environmental Pollution*, 2002, 177(3): 411-419.

[114] Onyango et. al., "Public Perception Of Food Biotechnology: Uncovering Factors Driving Consumer Acceptance Of Genetically Modified Food", *Journal of Food Distribution Research*, 2003, 34(01): 36-42.

[115] Plastina A. S. and Giannakas K., "Market and Welfare Effects of GMO Introduction in Small Exporting Countries", *American Agricultural Economics Association*, 2005.

[116] Pitt, Mark and M. Rosenzweig, "Agricultural Prices, Food Consumption, and the Health and Productivity of Indonesian Farmers", *in Agricultural Household Models:Extensions,*

Applications, and Policy, ed. By Singh, Squire and Strauss. Baltimore: Johns Hopkins Press for the World Bank, 1986: 153-182.

[117] Pollak, R.A. and M.L. Wachter, "The Relevance of the Household Production Function and Its Implications for the Allocation of Time", *J. Pol. Econ.* 1975, 83(4): 255-278.

[118] Qaim M. and Traxler G., "Roundup Ready soybeans in Argentina: farm level and aggregate welfare effects", *Agricultural Economics,* 2005 32(1): 73-86.

[119] Rousu M. C. et al., "The Value of Verifiable Information in a Controversial Market:Evidence from Lab Auctions of Genetically Modified Food", *Staff General Research Paper Archive*, 2002, 53(3): 409-432.

[120] Rousu, Matthew C. and Shogren, Jason F., "Valuing Conflicting Public Information About a New Technology: The Case of Irradiated Foods", *Journal of Agricultural & Resource Economics*,2006, 31(3): 642-652.

[121] Sexton S. E. and Zilberman D., "Biotechnology and Biofuels", *Genetically Modified Food & Global Welfare*, 2011, 10: 225-242.

[122] Siegrist Michael, "Perception of gene technology, and food risks:results of a survey in Switzerland", *Journal of Risk Research*, 2003, 6(1): 45-60.

[123] Stefano Boccaletti andDaniele Moro, "Consumer Willingness

to Pay for GM Food Products in Italy", *Agbioforum*, 2001, 3(4): 259-267.

[124] Simon Chege Kimenju and Hugo De Groote, "Consumer willingness to pay for genetically modified food in Kenya", *Agricultural Economics*, 2008, 38(1): 35-46.

[125] Sanders, L.D., *The economics of conservation and conservation tillage. Paper presented at the International Symposium on Conservation Tillage,* Mazatlan, Mexico, January 24–27, 2000.

[126] Scursoni, J. et al., "Weed diversity and soybean yield with glyphosate management along a north-south transect in the United States", *Weed Science,* 2006,54(4): 713–719.

[127] Smith K. R., "Does off-farm work hinder "smart" farming? ", *Agricultural Outlook*,2002, 9(294) : 28-30.

[128] Schultz T. W., "Economics of the Family: Marriage,Children,and Human Capital", *Demography*, 1975, 12(4): 679-679.

[129] Singh et al., *Agricultural Household Models: Extensions, Applications and Policy*, Baltimore: Johns Hopkins Press for the World Bank, 1985.

[130] Clinton, R., Shiells, et al., "Estimates of the Elasticities of Substitution Between Imports and Home Goods for the United States"., *Review of World Economics*, 1986(122): 497-519.

[131] Semlali A. S., "Time-Series of Structural Import Demand

Equations-A Cross-Country Analysis ", *IMF Working Papers*, 1997, 45(2): 2-2.

[132] Stern R., *The Balance of Payments: Theory and Economic Policy.* Aldine Pub. Co,1973.

[133] Stern, Robert et al., *Price Elasticities in International Trade an Annotated Bibliography,* Toronto: Macmillan Company of Canada, 1976.

[134] Thomas J. Hoban, "Anticipating Public Reaction to the Use of Genetic Engineering in Infant Nutrition", *American Journal of Clinical Nutrition*, 1996, 63(4): 657S-62S.

[135] Tegene A., "Information Sways Consumer Attitudes Toward Biotech Foods", *Amber Waves the Economics of Food Farming Natural Resources & Rural America*, 2003: 6-6.

[136] Tharp, B.E. and J.J. Kells, "Influence of herbicide application rate, timing, and interrow cultivation on weed control and corn (Zea mays) yield in glufosinate- resistant and glyphosate-resistant corn", *Weed Technology*, 1999, 13(4): 807–813.

[137] Tokarick S., "A method for calculating export supply and import demand elasticities", *The Journal of International Trade and Economic Development*, 2014, 10(7): 1059-1087.

[138] Uri, N.D. et al., "The environmental benefits and costs of

conservation tillage", *Environmental Geology*, 1999, 38(2): 111–125.

[139] Vlontzos, George and Duquenne, Marie Noelle, "To eat or not to eat? The case of genetically modified (GM) food", *Nutrition and Food Science,* 2016, 46(5): 647-658.

[140] Varian, H.R., *Microeconomic Analysis,* 3rd Ed. New York, NY: W.W. Norton & Co, Inc, 1992.

[141] Wilson W W et al., "Implications of Biotech Traits with Segregation Costs and Market Segments: the Case of Roundup Ready Wheat", *European Review of Agricultural Economics,* 2008, 35(1): 51-73.

[142] Williams G. M. et al., "Safety Evaluation and Risk Assessment of the Herbicide Roundup and Its Active Ingredient, Glyphosate, for Humans", *Regulatory Toxicology and Pharmacology*, 2000, 31(2 Pt 1): 117-165.

[143] Wuyang Hu and Wiktor, "Consumers' Preferences for GM Food and Voluntary Information Access: A Simultaneous Choice Analysis", *Canadian Journal of Agricultural Economics/revue Canadienne Dagroeconomi*e, 2009, 57(2): 241-267.

[144] Wuyang Hu et al., "Labelling Genetically Modified Food: Heterogeneous Consumer Preferences and the Value of Information", *Canadian Journal of Agricultural Economics/*

revue Canadienne D Agroeconomie, 2005, 53(1): 83-102.

[145] Lin W. W. et al., "Consumers' Willingness to Pay for Biotech Foods in China: A Contingent Valuation Approach", *Agbioforum*, 2006, 9(3): 166-179.

[146] Wiesbrook, M.L. et al., "Comparison of weed management systems in narrow-row, glyphosate and glufosinate resistant soybean (Glycine max) ", *Weed Technology*, 2001, 15(1): 122–128.

[147] Woodland A. D., *International trade and resource allocation*", North-Holland Pub. Co, 1982.

[148] Zhang C. D. et al., "Degradation of mefenacet indifferent soils", *Agro-environmental Protection*, 2001, 20(3): 152-154.

[149] 陆倩、孙剑：《农户关于转基因作物的认知对种植意愿的影响研究》，《中国农业大学学报》2014年第3期。

[150] 朱月季、朱萌、马成林：《规范信念、感知风险与农户转基因水稻种植意愿》，《中国食物与营养》2018年第5期。

[151] 徐慎娴：《黑龙江农户耐除草剂大豆种植意愿研究》，南京农业大学2007年学位论文。

[152] 薛艳、郭淑静、徐志刚：《经济效益、风险态度与农户转基因作物种植意愿——对中国五省723户农户的实地调查》，《南京农业大学学报》2014年第4期。

[153] 朱诗音：《稻农对转基因水稻的认知、种植意愿及影响因素研究——基于江苏省淮安市稻农的实证分析》，《科技管理研

究》2011年第5期。

[154] 陈梦伊、柯晓溪、金琦、朱再清：《稻农种植转基因水稻的意愿及影响因素——基于湖北省随州市的调查研究》，《中国食物与营养》2013年第2期。

[155] 邱雁：《美国大豆倾销中国的实证分析》，《国际贸易问题》2011年第3期。

[156] 柯孔林、向洪金、邝艳湘：《美国大豆倾销对中国产业损害的认定与评估——基于可计算局部均衡COMPAS模型的分析》，《商业经济与管理》2017年第6期。

[157] 马英辉：《目标价格补贴政策的福利分析》，中国农业大学2018年学位论文。

[158] 孟东梅、姜绍政：《中国大豆进口的Armington弹性及福利波动分析》，《商业研究》2013年第7期。

[159] 谷强平、周静、杜吉到：《大豆进口的Armington弹性测算及福利波动分析》，《农业经济》2015年第12期。

[160] 陈永福：《中国食物供求与预测》，中国农业出版社2004年版。

[161] 司伟、李雷：《中国大豆蚜虫防治的经济福利效应》，《农业技术经济》2013年第7期。

[162] 朱思柱、周曙东：《基于扩展Nerlove模型的中国大豆供给反应弹性研究》，《大豆科学》2014年第5期。

[163] 佟苍松：《Armington弹性的估计与美国进口中国商品的关税政策影响分析》，《世界经济研究》2006年第3期。

[164] 陈勇兵、陈小鸿、曹亮：《中国进口需求弹性的估算》，《世界经济》2014年第2期。

[165] 彭虹：《基于双对数模型的中国农产品进口需求价格弹性分析》，《产业经济》2019年第8期。

[166] 陶红军：《世界主要农产品进口国进口价格弹性及关税福利损失估算》，《对外经济贸易大学学报》2013年第4期。

[167] 马训舟、张世秋：《二次近似完美需求体系的应用研究——以北京市城市居民用水求弹性分析为例》，《北京大学学报（自然科学版）》2012年第3期。

[168] 赵翼虎、常向阳：《中国大豆进口来源国的出口需求弹性实证研究》，《大豆科学》2019年第4期。

[169] 王颖等：《全球化背景下中国大豆进口市场结构与价格弹性研究》，《经济管理》2019年第2期。

[170] 刘俊杰、周应恒：《中国小麦供给反应研究——基于小麦主产省的实证》，《农业技术经济》2011年第12期，第40-45页。

[171] 范垄基、穆月英、付文革等：《基于Nerlove模型的中国不同粮食作物的供给反应》，《农业技术经济》2012年第12期。

[172] 张诗靓、文浩楠、杨艳涛：《新形势下稳定中国玉米供给的影响因素研究——基于东北地区动态面板数据的实证分析》，《中国农业资源与区划》2019年第12期。

[173] 向洪金、赖明勇：《进口倾销对中国产业损害的认定：基于局部均衡COMPAS模型的理论与实证研究》，《系统工程理论与实

践》2012年第9期。

[174] 展进涛、唐若迪、谢锐:《转基因水稻产业化的潜在动态影响——基于可计算一般均衡模型模拟的研究》,《农业经济问题》2015年第4期。

[175] 黄季焜、杨军:《玉米科技进步及其对玉米和其他主要农产品的供需影响》,《农林经济管理学报》2014年第2期。

附 录

农户对大豆新品种的种植意愿调查问卷

1. 农户基本信息:

__________省__________市__________县(区)__________乡(镇)__________村

姓名_________年龄_________电话____________

文化程度__________(1小学毕业、2初中毕业、3高中毕业、4大学毕业)

家庭成员_________人

参与农业劳动的_________人

农业收入_________元

外出务工收入_________元

2. 农户大豆种植情况:

表1　农户大豆种植情况

年份	2018	2019
种植面积(亩)		
产量(千克/亩)		
大豆价格(元/千克)		
每亩总成本(元)		
种子数量		
种子价格		
使用除草剂次数		
使用除草剂种类		
除草剂费用(元)		
人工成本(元/亩)		
土地租金(元/亩)		

3. 新品种的选择意向(下面有8组选择方案，每组方案有两个种子类型，请在每组选择方案中选择一个选项并在其括号中打钩)

表2　选择方案一

属性	种子1	种子2	
种子价格	上升15元/亩	上升10元/亩	二者均不选
除草剂使用次数	3次	2次	
除草剂使用种类	草甘膦	草甘膦	
是否免耕	是	是	
产量	增产15%	增产15%	

表3 选择方案二

属性	种子3	种子4	
种子价格	上升5元/亩	上升10元/亩	二者均不选
除草剂使用次数	3次	1次	
除草剂使用种类	3种（百草枯、乙草胺、精喹禾灵、高效氟吡甲禾灵中选3种）	2种（百草枯、乙草胺、精喹禾灵、高效氟吡甲禾灵中选3种）	
是否免耕	是	是	
产量	增产10%	增产15%	

表4 选择方案三

属性	种子5	种子6	
种子价格	上升5元/亩	上升5元/亩	二者均不选
除草剂使用次数	1次（封地效果好）	1次（封地效果好）	
除草剂使用种类	草甘膦	草甘膦	
是否免耕	是	否	
产量	增产10%	增产15%	

表5 选择方案四

属性	种子7	种子8	
种子价格	上升10元/亩	上升5元/亩	二者均不选
除草剂使用次数	1次（时间固定）	2次	
除草剂使用种类	3种（百草枯、乙草胺、精喹禾灵、高效氟吡甲禾灵中选3种）	3种（百草枯、乙草胺、精喹禾灵、高效氟吡甲禾灵中选3种）	
是否免耕	是	否	
产量	增产5%	增产15%	

表6 选择方案五

属性	种子9	种子10	
种子价格	上升15元/亩	上升15元/亩	二者均不选
除草剂使用次数	2次	1次	
除草剂使用种类	草甘膦	2种（百草枯、乙草胺、精喹禾灵、高效氟吡甲禾灵中选3种）	
是否免耕	是	否	
产量	增产5%	增产10%	

表7　选择方案六

属性	种子11	种子12	
种子价格	上升5元/亩	上升10元/亩	二者均不选
除草剂使用次数	1次（封地效果好）	2次	
除草剂使用种类	草甘膦	草甘膦	
是否免耕	否	否	
产量	增产5%	增产5%	

表8　选择方案七

属性	种子13	种子14	
种子价格	上升5元/亩	上升15元/亩	二者均不选
除草剂使用次数	1次（封地效果好）	1次	
除草剂使用种类	草甘膦	3种（百草枯、乙草胺、精喹禾灵、高效氟吡甲禾灵中选3种）	
是否免耕	是	否	
产量	增产5%	增产5%	

表9　选择方案八

属性	种子15	种子16	
种子价格	上升5元/亩	上升5元/亩	二者均不选
除草剂使用次数	2次	3次	
除草剂使用种类	2种（百草枯、乙草胺、精喹禾灵、高效氟吡甲禾灵中选3种）	3种（百草枯、乙草胺、精喹禾灵、高效氟吡甲禾灵中选3种）	
是否免耕	是	否	
产量	增产5%	增产5%	

4. 调查问题：（请将数字填在问题后的括号内）

您是否知道抗除草剂转基因大豆（　）。

——①完全没有听说过　②听说过　③对其特性比较熟悉

如果国家批准抗除草剂大豆品种的商业化生产，您是否会种植抗除草剂转基因大豆（　）。

——①是　②否

通常通过什么途径获取新品种的信息（　）。

——①种子销售商　②农技推广员　③其他农户